高等职业教育物流类专业系列教材

智慧物流与供应链基础

主　编　韩媛媛　吴竞鸿

副主编　刘　存　孙培英　谢妍捷

参　编　殷聿明　胡勇强　范龙萍

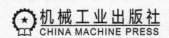

机械工业出版社

CHINA MACHINE PRESS

本书依据《职业教育专业简介（2022 年修订）》《职业教育专业目录（2021 年）》，结合高等职业教育对高素质、高层次技术技能人才的培养要求，结合《国家职业技能标准 物流服务师》《国家职业技能标准 供应链管理师》，将职业技能标准和课程思政元素融入其中，构建知识技能与思政素养双线结构体系。

全书共分 9 个模块，以供应链体系为线索，结合物流管理的关键要素和供应链管理的主要内容，系统阐述了智慧物流与供应链管理的理论与实践。其中，模块一阐述了物流到智慧物流，物流管理到供应链管理的演变过程；模块二至模块四从物流的关键要素角度出发，分别介绍了仓储、运输、配送及其智慧物流的发展；模块五从战略层面介绍了供应链体系构建；模块六至模块八从供应链运营角度出发，分别介绍了供应链的采购、生产和库存管理；模块九介绍了供应链的绩效管理。

本书配有电子课件、教学大纲、习题答案等教学资源，读者也可通过扫描书内的二维码，观看相关知识点对应的视频和动画，进行线上线下混合式教学和自主学习。

本书可作为高等职业教育院校、应用型本科院校物流类、电子商务类、工商管理类专业的教材，也可作为物流与供应链相关从业人员的参考用书。

图书在版编目（CIP）数据

智慧物流与供应链基础 / 韩媛媛，吴竞鸿主编.

北京：机械工业出版社，2024.8. --（高等职业教育物流类专业系列教材）. -- ISBN 978-7-111-76265-2

Ⅰ. F252.1-39

中国国家版本馆 CIP 数据核字第 20248ER475 号

机械工业出版社（北京市百万庄大街 22 号　邮政编码 100037）

策划编辑：孔文梅	责任编辑：孔文梅　何　洋
责任校对：张慧敏　李可意　景　飞	封面设计：王　旭
责任印制：常天培	

北京机工印刷厂有限公司印刷

2024 年 9 月第 1 版第 1 次印刷

184mm×260mm · 15.5 印张 · 383 千字

标准书号：ISBN 978-7-111-76265-2

定价：49.00 元

电话服务	网络服务
客服电话：010-88361066	机 工 官 网：www.cmpbook.com
010-88379833	机 工 官 博：weibo.com/cmp1952
010-68326294	金 书 网：www.golden-book.com
封底无防伪标均为盗版	机工教育服务网：www.cmpedu.com

前言
Foreword

随着全球经济一体化和信息技术的快速发展，物流业已成为支撑国民经济发展的基础性、战略性、先导性产业。物流与供应链也是大数据、云计算、物联网、区块链、人工智能等新型信息技术应用与创新最活跃、最广泛的领域之一，拥有众多的应用场景。智慧物流与供应链创新成为我国经济发展的新动能，智慧物流与数字化供应链人才也成为企业数字化转型和供应链升级的关键要素。

目前，我国物流业发展仍处于重要战略机遇期，在国民经济中的产业地位将进一步提升，是构建新发展格局的重要支点。数字化转型成为物流业升级的关键，多式联运、无接触配送、自动驾驶、高铁货运、大型无人机载货、智能快递柜和无人配送车等新业态、新模式、新技术，加快推动物流企业智能化改造升级。新一代信息技术是数字化转型的基础技术，也是现代物流产业发展的基础。与此同时，供应链管理服务作为一种新经济、新业态，已经被纳入国民经济行业分类，现代供应链也已经上升为国家战略。

本书以智慧物流与供应链为主线，结合企业智慧物流与供应链管理案例，系统阐述了智慧物流与供应链的典型活动与实践过程，通过深入介绍与分析物流企业典型管理案例、展示数字赋能与供应链管理成效，引导学生用系统观念和工程思维解读我国现代物流与供应链管理的创新与变革，实现知识技能培养与职业素养塑造的有机统一。本书共分9个模块，分别为物流与供应链、仓储管理、运输管理、配送管理、供应链体系构建、供应链中的采购与供应商管理、供应链中的生产物流、供应链中的库存管理、供应链绩效管理。各模块概述如下：

模块一是物流与供应链。首先阐述了物流与智慧物流的基本内涵与特征，以及智慧物流的发展趋势；其次分别概述物流管理与供应链管理，总结分析二者之间的联系与区别。

模块二是仓储管理。首先阐述了仓储、仓储管理以及仓库的基本知识；其次介绍了仓储设施设备的基本知识及其选用原则、使用管理；然后分析了仓储作业流程；最后介绍了智慧仓储的具体应用及未来发展。

模块三是运输管理。首先介绍了运输管理的基本知识，包括运输的概念、运输系统；其次阐述了运输方式的选择、不合理的运输方式及运输合理化相关内容；最后讲解了智慧物流运输的应用与发展趋势。

模块四是配送管理。首先介绍了配送及配送管理的基本知识；其次介绍了配送模式的类型及其选择；再次提出了配送合理化的方法；最后阐述了智慧配送的应用与未来的发展。

模块五是供应链体系构建。首先介绍了供应链的两种结构模型；其次提出了供应链设计的内容、原则和步骤；最后阐述了供应链战略管理的内容和战略管理模式。

模块六是供应链中的采购与供应商管理。首先介绍了采购的含义、分类、作用和采购管理的目标、流程；其次列举了需求预测的影响因素和常用方法；再次通过对比传统采购与供应链采购的区别，提出供应链采购的特点；最后阐述了供应链管理环境下的供应商选择、供应商评价与管理、供应商关系管理等内容。

模块七是供应链中的生产物流。首先介绍了企业生产组织形式及物流业务特征；其次阐述了主生产计划、物流需求计划及制造资源计划的基本内容；最后列举了生产计划编制基本流程和常用方法。

模块八是供应链中的库存管理。首先介绍了库存与库存管理的基本知识；其次研究了库存控制模型，重点介绍了经济订货批量模型（EOQ 模型）及其延伸应用；最后介绍了供应商管理库存和联合管理库存等战略库存管理方法。

模块九是供应链绩效管理。首先介绍了供应链绩效评价的作用与评价指标设计；其次阐述了供应链绩效评价的方法、供应链激励内容与模式；最后讲解了标杆管理的分类与实施步骤。

本书获 2023 年全国物流职业教育教学指导委员会"基于新专业标准的物流类专业教材建设"专项课题研究团队、2022 年安徽省教育厅"课程思政示范课程"（物流基础）、2021 年度安徽省教育厅岗课赛证综合育人改革项目（现代物流管理专业岗课赛证综合育人改革）、2021 年度安徽省教育厅教学研究项目（"双高计划"下岗课证赛融通的物流管理专业课程教学改革研究）等多个项目的支持。

本书在编写过程中参阅了国内外较为优秀的同类专业著作和文献，在此表示感谢。

同时，感谢参与企业案例编写的安徽共生物流科技有限公司、浙江菜鸟供应链管理有限公司等企业的帮助。

尽管编者付出了较大的努力，但书中仍不免有疏漏之处，还望广大读者不吝赐教！

编　者

二维码索引

QR Code

（续）

序号	名称	二维码	页码	序号	名称	二维码	页码
15	不合理的运输		66	24	供应链设计的原则		115
16	运输的合理化		68	25	供应链设计的步骤		117
17	配送的概念		82	26	基于产品的 供应链设计策略		123
18	配送、送货、 运输的区别		83	27	推动式供应链		125
19	配送的作用		84	28	拉动式供应链		125
20	节约里程法练习		95	29	采购的一般流程		139
21	配送模式与 配送合理化措施		98	30	传统采购		140
22	供应链的结构模 型——链状结构		110	31	供应链采购的特点		141
23	供应链的结构模 型——网状结构		111	32	供应链采购流程		141

（续）

目 录

Contents

模块一
物流与供应链

◉ 学习目标

知识目标：

- 理解物流、物流管理、智慧物流、供应链管理的基本内涵。
- 理解物流管理与供应链管理的关系。
- 掌握供应链岗位的主要工作职责与主要技能要求。
- 了解职业道德的内涵、基本要求与规范。

能力目标：

- 能根据物流行业职业道德要求识别物流工作的规范性。
- 能基于智慧物流与供应链管理的学习增强专业物流服务能力。

素质目标：

- 树立正确的物流行业职业价值观。
- 培养工匠精神与敬业精神。

◫ 案例导入

加快"数字蝶变"，打造智慧中铁

中铁物贸集团是我国最大的铁路运输公司之一，是国内知名的现代综合物流运营商，也是我国物流行业十大领军企业之一。一直以来，中铁物贸集团致力于运用综合智能物流技术和地下管网、生产力等资源，实现交通运输、物流仓储等业务的协同运作，打造中国中铁智慧物流与供应链协同服务的信息化集成管理创新平台。该平台以物流管理为核心，通过集成用户信息维护、项目计划、运输作业管理等功能，为中铁物贸集团旗下其他部门、相关单位、供货商企业等提供供应链的数智化解决方案，打破信息壁垒，实现物流场景全流程平台化的协同管理。

2014年1月，中铁物贸集团旗下鲁班（北京）电子商务科技有限公司推出的鲁班平台正式上线运营。该平台基于物联网技术，集成包括供应链金融、企业与物资采购管理等活动在内的多项增值服务业务，同时与行业上下游合作伙伴进行线上系统对接，实时掌握业务核心数据，实现数据共享、信息互通与高效协作。

2023 年 5 月，中铁物贸集团发布由该企业自主研发打造的建筑业全品类数字化生态平台——集物平台。该平台聚焦终端用户服务，以产业化电商模式，将 5G、互联网、大数据、人工智能等现代物流技术与供应链管理融合创新，实现实时管控营销、采购等经济活动，对业务过程进行智能风控及合规管理；同时，统筹数据交互与安全需要，加强物流大数据采集、分析和应用，促进物流数据安全高效流通，提升运营供应链各作业流程的协同能力，为中铁物贸集团内外部用户需求提供一站式供应链集成服务解决方案，提升产业链供应链韧性和安全水平，实现现代物流提质、增效、降本，助推现代物流体系的构建，为建设现代产业体系、形成强大国内市场、推动高水平对外开放提供有力支撑。

在中铁物贸集团实施的"数字中铁，智慧物贸"战略号召下，集团运用数字化技术持续深化数字化平台建设与运营，构建经济高效、安全可控且适应市场环境的供应链体系，有效赋能建筑业供应链韧性和安全。

案例思考：中铁物贸集团如何运用智能物流技术完善供应链？

单元一　物流与智慧物流

一、物流与物流活动

物流活动的产生远早于物流概念的提出。在人类为获得生产与生活所需物资而进行产品交换的过程中，就产生了物品从生产地到消费地的转移，即"物的流通"，物流活动随之产生。随着商品生产规模与流通范围的逐步扩大，物流经历了从传统到现代、从简单到复杂、从分散到集成的演进过程，人类对物流的认识也在不断发展。

（一）物流的定义

物流概念起源于军事领域，美国军队为确保战略物资的供应，对军用物资的订货、生产、运输、供给、调配等系列活动进行全面管理，由此建立一套科学高效的军队后勤供应管理系统，以保证作战需要。第二次世界大战后，军事后勤管理的思想被推广到企业中，在企业的采购、生产、流通等诸多领域得到广泛运用，进而形成了供应物流、生产物流、销售物流等物流领域。

什么是物流

1935 年，美国市场营销协会（American Marketing Association，AMA）最早从销售的角度对物流进行了定义，即"物流是销售活动中所伴随的物质资料从生产地到消费地的种种企业活动，包括服务过程"。这一定义仅仅概括了销售领域的物流活动，并没有囊括所有的物流活动。此后，美国物流管理协会（Council of Logistics Management，CLM）在此基础上不断完善修改，使物流的定义逐步具体化。2003 年，CLM 对物流定义进行了重要修改，认为"物流管理是供应链管理的一部分，是对货物、服务及相关信息从起源地到消费地的有效率、有效益的正向和反向流动和储存进行的计划、执行和控制，以满足顾客要求"。这一定义标志着现代物流理论发展到更高阶段，物流管理开始向供应链管理转化。

我国于 20 世纪 80 年代初从日本引进了"物流"的概念，将其与商品价值运动过程（简称

"商流")相对应，解释为"物资资料或商品的实体运动过程"。直至 2001 年 8 月 1 日，我国首次颁布并实施了国家标准《物流术语》（GB/T 18354—2001），将物流定义为"物品从供应地向接收地的实体流动过程，根据实际需要，将运输、存储、装卸、搬运、包装、流通加工、配送、信息处理等基本功能实施有机结合"。值得注意的是，物流是物品的实体流动，只实现物质实体的转移，并不发生物品所有权的转移。

物流的产生和发展

物流是一种满足社会需要的经济活动，也是不断满足客户需求的过程。该过程通过基本功能活动对物品进行空间位移、时间变动和形状性质变动，从而创造商品的时间价值、空间价值和加工附加价值。

（二）物流的功能要素

现代物流的基本功能是指物流活动应具备的基本能力，以及通过对物流活动的有效组合，形成物流的总体功能，具体包括运输、仓储、装卸搬运、流通加工、包装、配送及物流信息处理。

1．运输

运输是指用运输设备将物品从供应地向需求地运送，能够实现物品的空间位移，从而创造物品的空间效用。运输一般分为长距离干线运输和短距离支线运输，通常把长距离干线运输称为"运输"，把短距离支线运输称为"配送"。但所有物品的移动均称可为运输，而配送特指短距离、小批量的运输。

2．仓储

仓储是指利用仓库及相关设施设备进行物品的入库、存储、出库的作业，调节生产与消费在时间上的差别，可以改变物品的时间状态，还能起到调整价格的作用，避免由于供过于求或供不应求造成的价格波动。此外，仓储在物品的流通过程中起到了集散的作用，即把不同单位生产的产品汇集起来，形成一定规模，再根据需要分别发送到消费地。仓储通过一集一散，不仅衔接了生产和需求，还能实现产品运输、装卸搬运等物流活动的规模效应，从而降低了物流成本。

3．装卸搬运

装卸与搬运是发生在同一地域范围内的两个活动。在实际操作中，装卸与搬运这两种活动是密不可分的，是随运输和保管等其他物流活动而产生的必要活动。根据《物流术语》（GB/T 18354—2021），装卸是指"在运输工具间或运输工具与存放场地（仓库）间，以人力或机械方式对物品进行载上载入或卸下卸出的作业过程"，是改变物品的存放、支承状态的活动；搬运是指"在同一场所内，以人力或机械方式对物品进行空间移动的作业过程"，是改变物品的空间位置的活动。

4．流通加工

流通加工是指物品从生产地向使用地流通的过程中，根据需要进行包装、分割、计量、分拣、组装、价格贴付、商品检验等加工活动。这些加工活动可以使物品在形态或理化性质上发生变化，促进销售、维护商品质量并提高物流效率，从而满足消费者的多样化、个性化需求。

什么是流通加工？
流通加工和
生产加工的区别

5. 包装

包装是流通加工的一种，根据《物流术语》（GB/T 18354—2021），包装是指"为在流通过程中保护产品、方便储运、促进销售，按一定技术方法而采用的容器、材料及辅助物等的总体名称"。按照功能不同，包装可以分为销售包装（商业包装）与运输包装（工业包装）。销售包装又称小包装或内包装，是指"直接接触商品并随商品进入零售店和消费者直接见面的包装"，主要作用是保护商品、促进销售、方便消费；运输包装又称大包装或外包装，是指"以满足运输、仓储要求为主要目的的包装"，主要作用是保护商品、方便运输、便于储运，是物流环节的必要包装。

什么是包装？
包装的功能

6. 配送

配送是指"根据客户要求，对物品进行分类、拣选、集货、包装、组配等作业，并按时送达指定地点的物流活动"〔《物流术语》（GB/T 18354—2021）〕，是将货物从物流据点送交给收货人的行为。值得注意的是，配送不仅仅是送货，而是分货、配货、送货等多种活动的有机结合，具体包括集货、分拣、配货、配装、配送运输、送达服务和配送加工等功能要素。其中，配送运输是较短距离、较小批量、较为接近客户的运输形式。

7. 物流信息处理

物流信息是随企业的物流活动同时发生的，随着从生产到消费的物流活动的产生而产生，是"反映物流各种活动内容的知识、资料、图像、数据的总称"〔《物流术语》（GB/T 18354—2021）〕。物流信息包括订货信息、库存信息、生产指示信息、发货信息、物流管理信息等，是物流系统的中枢神经，能够将运输、储存、装卸搬运、流通加工等其他各种活动有机结合起来，在很大程度上提高物流效率、降低物流成本。

想一想

物流在你的生活中起到了哪些作用？

历史上的物流

从"丝绸之路"到"一带一路"

丝绸之路是一条古老而文明的贸易通道，其凝聚的价值理念影响了千年。丝绸之路的雏形始于秦汉时期，秦始皇为抵御匈奴侵略、巩固领土，修建秦直道，也为丝绸之路的发展奠定了坚实的基础。西汉时期，张骞出使西域，打通了中原通往西域的道路，不仅将中原文化传至西域，还从西域诸国引进了汗血马、葡萄、苜蓿、石榴、胡麻等物种，促进了东西方在文化上的交流。之后，丝绸之路正式成为连接东西方贸易往来的重要商业路线。唐宋时期是丝绸之路发展的繁荣鼎盛时期。在此之前，丝绸之路以陆路为主，主要通过修建古道、设立驿站，来保障货物运输的安全，提升运输效率。南宋时期，海上丝绸之路逐渐崛起。随着我国造船技术与航海技术的不断发展，明清时期，南北航线达到最大程度的交融。

通过丝绸之路，我国的丝绸、茶叶、瓷器等商品源源不断地输出到沿线国家，同时，来自中亚、西亚以及欧洲的珠宝、药材、香料等各类物品也不断进入我国，实现了东西方商贸互通与经济往来。丝绸之路同时也是架构起中国和欧亚大陆文化、科技、艺术和宗教交流的重要桥梁，助推了东西方物质文明和精神文明的交融互动，铸就了别具一格的丝路文化。

历史悠久的丝绸之路，是中华民族放眼世界的伟大创举，是中华文明走向世界的探索之路，也是世界文明融汇发展的和平之路。丝绸之路深厚的历史积淀具有重要的实践价值。2013 年，习近平总书记在出访中亚和东南亚国家期间，提出共建"丝绸之路经济带"和"21 世纪海上丝绸之路"（简称"一带一路"）的合作倡议，得到了国际社会的一致好评与广泛响应。"一带一路"倡议的提出，既是对这份文明遗产的继承，更是在新的历史条件下继往开来的伟大创新。

"一带一路"倡议实施以来，在以习近平同志为核心的党中央坚强领导下，我国统筹谋划推动高质量发展、构建新发展格局和共建"一带一路"，秉持着"和平合作、开放包容、互学互鉴、互利共赢"的丝绸之路精神，坚持共商共建共享原则，把基础设施"硬联通"作为重要方向，把规则标准"软联通"作为重要支撑，把同共建国家人民"心联通"作为重要基础，推动共建"一带一路"高质量发展，取得实打实、沉甸甸的成果。

高质量共建"一带一路"不断推进，给各国共同繁荣带来了更多机遇，为推动构建开放型世界经济、人类命运共同体不断做出新的贡献。

二、智慧物流

智慧物流是现代物流发展的新型物流业态，IBM 于 2009 年提出通过感应器、射频识别（RFID）标签、制动器、全球定位系统（GPS）和其他设备及系统，建立一个面向未来的具有先进、互联和智能三大特征的智慧供应链，由此延伸出"智慧物流"的概念。近年来，我国政府不断推动智能物流的建设与发展，在政策上加强引导，加大扶持力度，从"十五"规划改造传统流通业到"十三五"规划重点建设物流枢纽、综合物流网络，再到"十四五"规划重点推进物流信息化发展。2022 年 12 月，《国务院办公厅关于印发"十四五"现代物流发展规划的通知》强调，要加快物流数字化转型，推进物流智慧化改造，促进物流网络化升级，进一步强化物流数字化科技赋能。智慧物流理念的提出，既顺应历史潮流，也符合现代物流业发展的自动化、网络化、可视化、实时化、跟踪与智能控制的发展新趋势，符合物联网发展的趋势。在技术与市场因素的驱动下，智慧物流不断演化，进入新的发展阶段。

（一）智慧物流的概念与特点

1. 智慧物流的概念

智慧物流是"以物联网技术为基础，综合运用大数据、云计算、区块链及相关信息技术，通过全面感知、识别、跟踪物流作业状态，实现实时应对、智能优化决策的物流服务系统"〔《物流术语》（GB/T 18354—2021）〕。

智慧物流以物流产业自动化基础设施、智能化业务运营、信息系统辅助决策和关键配套资源为基础，通过信息处理和网络通信技术平台，广泛应用于物流业传输、仓储、配送、包装、装卸等基本活动环节，实现货物运输过程的自动化运作和高效率优化管理，提高物流行业的服务水平，降低成本，减少自然资源和社会资源消耗。

2. 智慧物流的主要特点

（1）互联互通，数据驱动。所有的物流要素实现互联互通、业务数字化，物流系统全过程透明可溯，一切数据业务化，以数据驱动决策与执行，为物流生态系统赋能。

（2）深度协同，高效执行。物流领域跨集团、跨企业、跨组织的深度协同，基于物流系统全局优化的智能算法，调度整个物流系统中各参与方分工协作，促进物流业务高效执行。

（3）自主决策，学习提升。智慧物流通过对机器学习、智能算法的融合应用，以及大数据分析、云计算与人工智能技术的综合运用，促进物流自主化与智能化，实现在感知中决策、在执行中学习、在学习中优化，推动物流系统程控化发展。

3. 智慧物流系统的基本功能

（1）信息感知。智慧物流系统运用先进技术获取物流过程（如运输、仓储、包装、装卸搬运、流通加工、配送等环节）中的信息，实现了数据实时自动采集与实时掌握。

（2）数据规整。智慧物流通过数据库将物流信息进行数据归档与规整，实现数据的联系性、开放性及动态性，并通过对数据和流程的标准化处理，推进跨网络、跨系统的整合与兼容。

（3）智能分析。智慧物流系统运行过程中对物流业务活动进行检测，利用原有经验数据及时发现业务活动中的漏洞或薄弱环节，运用模拟器模型等手段智能分析物流问题，在实践过程中不断验证问题并发现新问题。

（4）优化决策。智慧物流系统结合物流场景中的特定需要，根据不同情况评估成本、时间、质量、服务、风险等因素，进行预测分析，提出合理有效的解决方案，做出准确科学的决策。

（5）系统支持。智慧物流系统实现各个环节互联互通，进而共享数据，优化资源配置，使物流各环节实现协作、协调、协同。

（6）自动修正。智慧物流系统自动遵循最快捷、最有效、最经济的方案运行，发现问题后自动修正，并记录在案，方便日后查询和调整。

（7）实时反馈。智慧物流系统是一个实时更新的系统，具有实时信息反馈的功能，可以实现系统修正与完善。该功能贯穿于智慧物流系统的每一个环节，为物流相关作业者了解物流运行情况、及时解决系统存在的问题提供了强有力的保障。

想一想

> 从"传统物流"到"智慧物流"，物流产业如何展翅高飞？

（二）智慧物流的技术体系

1. 自动识别技术

自动识别技术即利用计算机视觉、语音识别、人工智能等技术，对物体、文字、声音等信号进行自动化识别和处理的一种技术。它由条码识别技术、智能卡识别技术、光学字符识别技术、射频识别技术、生物识别技术等组成，正向集成应用的方向发展。自动识别技术已经成为当今物流领域中不可或缺的一部分，广泛应用于仓储、运输、配送等物流环节，实现了物流信息的自动化、智能化的高效采集，提升了物流运作效率。在智慧物流中，自动识别技术主要应用于如图1-1所示的几个方面。

（1）货物识别：利用计算机视觉技术，对货物进行自动化识别与分类。

（2）车牌识别：通过识别车牌，对运输车辆进行管理和调度，实现准确、高效配送。

（3）智能调度：分析物流运输中的数据和信息，实现调度的精准、高效、安全和可靠。

（4）物流追踪：识别运输单号、订单号等信息，实现物流追踪和物流监控，提高物流运输的准确性和可追溯性。

a）货物识别

b）车牌识别

c）智能调度

d）物流追踪

图 1-1　自动识别技术

想一想

在你的身边哪些场景应用了自动识别技术？

2. 数据挖掘技术

数据挖掘是从大量的、不完全的、有噪声的、模糊的及随机的实际应用数据中，挖掘出隐含的、未知的、对决策有潜在价值的知识和规则的过程，可以帮助物流企业更好地了解和利用运输、仓储、配送等数据信息，从而提升物流效率和服务质量。

数据挖掘技术在智慧物流中主要应用于物流运输、仓储管理、配送优化等多个领域。例如：在物流运输方面，数据挖掘技术帮助企业分析货物运输路线、运输时间、货物损毁率等信息，优化运输计划，提升运输效率和降低成本；在仓储管理方面，数据挖掘技术通过对货物进出库记录、库存情况等数据的挖掘与分析，帮助企业进行库存管理和货物调度；在配送优化方面，数据挖掘技术帮助企业确定最佳的配送路线、配送时间以及安排配送员，降低成本，提升客户满意度，同时还可以通过对客户订单数据的挖掘分析，提前预测客户需求，及时补货和备货，提升服务水平。

3. 人工智能技术

人工智能（AI）是指借鉴仿生学思想，用数学语言抽象描述知识，用以模仿生物体系和人类的智能机制。人工智能有神经网络、进化计算和粒度计算三种方法，主要应用于智能配送、智能仓储、智能运输、智能管理、智能定制等环节，不仅能提升物流效率、降低物流成本，也使物流更加智慧化、精准化、定制化，推动整个物流行业从劳动密集型服务行业向科技密集型服务行业转变。人工智能在物流仓储中的应用如图 1-2 所示。

图 1-2　人工智能在物流仓储中的应用

4. 地理信息系统

地理信息系统（GIS）是一个空间信息的决策系统，主要是利用计算机技术对对应的空间数据进行获取、分析、处理和存储等，从而为用户提供研究和决策需要的信息。GIS 是打造智慧物流的关键技术与工具。使用 GIS 构建物流信息地图，将订单信息、网点信息、送货信息、车辆信息、客户信息等数据集中管理，实现快速智能分单、合理布局网点、合理规划送货路线、包裹监控与管理、物流中心选址、车辆运输配送调度管理等，进而降低物流成本，实现物流增值业务以及小批量、多频次的物流配送。结合 GIS 的智慧物流系统如图 1-3 所示。

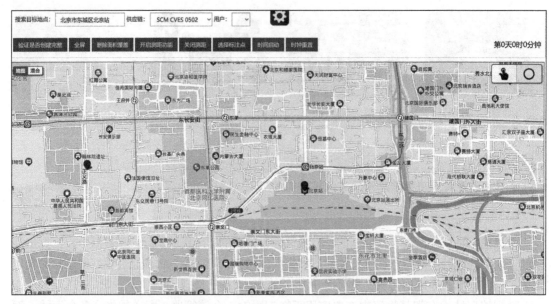

图 1-3 结合 GIS 的智慧物流系统

想一想

> GIS 技术对于车辆调度管理有什么作用？

（三）智慧物流的发展趋势

智慧物流现已成为我国物流业实现高质量发展的新方向，并呈现出服务水平逐步提升、多链内外联动与双网高效融合、智慧物流生态圈逐渐形成的发展趋势。

1. 技术与模式升级，服务水平逐步提升

随着智慧物流新技术和新模式的不断发展，智慧物流的服务水平不断提升。其主要表现在以下几个方面：①智慧物流支撑技术不断成熟，互联网基础设施全覆盖、广连接，实现万物互联、产业互联化；②智慧物流装备的应用向标准化、专业化、规模化发展，在全领域、全环节中不断用机器替代人力，实现运作无人化；③智慧物流促进物流新模式不断涌现，推动资源整合和平台化经营模式的广泛应用，实现运营平台化；④智慧物流通过对各类商品数据的自动分析和处理，为管理者提供最优决策，实现全域可控化。

2. 多链内外联动，促进双网高效融合

智慧物流使物流企业的业务链不断延伸，加强物流企业对供应链和产业链的掌控；通过信息链、资金链、业务链、供应链及产业链的内外联动，不断催生出"链金"等新产品，构建不同层次的服务体系；通过多链的内外联动，加速搭建线上智慧信息平台，同时依靠智慧平台，促进线下物流网络干支线与节点的一体化整合，催生智慧物流线上"虚拟网"与线下"实体网"的双网经营新模式。

3. 多主体协同推动，智慧物流生态圈逐渐形成

随着智慧物流的推广与发展，智慧物流生态圈逐渐形成。其主要表现在以下几个方面：①智慧物流管理体制不断健全，政府部门的相关政策不断完善，实现智慧物流规范化发展；②智慧物流标准体系不断完善，随着标准分类的细化，不断催生相应的标准化委员会、产业联盟等组织，从而推动智慧物流实现标准化发展；③社会化诚信体系逐渐建立，企业不断加强诚信经营观念和自身信用管理制度建设，推动智慧物流有序化发展；④企业深入贯彻绿色可持续发展理念，在业务流程中广泛应用绿色化装备，实现物流资源的整合和高效利用，推动智慧物流的绿色化发展。

想一想

> 智慧物流对你的生活有哪些影响？

启智增慧 "5G智慧"为物流园区打造"最强大脑"

　　5G技术融合应用是促进物流数字化与智能化转型的重要引擎。5G技术的充分发展与落地，协同云计算、大数据、人工智能等多重新技术对物流进行赋能，驱动智能物流进一步发展。在5G技术的加持下，物流园区完成了从传统园区到5G数字化智能园区的转型，具备泛连接、数字化、智能化三大特点，能有效提升物流效率、降低物流成本、提升用户体验和安全，助力物流行业实现自动化运输、智能仓储和全流程监控。

　　以国内首个5G智慧物流园——日日顺供应链5G智慧物流园区（见图1-4）为例，该5G智慧物流园的建成解决了信息孤岛问题，实现了数据集约化管理。此外，5G技术的应用增强了物流园区的安全性，实现了园区透明化管理，同时提升了物流配送的安全性、可靠性与高效性。

图1-4　日日顺供应链5G智慧物流园区

单元二　从物流管理到供应链管理

　　物流管理与供应链管理是现代企业管理中非常重要的组成部分，在实现企业生产与经营目标方面起着至关重要的作用。供应链是物流、信息流与资金流的统一，因而物流管理是供应链管理体系的一个重要组成部分，也是供应链管理的起源。但二者并非"同质异名"，而存在一定的差异。因此，掌握物流管理与供应链管理之间的联系与区别，对学习物流管理与供应链管理的理论和应用具有重要意义。

一、物流管理

（一）物流管理的定义

　　物流管理是指"为达到既定的目标，从物流全过程出发，对相关物流活动进行的计划、组织、协调与控制"〔《物流术语》（GB/T 18354—2021）〕。由此可见，物流管理的目的是"达到既定的目标"，其管理对象是"物流活动"，即与物流功能相关的活动，包括包装、运输、储存、装卸搬运、流通加工、配送与信息处理等。

（二）物流管理的特征

随着物流的发展，物流管理展现出诸多特征，集中表现在以下 8 个方面：

1. 系统化

物流管理涉及多个环节，包括采购、生产、仓储、运输、配送等。这些环节之间相互关联，需要协调管理，以确保物流活动的顺利开展。因此，物流管理需要建立一个完整的系统，包括各环节的管理流程、数据采集和分析系统、供应商和客户关系管理系统等，以确保物流过程的顺利进行和透明化管理。

2. 信息化

信息化是指商品代码和数据库的建立、运输网络合理化、销售网络合理化、物流中心管理电子化、电子商务和物品条码技术的应用等。物流管理信息化可实现信息共享，使信息的传递更加方便、快捷、准确，以提高信息的收集、处理和传递效率，提升整个物流系统的经济效益。

3. 网络化

网络化的基础是信息化。这里所说的网络化有两层含义：一是指物流配送系统的计算机通信网络，主要包括物流配送中心与供应商、制造商以及下游客户之间的联系，实现计算机网络化；二是指组织的网络化，主要包括企业内部组织的网络化和企业之间的网络化。

4. 自动化

自动化的基础也是信息化，外在表现是无人化，效果是省力化。自动化可以扩大物流作业能力，提高劳动生产率，减少物流作业的差错等。物流管理自动化的设施非常多，如条码／射频自动识别技术与系统、自动分拣系统、自动存取系统、自动导向车、货物自动跟踪系统等。

5. 智能化

智能化是物流管理自动化、信息化的一种高层次应用。物流作业过程中存在大量的运筹和决策，如库存水平的确定、运输路径选择、自动导向车的运行轨迹和作业控制、自动分拣机的运行、物流配送中心经营管理的决策支持等，它们均需要借助智能化系统解决。

6. 柔性化

柔性化的物流管理是适应生产、流通与消费需求而发展起来的一种新型物流管理模式，要求物流配送中心根据消费需求多品种、小批量、多批次、短周期的特色，以及市场需求与企业的变化，灵活组织和实施物流作业。

7. 标准化

标准化是指：以物流为一个大系统，制定系统内部设施、机械装备、专用工具等各分系统的技术标准；制定系统内部各分领域，如包装、装卸、运输等的工作标准；以系统为出发点，研究各分系统与分领域中技术标准与工作标准的配合性，按配合性要求统一整个物流系统的标准；研究物流系统与其他相关系统的配合性，进一步谋求物流大系统的标准统一。

8．社会化

社会化是指随着市场经济的发展，专业化分工越来越细，生产企业无可避免地需要外购部分主要部件。生产企业与零售商所需要的原材料、中间产品、最终产品大部分由专门的第三方物流企业提供，以实现少库存或零库存。第三方物流企业可以进行集约化物流管理，在一定半径之内实现合理化物流管理，以降低物流成本，提升经济效益与社会效益。

想一想

> 结合你对物流管理的理解，谈谈我国物流发展过程中存在哪些制约因素。

（三）物流管理的目标

物流管理是将运输、储存、包装、装卸搬运、流通加工、配送和信息处理等功能结合起来，以实现服务、节约、快速、规模适当化和库存控制的综合体。物流管理最基本的目标就是以最低的成本向用户提供满意的物流服务，即在需要的时间，将需要的物品以合适的方式按照指定的时间送达需要的场所。

1．服务（Service）

物流业是后勤、供应、服务性的行业，在生产和消费间起着桥梁和纽带的作用。物流企业应不断开发新技术，随着客户需求的不断升级而不断创新服务方式，提升客户满意度。

2．节约（Save）

物流管理的节约目标是通过采用更高效的物流技术和设备、优化物流供应链、降低物流成本等方式，提高物流效率。物流成本的主要组成部分包括包装费、装卸费、运输费、仓储费和流通加工费等。

3．快速（Speed）

快速不仅是服务的延伸，也是商品流通对物流提出的要求，快速反应关系到企业能否及时满足客户的服务需求。信息技术的应用提高了企业在尽可能短的时间内完成物流作业，并尽快交付所需存货的能力。

4．规模适当化（Scale Optimization）

在对物流系统进行设计时，首先要考虑其规模的大小，对市场的物流量、服务对象等因素进行分析，使系统的规模与市场的需求相适应。如果物流系统规模过小，则无法满足市场需求；如果规模过大，则会浪费资源，影响整个系统的经济效益。物流领域以分散或集中的方式建立物流系统，研究物流的集约化程度就是为了实现规模适当化这一目标。

5．库存控制（Stock Control）

物流系统通过本身的库存来实现对企业和消费者需求的保障。如果库存过多，则需要更多的保管场所，还会因库存积压而浪费资金。库存控制目标是减少库存负担和提高库存周转速度。存货可用性的高周转率意味着分布在存货上的资金得到了有效的利用。因此，在物流过程中，必须合理确定库存的方式、数量、结构和地区分布等，这也是物流系统效益的要求。

（四）物流管理的内容

通过物流管理的定义可知，物流管理是对物流活动进行的计划、组织、协调与控制。因此，物流管理包括需求预测、采购与供应商管理、运输管理、仓储管理、客户服务及其他物流活动管理等具体内容。

1. 需求预测

需求预测是指采用一定的方法和技术预测消费者在未来一段时间里对某种产品的需求期望水平，从而为企业的生产计划和控制决策提供依据，以便制订合理的库存计划或运输方案。因此，需求预测的准确性对企业生产经营的正确性与物流活动计划的有效性具有重要影响。

2. 采购与供应商管理

采购与供应商管理是指对从供货商到生产企业的物料流动过程进行管理，包括采购员选择、采购品种和数量确定、供应商选择、采购价格谈判、采购时间确定、采购方式选择、采购合同签订等。供应商能否按时按量地提供高质量的原材料和零部件，直接关系着企业能否按时完成生产计划，能否以优质的产品及时满足客户的需求。因此，供应商管理是采购管理中非常重要的一个环节。

3. 运输管理

运输管理是指对物品从供给方向需求方运送过程中的作业活动进行管理，具体包括运输方式的选择、运输车辆与人员的确定、运输路线的安排等。运输成本是占物流总成本比重最大的一项物流费用，因此，企业在运输管理中要合理选择运输方式，选择合适的运输车辆和人员，合理安排运输路线，尽量做到运输合理化，从而降低物流成本，为企业创造更多的利润。

4. 仓储管理

仓储管理是指对仓库及仓库内的物资进行的管理，是仓储机构为了充分利用拥有的仓储资源（包括仓库、仓储机械设备、仓储保管人员、仓储资金和技术等），提供高效的仓储服务，而对仓储活动进行的计划、组织、控制和协调的过程。企业通过仓储管理提高仓储作业效率、降低仓储成本，实现仓储资源效用最大化，能根据市场的发展变化不断创新仓储服务的理念和内容，提供适合经济发展的仓储服务，从而更好地满足客户需求。

5. 客户服务

客户服务是一种以客户为导向的价值观和经营理念。所有能提高客户满意度的行为和信息都属于客户服务的内容。从物流管理的角度来讲，客户服务就是企业为客户提供的物流方面的服务，即物流客户服务。它要求企业整合物流系统并进行统一管理，从而为客户提供最优质的服务，这是一切物流活动的终极目标。

6. 其他物流活动的管理

除以上内容外，物流管理还包括配送管理、包装管理、装卸搬运管理、流通加工管理、信息管理等，通过对每一项活动进行管理，合理化物流活动，进而提高物流效率、降低物流成本。

物流视角下"徽骆驼"的传奇之旅

　　徽商，即徽州商人，南宋时期萌芽，明清时期达到鼎盛，清末逐步没落，在民间享有"徽骆驼"的美称，与潮商、晋商统称为中国历史上的"三大商帮"。徽州南临天目山，北靠黄山，山高坡陡，但四周连通多个水域，相较陆路运输而言，水路运输交通便捷、成本较低。因此，水路运输是徽商的主要运输方式。码头的建设对于水路运输而言至关重要，徽商紧紧抓住这一命脉，广建码头，设置大批物流节点，不断完善物流运输网络，同时通过自身经验选择最为合理的线路，为后辈经商提供便利。徽商构筑的颇具规模的物流运输网络，助推其造就了 300 多年的黄金时代。

　　请思考：徽商的成功对现代物流企业的发展而言有哪些值得借鉴之处？

二、供应链管理

　　随着经济全球化的不断发展，市场竞争不断加剧。当今企业竞争已不再是单个企业间的竞争，而是供应链与供应链之间的竞争，即以核心企业为首的企业群与企业群之间的竞争。因此，了解并掌握供应链管理理论，对强化企业管理至关重要。

（一）供应链概述

1. 供应链的定义

什么是供应链

　　供应链是指"生产及流通过程中，围绕核心企业的核心产品或服务，由所涉及的原材料供应商、制造商、分销商、零售商直到最终用户等形成的网链结构"〔《物流术语》（GB/T 18354—2021）〕。也就是说，供应链是围绕核心企业，通过对信息流、物流、资金流的控制，从采购原材料开始，制成中间产品以及最终产品，最后由销售网络把产品送到消费者手中的将供应商、制造商、分销商、零售商、最终用户连成一个整体的功能网链结构模式，如图 1-5 所示。它是范围更广的企业结构模式，包含所有加盟的节点企业，从原材料的供应开始，经过链中不同企业的制造加工、组装、分销等过程直到最终用户。它不仅是一条连接供应商和用户的物料链、信息链、资金链，而且是一条增值链——物料在供应链上因加工、包装、运输等过程而增加价值，给企业带来收益。

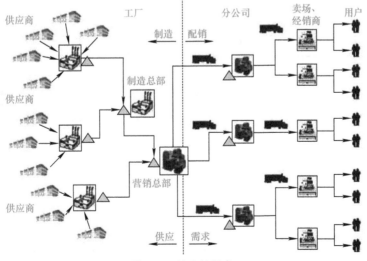

图 1-5　供应链模式

2．供应链的结构

供应链由所有加盟的节点企业组成，其中一般有一个核心节点企业（制造、流通），节点企业在需求信息的驱动下，通过供应链的职能分工与合作（生产、分销、零售等），以资金流、物流、商流和信息流为媒介，实现整个供应链的不断增值（见图1-6）。"四流"互为存在、密不可分、相互作用，既是独立存在的单一系列，又是一个组合体。其中，商流是前提，物流、资金流和信息流是支撑。

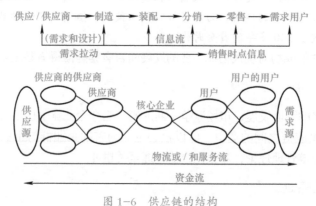

图1-6　供应链的结构

3．供应链的特征

供应链是一个网链结构，由围绕核心企业的供应商、供应商的供应商和用户、用户的用户组成。一个企业是一个节点，节点企业之间是一种需求与供应关系。供应链主要具有下述五种特征。

供应链的特征

（1）复杂性。因为供应链节点企业组成的跨度（层次）不同，供应链往往由多个、多类型、多地域的企业构成，所以供应链结构模式比单个企业的结构模式更为复杂。

（2）动态性。供应链管理因企业战略和适应市场需求变化而调整，其中的节点企业需要动态更新，使供应链具有明显的动态性。

（3）交叉性。一个节点企业可以既是这个供应链的成员，同时又是另一个供应链的成员。众多的供应链形成交叉结构，增加了协调管理的难度。

（4）面向用户需求。供应链的形成、存在、重构，都是基于一定的市场需求而发生的，并且在供应链的运作过程中，用户需求的拉动是供应链中信息流、产品（服务）流、资金流运作的驱动源。

（5）协作共赢。供应链中各节点企业以信息共享为基础，以优化供应链绩效为目标，进行协同决策，始终从全局观点出发，遵循"共赢"的原则，相互信任、团结和同步，以提高整个供应链的柔性，实现整个供应链价值的最优化。

（二）供应链管理的内涵

1．供应链管理的定义

供应链管理的
概念和内容

供应链管理是指"从供应链整体目标出发，对供应链中采购、生产、销售各环节的商流、物流、信息流及资金流进行统一计划、组织、协调、控制的活动和过程"〔《物流术语》（GB/T 18354—2021）〕。它以市场和客户需求为导向，在核心企业的协调下，以协同商务、协同竞争为商业运作模式，通过运用现代企业管理技术、信息技术和集成技术，实现对整个供应链上的信息流、物流、资金流、业务流和价值流的有效规划和控制，从而将客户、供应商、制造商、销售商、服务商等合作伙伴连成一个完整的网状结构，形成一个极具竞争力的战略联盟。供应链管理可以有效降低交易与采购成本，缩短交易时间，降低存货水平，缩短现金及库存循环周期，增加收入和利润。

2. 供应链管理的内容

供应链管理主要包括正向供应链和逆向供应链两部分。供应链通过集成化组织与管理，对需求预测、生产计划、库存计划、分销计划进行集成的同步性计划和控制，如图 1-7 所示。

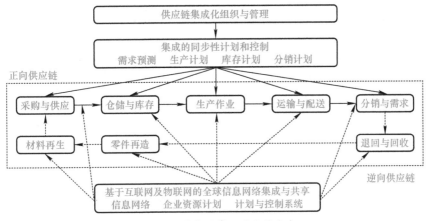

图 1-7 供应链管理的主要内容

👤 **想一想**

谈谈你对供应链管理内涵的理解。

（三）供应链管理核心理念

从供应链管理概念和结构模型可以看出，供应链管理的对象是一个以核心企业或品牌商为核心的企业群。为提升供应链竞争力，在供应链管理中要坚持四大核心理念。

供应链管理的理念

1. 整合（Integration）

整合理念强调从供应链整体最优的目标出发，寻求最佳市场资源整合的模式。当一个企业要拓展一项业务或开辟一个新的市场时，首先应该从企业外部寻找最佳资源，与企业外部资源进行整合。即使再强大的企业，面对庞大的市场在资源和能力上也都是十分有限的，如果什么事都只想由企业自己来做，可能会丧失很多机会，甚至将企业带入深渊。因此，整合理念是供应链管理的重要核心理念之一。

2. 合作（Cooperation）

供应链管理是由"横向一体化"发展而来的，因此在供应链管理的实践中非常强调合作伙伴之间的合作。只有实现了合作伙伴之间真诚的、战略性的合作，才能共同实现供应链的整体利益最大化。供应链管理的对象是一个企业群，其中的每一个企业都有自己的核心业务和核心能力，如何将这些企业的能力整合在一起，形成真正的合力，关系到供应链整体目标能否实现。如果每个企业都只顾自身利益，那么将偏离供应链的整体目标，最后也没有办法保证企业个体的利益。因此，供应链管理的核心企业（或主导企业）要与合作方建立战略性的合作伙伴关系，必须能够兼顾合作伙伴的利益和诉求，这样才能调动合作伙伴的积极性。

3. 协调（Coordination）

供应链管理涉及若干个企业在运营中的管理活动，为了实现供应链管理的目标，要求相关企业在运营活动中必须按照计划协调运作，不能各自为政。任何一个供应商延误，不仅使自己的利益受到损失，而且会连累那些准时交货的供应商，也会对总装配产生延误的影响。协调运作的另一个问题，就是打破传统的企业各自为政的分散决策方式，通过协调契约的设计，使合作双方都能够增加收益，同时达到供应链整体利益最大化的目标。

4. 利益分享（Benefit-Sharing）

供应链管理强调的一个重要理念是利益分享，即通过整合供应链资源、建立合作伙伴关系，并协调运作，达到整体利益最大化。合作企业之所以愿意在一个供应链体系内共创价值，是因为它们看到这个供应链能够创造更多的利益，但是这些利益必须实现共享，才有可能将供应链的资源整合起来。因此，供应链的利益共享是供应链管理的重要因素，是保证合作伙伴能够真心实意地与核心企业站在一个阵营内的重要条件。

三、物流管理与供应链管理的联系与区别

供应链作为一个有机的网络化组织，在统一的战略指导下可以提高效率和增强整体竞争力。物流管理对供应链管理下的物流进行科学的组织计划，使物流活动在供应链各环节之间快速形成物流关系和确定物流方向，通过网络技术将与物流有关的相关信息同时传递给供应链的各个环节，并在物流实施过程中对其进行适时协调与控制，为供应链各环节提供实时信息，实现物流运作的低成本、高效率的增值过程管理。虽然在供应链管理环境下，物流管理出现了一系列新的特点，但是二者并不是完全割裂的，既有其不同于对方的特点，又有其发展的内在联系。

（一）物流管理与供应链管理的联系

物流管理与供应链管理的联系如图 1-8 所示。

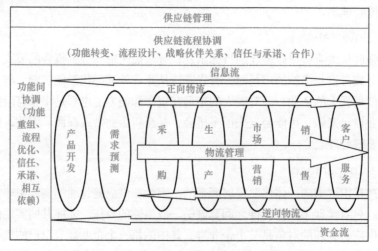

图 1-8　物流管理与供应链管理的联系

1. 物流管理是供应链管理的一个子集或子系统

从物流管理和供应链管理的定义来看，物流管理包含了对运输、储存、包装、装卸搬运、流通加工、配送和信息处理等物流活动的管理；而供应链管理的对象涵盖了产品从产地到消费地传递过程中的所有活动，包括原材料和零部件供应、制造与装配、仓储与库存跟踪、订单录入与订货处理、分销管理、客户交付、客户关系管理、需求管理、产品设计与预测以及相关的信息系统等。从这个意义上讲，物流管理是供应链管理的一种执行职能，即对供应链上物品实体流动的计划、组织、协调与控制。也就是说，物流管理与供应链管理所涉及的管理范畴存在很大不同，物流管理是供应链管理的一个子集或子系统，而供应链管理则是将许多物流管理以外的功能跨越企业间的界限整合起来。

2. 物流管理是供应链管理的核心内容

物流贯穿于整个供应链，是供应链的载体、具体形态或表现形式。它衔接供应链上的各个企业，是企业间相互合作的纽带。没有物流，供应链中生产的产品的使用价值就无法体现，供应链也就失去了存在的价值。物流管理在供应链管理中的地位与作用可以通过供应链上的价值分布看出（见表1-1）：物流价值在各种类型的产品和行业中都占了整个供应链价值的一半以上。所以，物流管理是供应链管理的核心，管理好物流过程，对实现供应链的增值具有举足轻重的作用。

表1-1　供应链上的价值分布

产品	采购	制造	分销
易耗品（如肥皂、香精）	30%～50%	5%～10%	30%～50%
耐用消费品（如轿车、洗衣机）	50%～60%	10%～15%	20%～30%
重工业（如工业设备、飞机）	30%～50%	30%～50%	5%～10%

（二）物流管理与供应链管理的区别

供应链管理不仅局限于物流管理的过程，还包含提供产品、服务、信息，以及提高和增加客户价值，是从供应商到最终客户所有流程的集成，涵盖了更广泛的要素，如信息系统集成、流程设计与重组、合作伙伴关系协调、绩效评价与活动控制等。两者的主要区别包括以下几个方面。

1. 存在基础和管理模式不同

对于任何单个企业或供应链，只要存在物的流动，就存在物流管理；而供应链管理必须以供应链导向为前提，以信任和承诺为基础。物流管理主要以企业内部物流管理和企业间物流管理这两种形式出现，主要表现为一种职能化管理模式；供应链管理则以流程管理为表现形式，它不是对多个企业的简单集合管理，而是对多个企业所构成的流程进行管理，是一种流程化的价值链管理模式。

2. 导向目标不同

物流管理的目标是以最低的成本提供最优质的物流服务。在不存在供应链管理的环境下，物流管理是在单个企业战略目标框架下实现物流管理目标；在供应链管理环境下，物流管理是指供应链物流管理，就是以供应链目标为指导，实现企业内部物流和企业间物流的同步优化。而供应链管理以供应链为导向，目标是提升客户价值和客户满意度，获取供应链整体竞争优势。

3. 管理层次不同

物流管理是指对运输、仓储、配送、流通加工及相关信息处理等功能进行协调与管理，通过职能的计划与管理实现降低物流成本、优化物流服务的目标，属于运作层次的管理。供应链管理则是聚焦于关键流程的战略管理，这些关键流程跨越供应链上所有成员企业及其内部的传统业务功能。供应链管理处于战略层次对关键业务流程进行设计、整合与重构，并做出各种战略决策，包括战略伙伴关系、信息共享、合作与协调等决策。

4. 管理手段不同

既然物流管理与供应链管理的管理模式和管理层次都存在区别，其管理手段自然也不同。物流管理以现代信息技术为支撑，主要通过行政指令或行政指导，运用战术决策和计划来协调和管理各物流功能；供应链管理则以信任和承诺为基础，以资本运营为纽带，以合同与协议为手段，建立战略伙伴关系，运用现代信息技术，通过流程化管理，实现信息共享、风险共担和利益共存。

综上所述，物流管理与供应链管理在存在基础和管理模式、导向目标、管理层次以及管理手段等方面都存在较大的差别。但从管理范畴与内容上来说，物流管理是供应链管理的一个子集或子系统，同时也是供应链管理的核心内容。供应链管理是比物流管理更宽泛的一个概念，包括物流、市场营销、产品研发与设计等在内的所有业务流程的管理。供应链管理的目的在于追求整个供应链系统的成本最低化、服务最优化及客户价值最大化；而物流管理是集中于货物、服务及相关信息有效率、有效益的储存与流动的计划、实施与控制，是供应链管理的一部分，其目的是通过物流这一子系统的最优化为供应链整体做出贡献。

启智增慧 海尔：现代物流管理的先行者

在新发展格局下，物流行业亟须向供应链管理延伸发展，以适应多元化的市场环境，提升企业核心竞争力。海尔集团不断创新其供应链管理模式，成功走在国际管理界前沿，成为我国现代物流管理的先行者。

自20世纪末以来，海尔集团将目光紧紧锁定在供应链管理，综合自身情况与周围环境，优化供应链管理模式，完成业务流程的重新设计与改造，改变物流方式，建立市场快速响应体系，建立全球化供应链网络，提升企业的市场应变能力与竞争力，保证企业可持续发展。如海尔集团的日日顺供应链智能仓（见图1-9）通过提供定制化场景方案，实施数字化分仓策略，采用智能补货、智能调度等领先的IT技术，实现用户服务全流程可视化管理，并构建资源管理、订单管理、订单匹配、仓储管理、运输管理、末端用户送装服务等供应链运营管理系统，助推行业高质量转型，提高服务效率，充分展现了科技赋能下企业的先进性与前瞻性。

图1-9 海尔集团的日日顺供应链智能仓

请思考：海尔集团通过自身变革，对物流供应链产生哪些影响？对物流企业的发展有何启示？

匠人匠心

初心铸匠心，平凡亦非凡

从技能经验不足、对行业风危心怀畏惧，到身披"全国五一劳动奖章"绶带，德邦物流股份有限公司的货车驾驶员靳立军用了18年。钻研技能技术的18年间，靳立军秉持坚持不懈的奋斗精神，认真钻研业务知识、打磨专业技术。他凭借在岗位十年如一日的坚守和对驾驶技术孜孜不倦的追求，荣获"天津市技术能手"称号、天津市五一劳动奖章、全国五一劳动奖章等荣誉。

（1）潜心钻研，独具慧心。靳立军自选择成为一名货车驾驶员开始，便立足于自身岗位，潜心钻研业务知识，从驾驶技术、车辆维护到交通法规、安全文件，多方面、全方位地锤炼自己的岗位专业技能，熟练掌握了防御性驾驶技术，并多次在各类别技能大赛中拔得头筹。

（2）爱岗敬业，凝聚匠心。作为危险品运输半挂车驾驶员，他深知细节对驾驶员安全的重要性。在日常工作中，他定期检查车辆情况，对老旧、破损的部件及时维护，通过车内的防疲劳监控设备指导驾驶员们规范作业，最大限度地保证驾驶员的安全。身为驾驶教练员的他毫无保留地将自己多年的行车经验悉心传授给后辈，助力后辈成长与企业发展。

（3）思想先进，守望初心。2022年年初，新冠变异株"奥密克戎"突然来袭，德邦物流承担了天津市宁河区核酸检测样本转运任务。靳立军始终牢记一份使命、筑牢一个团队，积极履行社会责任，主动参与其中，不分昼夜地将核酸检测样本准时安全送达，为"抗疫"贡献了一份力量。

浩渺行无极，扬帆但信风。靳立军以坚实的脚印和拼搏的汗水守护着慧心、匠心与初心，诠释了劳模精神、劳动精神与工匠精神，展现了劳动者的风采。

模块小结

物流是指物品从供应地向接收地的实体流动过程，根据实际需要，将运输、存储、装卸、搬运、包装、流通加工、配送、信息处理等基本功能实施有机结合。随着经济全球化和信息技术的快速发展，传统物流已经无法满足市场环境，智慧物流应运而生，成为现代物流发展的新型物流业态。智慧物流是以物联网技术为基础，综合运用大数据、云计算、区块链及相关信息技术，通过全面感知、识别、跟踪物流作业状态，实现实时应对、智能优化决策的物流服务系统。智慧物流具有互联互通、深度协同、自主决策的特点，并呈现出服务水平逐步提升、多链内外联动与双网高效融合、智慧物流生态圈形成的发展趋势。

物流管理是为了以最低的物流成本达到用户所满意的服务水平，对物流活动进行的计划、组织、协调与控制，来实现服务目标、节约目标、快速及时目标、规模适当化目标与库存调节目标，具有系统化、信息化、网络化、自动化、智能化、柔性化、标准化、社会化的特点。供应链管理是指对供应链涉及的全部活动进行计划、组织、协调与控制，具有复杂性、动态性、交叉性、面向用户需求与协作共赢的特点。通过定义可知，物流管理是供应链管理的一部分。但在供应链管理环境下，物流管理出现了许多新特点。因此，二者之间既存在内在发展联系，也留有各自特点。

增值性评价活动

知识测评

一、单项选择题

1. "物流"一词最早来源于（　　）。

    A. 社会领域　　　　B. 军事领域　　　　C. 文化领域　　　　D. 商业领域

2. 在物流系统中，提高物流系统效率的关键活动是（　　）。

    A. 装卸搬运　　　　B. 信息处理　　　　C. 提高搬运活性　　D. 包装设计

3. （　　）是打造智慧物流的关键技术与工具，使用其可以构建物流信息图，将订单信息、网点信息、送货信息、车辆信息、客户信息等数据都在物流信息图中进行管理。

    A. GIS　　　　　　B. GPS　　　　　　C. EOS　　　　　　D. EDI

4. 下列物流活动中，直接为终端客户服务的是（　　）。

    A. 仓储　　　　　　B. 包装　　　　　　C. 配送　　　　　　D. 运输

5. 为了降低最终产品成本，提高竞争力，上游供货商同下游销售或代理商结成战略联盟，通过信息技术的手段，实现（　　）。

    A. 供应链管理　　　B. 后勤管理　　　　C. 第三方物流　　　D. 电子商务

6. 供应链管理的最终目标是（　　）。

    A. 系统增值　　　　　　　　　　　　B. 合作与协同

    C. 信息交换　　　　　　　　　　　　D. 提高客户服务水平

7. （　　）是职业品德、职业纪律、专业胜任能力及职业责任等的总称。

    A. 职业道德　　　　B. 职业操守　　　　C. 职业能力　　　　D. 职业素养

8. 供应链是一个（　　），由围绕核心企业的供应商、供应商的供应商和用户、用户的用户组成。

    A. 静态结构　　　　B. 直线结构　　　　C. 星形结构　　　　D. 网链结构

9. 某物流公司投诉处理专员小李接到客户电话投诉：送货人员在货物交接时发生意外，造成货物破损，客户情绪激动。此时，小李首先应该采取的行为是（　　）。

    A. 询问事故发生过程　　　　　　　　B. 确认是否公司员工责任

    C. 倾听客户，让客户发泄情绪　　　　D. 与客户解释公司服务至上，会负责到底

二、思考题

1. 简析物流管理与供应链管理的联系与区别。

2. 简述智慧物流的发展趋势。

3. 简述物流行业职业道德的主要方面。

4. 简述智慧物流的技术体系。

三、案例分析

"数""智"澎湃新动能，助力鞍钢数字化转型

鞍山钢铁集团有限公司（简称鞍钢），始建于 1916 年，是全国大型钢铁联合企业，也是中国国防用钢生产龙头企业。鞍钢物流管理中心是鞍钢国内物流业务的管理和运行平台，业务覆盖采购物流、生产物流、销售物流、逆向物流、运输管理、仓储管理、包装、加工等，并负责鞍钢的物流战略规划、物流信息化建设、物流成本控制与管理等工作，是鞍钢的物流和供应链系统的关键枢纽。

鞍钢的产品物流以海路运输为主，由于先前缺乏信息化技术，业务作业多靠手工完成，因此存在供应链绩效水平低、物流成本高、物流作业信息流程设计不合理、有部分孤立系统未被规划整合、存在信息孤岛、缺少物流作业的全过程监控管理、针对复杂的海运物流操作无法适应高度协同要求等问题，无法满足客户需求，严重影响企业竞争力。面对制约因素，鞍钢物流管理中心首先确立了企业集约化创新型发展模式，通过物流信息系统创新，从社会化协同分工的经营理念出发，构建供应链各方共御风险、合作共赢的经营管理机制。其次，从原材料采购、制造到各运输环节建立绿色、低碳供应链，力求探索钢铁企业经济效益增长新模式。最后，建设智能化、系统化和柔性化的物流信息系统，实现全流程可视化、透明化、标准化与各环节高度协调，以适应现代物流的集约化发展模式与外延式管理要求。

鞍钢在物流管理中，综合运用物流信息化技术，创新管理手段。首先，使用二维码管理模式进行物料标识，所含内容不仅包括品类批次，还包括订单号、外销合同号、收货单位、最终用户等信息。此外，企业安装射频识别设备，以及 PDA（Personal Digital Assistant）数据采集系统，通过自动识别技术对整条链上的货品进行自动识别与全程跟踪，大幅度提高生产理货、入库出库等业务的效率。其次，通过电子理货、自动配船选货等功能，实现车船直取模式的流程再造，降低物流成本，缩短物流时间，提高运输效率。最后，鞍钢集团与中国通号集团联合研发"FAD 型货运站场自动驾驶系统"。该系统使用 5G 平台实现大带宽、低延时无线通信，运用北斗导航系统实现机车精确定位跟踪、时钟校准等核心功能。

鞍钢通过转变物流业务管理发展模式，不仅消除了制约因素，而且提高了物流运作效率和物流绩效，实现了合理配置物流资源、降低物流成本、提高物流服务水平的目标，取得了良好的社会效益，促进了公司可持续发展。

思考：

1. 鞍钢创新使用哪些智慧物流技术手段？
2. 鞍钢数字化转型的主要思路是什么？符合供应链管理中的哪些管理理念？
3. 鞍钢数字化转型成功对其他公司有何启示？

技能测评

实训任务：××企业智慧物流发展现状调研。

实训要求：调研一家企业，包括企业的基本概况、现有的物流基础设施、主营业务的物流操作流程、相关物流信息技术等内容，分析其中的主要问题，并有针对性地提出解决建议。

实训步骤：

（1）4～6 名学生为一组，进行分工，明确成员任务。

（2）详细调研企业有关智慧物流发展现状，完成调研报告。

实训评价：实训评价的内容如表1-2所示。

表1-2　××企业智慧物流发展现状调研实训评价表

评价项目	考评点	分值	得分
成员表现（20%）	分工合理，态度端正	20	
调研报告（80%）	文体格式规范美观，层次、段落清晰，语言通顺，无错别字	10	
	调研目的明确，围绕主题展开调研，清晰陈述调研时间、地点及企业概况	10	
	调研内容充实，详细介绍企业的物流基础设施、智能物流技术、物流操作流程等调查内容	20	
	问题分析透彻，原因总结到位，能见微知著	20	
	合理运用物流专业知识与技能，解决企业问题，提出针对性强、切实可行的建议	20	
合　计		100	

模块二
仓储管理

学习目标

知识目标：

- 了解仓储、仓储管理、仓储设施设备、人工智能、智慧仓储等基础知识。
- 熟悉仓储管理的内容、仓库的分类、仓储作业流程。
- 熟悉物流仓储技术的动态发展趋势。
- 掌握智慧仓储重点发展的技术。

能力目标：

- 能够按仓库的不同用途对仓库进行分类，能够完成商品与仓库类型的匹配。
- 能够根据不同的仓储要求选择合适的仓储设施设备。
- 能够熟悉仓库的基本作业流程，为不同类型的仓库设计作业流程。
- 能够基于企业现状选择适宜的智慧仓储技术。

素质目标：

- 具备物流人的职业操守，树立责任意识和诚信意识。
- 提升认识问题、分析问题、解决问题的能力。
- 具有精益求精的工匠精神。

案例导入

云南白药物流中心

云南白药物流中心，是区域型、批零兼营并支持第三方物流的大型现代化医药物流配送中心。在结合医药公司物流特点的同时，该中心严格按照《药品经营质量管理规范》进行设计，巧妙运用目前国内领先的物流管理信息系统，低价采购世界先进的物流设备，积极发展壮大第三方物流平台。

在规划方面，云南白药集团对该物流中心的规模扩张进行了充分考虑，有针对性地对物流中心用地、物流功能区、办公区、物流动线都做了详细规划，保证物流中心能最大限度地满足节约性、先进性、功能需求可拓展性的需要。目前，该项目的预留空地完全可以再建一个同样规模的物流中心，使物流中心的存量、销量至少扩充一倍。

在系统方面，云南白药物流中心建立了先进的物流中心系统，优化企业内部物流：建立自动化物流仓储系统，同企业的 MES（制造执行系统）和 POS（销售终端）相结合，实现了对药品的入库、仓储、拣配、发货的动态管理，合理配置药品库存，减少了库存资金占用，提高了物流服务水平，降低了总物流成本。

云南白药物流中心内安装有自动化立体仓库堆垛机、立体存储货架、在线拣选平台、八层螺旋输送线、电动叉车、电子标签拣选系统、拣/补货输送设备、复核输送线、复核分拣机、高速滑块分拣机、PDA 手持设备、指纹识别器、温湿度自动调控设备等大量先进的物流设备。库区全部采用中央空调和温湿度自动实时监控系统，药品分别储存于阴凉库、低温库（冷藏库、冷冻库）；所有药品实施批号管理，物流全过程有货物进出跟踪记录，并由计算机完成物流信息一体化管理，能够随时了解作业进度和环境结构，同时提高拣选发货的快速响应速度；整箱与拆零作业的分离，大幅提高了作业效率；打造一个不需要专业人员就能进行作业的简单工作环境，有效防止了人为错误的发生，构成零差错系统；推行标准化作业流程，有效确保了对客户服务的专业性和一致性。

案例思考：仓储环节作为上下游作业流程的重要衔接部分，在进行作业区域规划和设计时要注意哪些方面？

单元一　仓储与仓储管理认知

无论是在传统的物品流通领域，还是在现代物流活动过程中，仓储管理都占据着非常重要的位置。这是因为：①仓储占据了很大部分的物流费用，要实现物流总成本降低，必须对仓储成本进行有效控制；②仓储是现代物流管理的重要环节，是保证物流流畅的重要节点。

仓储是历史发展的产物，随着生产力的发展、剩余产品的出现而产生，伴随着商品流通领域与规模的扩大而发展。我国仓储产生于古代的"邸店"（又称"塌房"），虽然历史久远，但现代仓储业是在 20 世纪 80 年代后才得到真正发展。

一、仓储的含义

仓储（Warehouse）是指"利用仓库及相关设施设备进行物品的入库、存储、出库的活动"〔《物流术语》（GB/T 18354—2021）〕。"仓"即仓库，是用于存放物资的场地和建筑物；"储"即存储，表示收存物资以备使用。传统仓储与现代仓储之间的区别在于，传统仓储是为了储存，而现代仓储的目标是不存或减少储存。

仓储是现代物流管理中的核心环节之一，是重要的物流节点。现代物流的发展离不开仓储管理的现代化，社会再生产的顺利进行和现代商品流通的进步更与仓储管理现代化密不可分。仓储活动既可以解决集中性生产与均衡性消费之间、均衡性生产与集中性消费之间的矛盾，又可以通过分拣、组合、配货、配载、流通加工等增值性服务更多地满足客户个性化、多样化的需求；既可以降低成本、实现经济效益的增加，又可以创造更加巨大的社会效益。今天的物流中心、配送中心可以认为是仓储高度发展的成果。

仓储的含义可以从狭义和广义两个方面来理解。狭义的仓储仅指通过仓库等场所实现对在库物品的储存与保管，是一种静态仓储，可比喻为蓄水池；广义的仓储是指除了对物品的储存、保管外，还包括物品在库期间的装卸搬运、分拣组合、包装刷唛、流通加工等各项增值服务功能，是一种动态仓储，可比喻为河流。

仓储的作用

二、仓储管理的含义及作用

（一）仓储管理的含义

仓储管理（Warehouse Management）是指"对仓储及相关作业进行的计划、组织、协调与控制"〔《物流术语》（GB/T 18354—2021）〕。

仓储管理与仓库管理相比要复杂得多。仓库管理是指对物品的入库、在库、出库等环节的管理，是一种业务层面的管理。而仓储管理既包括战略层面的管理（如选址与建设），又包括出入库、储存保管、分拣配货等业务层面的管理。

由于现代仓储的作用不仅是保管，也是物资流转中心，因此对仓储管理的重点也不再仅仅着眼于物资保管的安全性，而是更多地关注如何运用现代物流技术（如信息技术、自动化技术）来提高仓储运作的速度和效益。

仓储管理的内容包括以下五个方面：

1. 仓库的选址与建设

仓库的选址与建设包含仓库选址的原则与考虑的因素、仓库的建筑面积与结构、库内平面布置与作业区域划分等。仓库的选址与建设属于仓储战略管理，直接关系到企业未来的发展与战略优势的保持。

2. 仓库机械设备的选择与配置

应根据仓库作业特点和所储存物品的种类及其物理特性、化学特性、生理生化特性，选择仓库机械设备的种类及应配备的数量。恰当选择适用于不同作业类型的仓库设施和设备，将大大降低仓库作业中的人工作业劳动量，并提高物品流通的通畅性，有效保障流通过程中物品的质量。

3. 仓库业务管理

仓库业务管理包括组织物品的出入库、在库保管、保养等各项活动。

4. 仓库的库存控制管理

仓库的库存控制管理是指利用新技术、新方法来实现在保证供应的前提下库存成本的有效降低，进而实现物流总成本的降低。

5. 人力资源管理

人力资源管理包括仓储人员的招聘和后期培训，建立、健全各岗位职业、各岗位人员配置与优化，人机系统的高效组合等。

（二）仓储管理的作用

仓库被企业作为连接供应方和需求方的桥梁。从供应方的角度来看，作为流通中心的仓库从事有效率的流通加工、库存管理、运输和配送等活动；从需求方的角度来看，作为流通中心的仓库必须以最大限度的灵活性和及时性满足不同客户的需要。因此，对于企业来说，仓储管理的意义重大。仓储管理在物流活动中发挥着不可替代的作用，主要体现在以下四个方面：

（1）良好的仓储管理是保证社会和企业连续运营的基础。供应方从社会和本企业的经济利益考虑，通常以一定批量和时间间隔向需求方提供物资。而企业的生产是连续进行的，每天都要消耗一定数量的物资，所以需要足够的原材料和产成品物资储备来进行调节。同时，在生产过程中，上下道工序生产之间也有一定的时间间隔，为了保证生产的连续性，同样需要有一定的在制品物资储备来进行调节。

（2）良好的仓储管理创造时间价值，保障供给和需求之间的平衡。由于供给和需求之间存在时间差，生产和消费一般不可能完全同步进行。有的物资是集中生产的，却是持续消费的，如粮食；有的物资是持续生产的，却是集中消费的，如皮装等季节性商品。诸如此类的商品都要靠仓储调节市场供求。通过科学的仓储管理，可以缩短、延长或者弥补供需之间的时间差，进而创造物流的时间价值；通过加强对物资的养护，可以保护好处于待使用状态的物资的使用价值；通过做好物资的合理供应和分配，确保流向合理，并加快物资流转速度，可以使有限的物资及时发挥最大的效用。

（3）良好的仓储管理可以避免缺货损失，降低价格波动的风险。市场经济条件下，企业中的某些关键商品缺货或者价格变动会给企业的信誉和经济效益带来巨大的损失。为了对市场需求做出快速反应，企业有时需要保持一定的存货以避免缺货损失，并通过对商品价格变动的分析进行价格预测，不断调节库存储备以减少风险。另外，为了避免战争、灾荒等意外风险引起的缺货，国家也要做好生活物资、救灾物资及设备的储备。

（4）良好的仓储管理是保障供给、满足需求、优化服务、降低成本的重要途径。首先，仓库中的物资包括原材料、零配件和半成品，良好的仓储管理要保证企业内部生产过程中获得连续、稳定的供给；其次，仓库中的物资还包括产成品，良好的仓储管理要满足企业外部客户获得及时、准确、质量完好产品和服务的需求；再次，仓库可以靠近目标客户的位置设置，缩短客户获得预购货物的时间，防止货物短缺，通过优化服务为客户提供满意的仓储服务；最后，由于仓库中库存物资在财务账目中被记为存货，占用了企业的流动资金，通过良好的仓储管理可以占用较少的流动资金，降低管理成本，提高企业的利润水平和竞争力。

总之，仓储管理能够提高客户服务水平，增强企业竞争力。现代仓储管理已经发生了根本性的变化，从静态管理转向动态管理，因而对仓储管理的基础工作也提出了更高的要求。例如，日本丰田汽车公司非常重视仓储管理，把仓储看作是一条流动的河，认为库存是万恶之源，良好的仓储管理是做好企业管理的重要保证。

三、仓储合理化的标志

仓储管理的目标是实现仓储合理化，即用最经济的办法实现仓储的功能。仓储合理化的标志主要有以下几种：

仓储合理化措施

1. 质量标志

质量反映使用价值，是仓储合理化的首要标志。保证库存物资的质量，是实现仓储功能的基本要求。在仓储中增加了多少时间价值或得到了多少利润，都是以保证质量为前提的。只有保障商品在仓储过程中的质量，其使用价值才能最终被客户实现。

2．数量标志

由于库存物资占用企业流动资金，库存物资数量过多还有成为呆滞库存的可能性，会影响企业现金流和利润水平，而库存物资数量过少又存在发生缺货的风险，所以，库存物资要有一个合理的数量范围。

3．时间标志

库存物资要有合适的周转速度。周转速度过快可能会导致采购、拣选、配送等物流成本增加，而周转速度过慢会引起库存成本的增加，因此要寻求合理的仓储时间。一般用周转速度指标来反映时间标志，如周转天数、周转次数等。

4．结构标志

企业可以通过库存物资的品种、规格、花色的数量比例关系，对仓储物资结构的合理性进行判断。尤其是相关性很强的各种物资之间的比例关系，更能反映仓储结构是否合理。

5．费用标志

仓储费用是影响企业利润的重要指标。企业通过对仓租费、维护费、保管费、损失费、资金占用利息支出等费用指标的统计，可以从财务角度判断仓储费用是否合理。

6．分布标志

为满足不同地域的客户，仓库以及库存物资会分布在不同地域。企业通过核算不同地区的物资储存数量与当地需求的比例关系，用以判断当地需求水平，以及对需求的保障程度，并判断对整个物流系统的影响。

四、仓库的种类

从现代物流系统的角度来看，仓库是从事储存、包装、分拣等物流作业活动的物流节点设施。一个国家、一个地区、一个企业的物流系统中都需要有各种各样的仓库，它们结构形态各异，服务范围和对象也有较大的差异。根据不同的标准，仓库可以分为不同的类型。

（一）按营运形式分类

1．自营仓库

自营仓库是指"由企业或各类组织自主经营和自行管理，为自身的物品提供储存和保管的仓库"〔《物流术语》（GB/T 18354—2021）〕。这类仓库的建设、保管物品的管理以及出入库等业务均由企业自己负责，所保管物品的种类、数量相对确定，仓库结构和装卸设备应与之配套。

2．公共仓库

公共仓库是指"面向社会提供物品储存服务，并收取费用的仓库"〔《物流术语》（GB/T 18354—2021）〕。它是一种社会化的仓库，面向社会，以经营为手段，以营利为目的。与自营仓库相比，公共仓库的使用效率更高。

💡**想一想**

公共仓库有哪些优势？

（二）按保管物品种类分类

1. 综合库

综合库是用于存放多种不同属性物品的仓库，如图 2-1a 所示。

2. 专业库

专业库是用于存放一种物品或者某一大类物品的仓库如图 2-1b 和图 2-1c 所示。

a）综合库　　　　　　　　　　b）酒库　　　　　　　　　　c）家电库

图 2-1　综合库和专业库

（三）按仓库保管条件分类

1. 普通仓库

普通仓库是用于存放无特殊保管要求的物品的仓库。

2. 保温、冷藏、恒温恒湿库

保温、冷藏、恒温恒湿库是用于存放保温、冷藏或恒温恒湿的物品，具备制冷设备，并有良好的保温隔热性能以保持所需的温度的仓库，如图 2-2 所示。

3. 危险品仓库

危险品仓库是用于保管危险物品，并能对危险品起一定的防护作用的仓库，如图 2-3 所示。

4. 气调仓库

气调仓库是用于存放要求控制库内氧气和二氧化碳浓度的物品的仓库，如图 2-4 所示。

图 2-2　保温、冷藏、恒温恒湿库　　　图 2-3　危险品仓库　　　图 2-4　气调仓库

练一练

请为如下商品选择合适的仓库（可供选择的仓库类型包括普通仓库、冷藏库、危险品库）。

商品信息如下：煤气瓶、煤炭、花露水、杞菊地黄丸、冷藏鸡肉、硝酸甘油、甲烷、书籍、鸡蛋、鲜花椒、放射性物品、电视、冰箱、电缆线、硫酸、乙炔、冷冻鱼、葡萄、家具、西瓜、生铁锭块、铸铁管。

（四）按仓库建筑封闭程度分类

1. 封闭式仓库

封闭式仓库，俗称"库房"，封闭性强，便于对存储物品进行维护保养。

2. 半封闭式仓库

半封闭式仓库，俗称"货棚"，保管条件降低，但出入库作业方便，建造成本较低。

3. 露天式仓库

露天式仓库，俗称"货场"，装卸作业方便，存放可露天存储的物品或大型物品，存储成本低。

（五）按建筑结构分类

1. 平房仓库

平房仓库结构比较简单，建筑费用便宜，人工操作比较方便。

2. 楼房仓库

楼房仓库指二层以上的仓库。楼房仓库可减少土地的占用面积，但物品上下移动作业复杂，进出库可采用机械化或半机械化设备，楼房隔层间可依靠垂直运输机械连接，也可以通过坡道相连。

3. 罐式仓库

罐式仓库的构造特殊，呈球形或柱形，主要用来储存石油、天然气和液体化工品等，如图 2-5 所示。

4. 简易仓库

简易仓库构造简单，造价低廉，一般是在仓库不足而又不能及时建库的情况下采用的临时代用办法，包括一些固定或活动的简易货棚等。

5. 高层货架仓库

高层货架仓库本身是平房结构，但棚顶很高，内部设施层数多，通常有 10 层以上货架，如图 2-6 所示。在作业方面，高层货架仓库主要使用计算机控制，堆垛机、吊机等装卸机械自动运转，进而实现机械化和自动化操作，因此，高层货架仓库也被称为自动化仓库或无人仓库。

图 2-5　罐式仓库　　　　　图 2-6　高层货架仓库

（六）按仓库功能分类

1. 集货中心

将零星物品集中成批量物品称为集货。集货中心可设在生产点数量很多且每个生产点产量有限的地区，只要这一地区某些物品的总产量达到一定水平，就可以设置这种具有集货作用的物流据点。

2. 分货中心

将运到的大批量物品分装成较小批量的物品称为分货。分货中心是主要从事分货工作的物流据点。企业可以采用大规模包装、集装或散装的方式将物品运到分货中心，然后根据企业生产或销售的需要进行分装。利用分货中心可以降低运输费用。

3. 转运中心

转运中心的主要工作是承担物品在不同运输方式之间的转运。转运中心可以进行两种或多种运输方式的转运，如货车转运、火车转运、综合转运。

4. 加工中心

加工中心的主要工作是进行流通加工。设置在供应地的加工中心主要进行以物流为主要目的的加工；设置在消费地的加工中心主要进行以实现销售、强化服务为主要目的的加工。

5. 储调中心

储调中心以储备为主要工作内容，其功能与传统仓库基本一致。根据现代仓库的定位及功能，储调中心又可称为物流中心、配送中心等。

想一想

还可以按哪些分类标准对仓库进行分类呢?

古为今用

天下第一仓：我国唯一仍在使用的清代粮仓

建于清朝的丰图义仓（见图2-7）坐落在陕西省大荔县朝邑镇南寨子村内，巍然屹立于黄河西岸老崖上，是一座储藏粮食的民办仓库，占地面积近 20 亩⊖，每仓进深 11 米、宽 4 米，可储粮 90 余吨，全仓共可储粮 5220 吨。丰图义仓是我国目前所存无几的清代大型粮仓之一。

据史料记载，该仓由晚清朝邑人、著名理财家阎敬铭倡议修建。因清光绪三年（1877年）关中大旱，朝邑尤其严重，所以大臣阎敬铭倡议修建粮仓。丰图义仓始建于清光绪八年（1882年），清光绪十一年（1885年）竣工，被誉为"天下第一仓"。丰图义仓在清光绪二十六年（1900年）的关中大灾荒中发挥了至关重要的作用，救活了无数百姓。2006年，国务院将丰图义仓批准为国家重点文物保护单位。无论是从建仓规模，还是从储粮历史来讲，丰图义仓都无愧于"天下第一仓"的称号。

图 2-7　丰图义仓

⊖1 亩 =666.6 平方米。

单元二　仓储设施与设备认知

仓储设施设备是进行仓储管理的重要工具和手段。为了高效地实现仓储的基本功能，需要借助机械等设备的支持。仓储设施设备配置齐全与否直接影响着仓储及整个物流流程的效率，因而要根据仓库的功能、储存的对象要求等确定仓储设施设备的配置。

1+X 链接

仓储设施设备对物流作业的影响

仓储设施设备规划是仓库平面规划的后续规划。如何选择合适的仓储设施设备，确定其合理的配置数量，并科学设计其摆放位置，对于提升仓库内部作业效率及物流部门整体的作业效率有很大的影响。

1. 影响作业速度

在仓储与配送作业中，仓库规模扩大与快速客户响应是矛盾的。要做到在尽可能短的时间内完成拣选、配送任务，只有不断提高物流设备的运行速度。例如，堆垛机、拣选系统、输送系统等物流设备要朝着高速运转目标改进。

2. 影响作业质量

除了追求更高的作业效率，更高的作业服务质量也是客户对物流服务的一致要求。而在机械化、自动化甚至智能化的时代，物流服务质量依托于高精度设备，如果没有高精度，速度快也将失去意义。因此，仓储设施设备对客户服务质量起着至关重要的作用。

3. 影响作业稳定性

在仓储与配送作业中，通常需要满足客户的即时性需要，这对物流系统的稳定、可靠运行提出了很高的要求。为保证物流系统连续安全运行，物流企业需要拥有高稳定性、高可靠性的仓储设施设备。

一、存货、取货设备

（一）货架

1. 货架的概念和作用

（1）货架的概念。货架是指"由立柱、隔板或横梁等结构件组成的储物设施"〔《物流术语》（GB/T 18354—2021）〕。货架在仓储中占有非常重要的地位。为改善仓储环境和条件，货架不仅要有一定的数量，而且要具有多种功能，能满足机械化及自动化管理的要求。

（2）货架的作用。

1）货架是一种架式结构物，可充分利用仓库空间，提高库容利用率，扩大仓库储存能力。

2）货架中的物品互不挤压，损耗小，可完整保证物品本身的功能，减少物品的损失。

3）物品存取方便，便于清点及计量，可做到先进先出。

4）保证存储物品的质量，可以采取防潮、防尘、防盗、防破坏等措施，以提高物品存储质量。

5）很多新型货架的结构及功能有利于实现仓库的机械化及自动化管理。

2．货架的分类

货架的种类较多，常见的分类方法如下：

（1）按货架的高度分类。

1）低层货架：每层高度在 5 米以下。

2）中层货架：每层高度在 5～15 米。

3）高层货架：每层高度在 15 米以上。

（2）按货架的承载能力分类。

1）轻型货架：每层货架的承载能力在 250 千克以下。

2）中型货架：每层货架的承载能力在 250～800 千克。

3）重型货架：每层货架的承载能力在 800 千克以上。

（3）按货架的结构特点和用途分类。

1）层架：一种传统货架，主要由立柱、横梁、层板组成，层间用于存放货品（见图 2-8）。层架结构简单，适用性强，便于存取作业，可作为人工作业仓库的主要存储设备。

2）托盘货架：专门用于存放堆码在托盘上的货物（见图 2-9）。托盘货架多采用杆件组合，不仅安装拆卸容易，而且层高可调节，存取方便，费用较经济，可适用多种物料的存储。

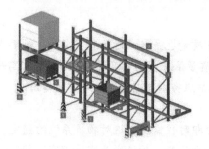

图 2-8　层架

图 2-9　托盘货架

💡**想一想**

某制药企业仓库面积较小，储存量较大，净高度较低（4.2 米左右），对物品要求先进先出且方便取样，应选择何种货架？

3）悬臂式货架：由中间立柱向单侧或双侧伸出悬臂而成，分为单面悬臂式货架（见图 2-10）和双面悬臂式货架（见图 2-11）两种。悬臂式货架一般适用于存储长形物料、环形物料、板材和不规则物料，适用于空间小、高度低的库房。

图 2-10　单面悬臂式货架

图 2-11　双面悬臂式货架

4）阁楼式货架：利用钢架和楼板将空间隔为 2～3 层，下层货架结构支撑上层楼板，配备楼梯、扶手和物品提升装置等（见图 2-12）。阁楼式货架能提高空间利用率，通常上层适合存放电子器材、机械零配件等轻量物品。阁楼式货架因不适合重型搬运设备运行，搬运上层物品需配合升降机等垂直输送设备。

5）流利货架：将货物置于滚轮上，通道有约 5° 的倾斜角，因而货物在重力作用下自动向前滑移，可实现先进先出（见图 2-13）。流利货架一般低端为出货端，高端为入货端，可实现一次补货、多次拣货，存储效率高。

图 2-12 阁楼式货架

图 2-13 流利货架

💡**想一想**

　　某制药厂采用流利货架后，在实际操作中存在拣货时第四层货物不易取出（拣货员多为女性）的问题。请思考：
　　（1）从后面补货会不会有同样的问题？
　　（2）拆零的货物大多是从箱体上面开箱，若第四层开箱了怎么取出来？
　　请提出切实可行的解决办法。

6）贯通式货架：将所有货架合并在一起，使同一层、同一列的货物相互贯通，托盘搁置于货架的水平突出构件上，叉车可直接进入每列存货通道作业（见图 2-14）。贯通式货架能大大提高空间利用率，适用于储存少品种、大批量的同类型货物，货物可从同一侧存入取出，也可从一侧存入、另一侧取出。

7）移动式货架：可在轨道上移动的货架（见图 2-15）。移动式货架能提高仓库面积的利用率，适用于库存品种多、出入库频率低的仓库。

图 2-14 贯通式货架

图 2-15 移动式货架

💡**想一想**

　　固定式货架和移动式货架对于出入库频繁的家电商品来说，哪一种更合适？

（二）叉车

叉车是指"具有各种叉具及属具，能够对物品进行升降和移动以及装卸作业的搬运车辆"〔《物流术语》（GB/T 18354—2021）〕，如图 2-16 所示。叉车是一种应用广泛的仓储装卸搬运设备，主要用于仓库内物品的装卸搬运，也可以用于短距离水平运输。

装卸搬运设备

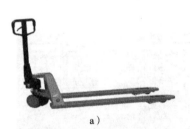

a)　　　　　　　　　　　b)　　　　　　　　　　c)

图 2-16　各种叉车

1. 叉车的特点

叉车与其他搬运机械一样，能够减轻装卸工人繁重的体力劳动。除了能提高装卸效率、缩短车辆停留时间、降低装卸成本，它还有以下特点：

（1）机械化程度高。在使用各种自动取物装置或配合使用货叉与货板的情况下，叉车基本可以实现装卸工作的完全机械化，不需要工人的体力劳动来辅助。

（2）机动灵活性好。叉车尺寸小、重量轻，能在作业区域内任意调动，适应物品数量及货流方向的改变，可机动地与其他起重运输机械配合工作，提高机械的使用率。

（3）可以一机多用。在配合和使用各种取货装置（如货叉、铲斗、臂架、吊杆、货夹、抓取器等）的条件下，叉车可以适应不同品种、形状和大小物品的装卸作业。

2. 叉车的分类

按不同分类方式，叉车的类型很多，如表 2-1 所示。

表 2-1　叉车的分类

按耗能方式分类	按特种行业分类	按工业车辆分类	按行走方式分类
燃料叉车	防爆叉车	电动托盘叉车	电动托盘堆垛车
电力叉车	多向行走叉车	前移式叉车	电瓶叉车
手动叉车	越野叉车	低位拣选叉车	侧面叉车
	集装箱行走吊车	高位拣选叉车	固定平台搬运车
	军用工业车辆	电动拖头	集装箱正面吊车
	车载式叉车	集装箱叉车	三向堆垛叉车
	无人驾驶工业车辆	伸缩臂叉车	

（三）堆垛机

堆垛机是仓库机械设备，是专门用来堆码货垛或提升物品的机械，如图 2-17 所示。普通仓库使用的堆垛机（又称"上架机"）是一种构造简单、用于辅助人工堆垛、可移动的小型物品垂直提升设备。

堆垛机的特点是：构造轻巧，人力推移方便，能在很窄的走道内操作，减轻了堆垛工人的劳动强度；堆码或提升高度较高，仓库的库容利用率较高，作业灵活，所以在中小型仓库内广泛使用。它有桥式堆垛机、巷道式堆垛机等类型。

a)　　　　　　　　　　　　　　b)

图 2-17　堆垛机

（四）起重机

起重机是唯一以悬吊方式装卸搬运物品的设备，其吊运能力一般在 3 ～ 30 吨（见图 2-18）。它适用于装卸大件笨重物品，也可借助各种吊索具装卸其他物品。

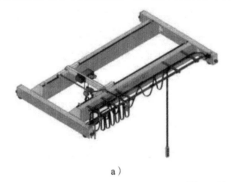

a)　　　　　　　　　　　　　b)

图 2-18　起重机

二、分拣、配货设备

分拣、配货设备包括托盘、分拣设备、输送机、搬运车等。

（一）托盘

托盘是指"在运输、搬运和存储过程中，将物品规整为货物单元时，作为承载面并包括承载面上辅助结构件的装置"〔《物流术语》（GB/T 18354—2021）〕，如图 2-19 所示。

托盘是用于集装、堆放、搬运和运输的，放置物品和制品的，作为一个单元负荷的水平台板装置。在台板上集装一定数量的单件物品，并按要求捆扎加固，组成一个运输单位，便于运输过程中使用机械进行装卸、搬运和堆存。这种台板有供叉车从下部叉

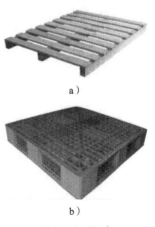

a)

b)

图 2-19　托盘

入并将台板托起的叉入口。以这种结构为基本结构的台板和在这种基本结构基础上形成的各种形式的集装器具统称托盘。托盘化运输对提高物流生产效率非常重要。

1. 托盘的特点

（1）搬运或出入库都可使用机械操作，减少了物品堆码作业次数，从而利于提高运输效率，缩短货运时间，减轻劳动强度。

（2）以托盘为运输单位，货运件数变少，体积、重量变大；而且每个托盘所装数量相等，既便于点数、理货交接，又可以减少货损货差事故。

（3）投资比较少，收益比较快。

（4）托盘的回收利用、组织工作难度较大，会浪费一部分运力。托盘本身也占用一定的库容空间。

2. 托盘的种类及规格

（1）托盘的种类。托盘按结构不同可以分为平板托盘、箱型托盘、立柱型托盘、折叠式托盘；按材料不同可分为塑料托盘、金属托盘、木制托盘、纸制托盘；另外，还有单面托盘、双面托盘、两向叉入托盘、四向叉入托盘。

（2）托盘的规格。国际标准化组织规定，托盘主要有六种规格，即 1200 毫米 ×800 毫米、1200 毫米 ×1000 毫米、1219 毫米 ×1016 毫米、1140 毫米 ×1140 毫米，1100 毫米 ×1100 毫米，1067 毫米 ×1067 毫米。我国托盘规格规则主要有 800 毫米 ×1000 毫米、800 毫米 ×1200 毫米、1000 毫米 ×1200 毫米三种。

近年来，国务院先后印发了《物流业发展中长期规划（2014—2020 年）》《物流业降本增效专项行动方案（2016—2018 年）》等政策文件，重点部署了物流标准化等工作。《物流业降本增效专项行动方案（2016—2018 年）》中明确推广 1000 毫米 ×1200 毫米标准托盘。这是首次以国务院层面的文件统一托盘标准，具有重要意义。

启智增慧 带板运输

带板运输是指将货物按一定要求成组装在一个标准托盘上，组合成为一个运输单位，以便于利用铲车或托盘升降机进行装卸托运和堆存的一种运输方式，如图 2-20 所示。

带板运输用叉车直接将带有托盘的货物进行装车，免除人工装卸环节，速度快，通常用来运输价值较高的货物。但带板运输会占用一部分空间，不能实现车辆的充分装载。

图 2-20 带板运输

（二）分拣设备

分拣是指将一批相同或不同的物品按照不同的要求（如品种、发运的目的地、要货客户等）

分别拣出，进行配送或发运。

随着经济和生产的发展，商品交易"小批量、多批次"的趋势渐趋明显，因此，流通也趋于小批量、多品种和准时制（JIT）。各类配送和货运中心的分拣任务十分艰巨，分拣系统成为重要的物流设施。

（三）输送机

输送机主要是将仓库内部的物品运输到先前安排的目的地，一般分为平面输送机和折叠输送机两种（见图2-21），具体包括链式输送机、皮带式输送机、滚筒式输送机、立式输送机。输送机适用于立体输送和平面输送，具有操作连续性强、占地面积小和可实施辅助作业（核对、置换、分拣）等特点。

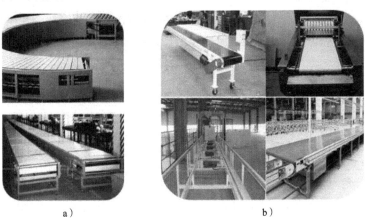

a)　　　　　　　　　　　　b)

图2-21　输送机

（四）搬运车

搬运车的主要作用是完成仓储过程中的装卸搬运活动，一般可以分为人工搬运车和自动导引搬运车。搬运车适用于水平装卸搬运活动，具有灵活性强、使用方便等特点。

1.人工搬运车

人工搬运车也称手推车。根据其脚轮数量不同，可以分为二轮手推车和多轮手推车；根据其结构特点不同，可以分为立体多层式手推车、折叠式手推车、升降式手推车、附梯式手推车、物流笼车等。

2.自动导引搬运车

自动导引搬运车也称自动导引车（Automatic Guided Vehicle，AGV），是指在车体上装备电磁学或光学等导引装置、计算机装置、安全保护装置，能够沿设定的路径自动行驶，具有物品移载功能的搬运车辆。它能够自动在一定位置进行物品的装载，自动行走到另一位置完成物品的卸载。

> **练一练**
>
> 除以上介绍的设备外，仓储作业还需要使用装卸包装、称重计量等设施设备，请上网搜集仓储设施设备的相关信息，并了解这些设施设备的作用。

启智增慧 智慧型引导运输车

　　智慧型引导运输车（Intelligent Guided Vehicle，IGV）是最近几年提出的新概念，属于自动存取搬运设备。IGV 与传统的 AGV 相比，无须铺设磁条，无须借助任何标记物行驶，并且路径灵活多变，可根据实际生产需求灵活调度。由于 IGV 在精度、安全、环境、柔性化方面都达到了较高水平，因此适用于对柔性化管理要求更高的应用场景，例如 3C 电子制造等行业。IGV 在满足常规搬运功能的基础上，还可以根据客户的工艺流程，选择性地搭载不同的功能模块，满足一车多用的目的。

　　AGV 和 IGV 都可用来实现物料的自动搬运和转载，但就自动化及智能化方面而言，IGV 表现更好，原因在于其有更为智能的驱动。IGV 的出现使我们看到了利用信息化技术促进产业变革的发展趋势。

　　应该注意的是，在日常应用中，并不能 AGV 和 IGV 因为自动化和智能化程度不同而使高者取代低者，而应该考虑其适用性和性价比，使它们在不同的应用场合各自发挥不可替代的作用。

三、选择仓库设备

（一）仓库设备选择的原则

1. 适用性原则

　　仓储企业在选择运输设备时，要充分考虑仓储作业的实际需要，所选设备要符合货物的特性和储存量的大小，能够在不同的作业条件下灵活方便地操作。另外，仓储设备并不是功能越多越好，因为在实际作业中有时并不需要太多的功能，如果设备不能被充分利用，反而会造成资源和资金的浪费。同样，仓储设备功能太少也会导致仓储企业效率低下。因此，要根据实际情况正确选择仓储设备。

2. 先进性原则

　　先进性原则主要是指设备技术的先进性，具体体现在自动化程度、环境保护、操作条件等方面。但是先进性必须服务于适用性，尤其是要有实用性，以利于实现经济效益最大化。

3. 最小成本原则

　　最小成本原则主要是指使设备的使用费用最低，以及整个生命周期的成本最小。有时候先进性和低成本会发生冲突，需要企业在充分考虑适用性的基础上进行权衡，做出合理选择。

4. 可靠性和安全性原则

　　可靠性和安全性原则日益成为选择设备、衡量设备好坏的主要因素。可靠性是指设备按要求完成规定功能的能力，衡量设备功能在时间上的稳定性和持久性。但是，并不是可靠性越高越好，还必须考虑成本问题。安全性要求设备在使用过程中能保证人身及货物的安全，并且尽可能减少对环境的危害。

（二）货架的选择

　　选择货架要充分考虑仓库的性质、货物的储存需求、货物储存的经济性与安全性等因素。各类货架适用的货物如表 2-2 所示。

表2-2 各类货架适用的货物

货架类型	适用的货物
层架	轻型层架适用于储存小批量、零星收发的小件货物;中型和重型层架一般配合叉车等工具储存大件、重型货物
抽屉式货架	又称模具货架,主要用于储存各种模具物品
托盘式货架	对货物的规格、形状限制较小,适用于储存单元化托盘货物,配以巷道式堆垛机及其他储运机械进行作业
阁楼式货架	可有效利用空间,适用于储存轻量货物
悬臂式货架	适用于储存长条状或长卷状货物
移动式货架	能充分利用通道空间,适用于储存品种多、出入库频率较低的货物
贯通式货架	适用于储存品种少、批量大的货物,多用于批发、冷库及食品、烟草行业

（三）装卸搬运设备的选择

1．选择原则

（1）根据作业性质和作业场所进行选择。例如,以搬运为主,可选择输送带等设备;以装卸为主,可选择吊车;搬运与装卸均存在的场所,可选择叉车等设备。

（2）根据作业量进行选择。作业量较大时,选择作业能力较强的大型专用设备;作业量较小时,选择构造简单、成本低廉又能保持相当作业能力的中小型通用设备。

（3）根据货物的种类、性质进行选择。货物的物理性质、化学性质和形状包装多种多样,在选择装卸搬运设备时,尽可能符合货物特性的要求,以保证作业安全和货物完好。

（4）根据搬运距离进行选择。长距离搬运一般选用牵引车和挂车等装卸搬运设备;较短距离搬运可选用叉车、跨运车等装卸搬运设备;短距离搬运可选用手推车等装卸搬运设备。为了提高设备的利用率,应当结合设备的种类和特点,使行车、货运、装卸、搬运等工作密切配合。

2．叉车的选择

选择叉车时,必须详细了解各类叉车的性能,考虑叉车的负载能力、最大举升高度、举升速度、机动性等因素,以便做出设备投资决策。叉车类型选择的考虑因素如表2-3所示。

表2-3 叉车类型选择的考虑因素

叉车类型	考虑因素
平衡重式叉车	需较大的作业空间,主要用于露天货场作业
前移式叉车	转弯半径小,一般用于室内作业
插腿式叉车	尺寸小、转弯半径小,适用于工厂车间、仓库内效率要求不高,但需要有一定堆垛、装卸高度的场合
侧面叉车	主要用于长形货物的搬运

四、仓库设备的使用管理

（一）设备的管理方式

由于仓储设施设备比较繁杂,且功能各异,所以大部分设备都是分散使用的。因此,设备的管理通常是在统一管理的基础上实行分级管理,采用专人操作、专门管理、部门负责的方式。当然,因为企业各自的情况不同,比如仓库规模、设备数量、设备集中与分散、固定与流动等不同，所以，企业应根据自身的情况选择适合的设备管理方式。

（二）设备的技术管理

对仓库中的设备必须建立管理、使用、维修、保养制度。这是仓储管理工作中的一个重要环节，尤其是一些大型仓库的机械设备较多，更应加强管理。其中，装卸搬运设备管理工作应注意以下要点：

（1）制定必要的规章制度、操作规程，并认真贯彻执行。

（2）加强对操作人员、维修人员的安全教育和技术培训，采取使用与维修相结合的方法，不断提高技术水平。

（3）加强技术资料的管理工作，建立设备技术档案。

（4）及时总结、推广先进经验，努力节约原材料、燃料，降低装卸搬运成本。

单元三 仓储作业流程

仓储作业是指以货物存储、保管活动为中心，在从仓库接收货物入库到按需发货完毕的整个过程中，对货物的一系列操作和管理。仓储作业流程包括入库作业、保管作业和出库作业三个环节。

一、入库作业

入库作业是仓储作业流程的第一个环节，是指商品进入仓库储存时所进行的商品接收、卸货、搬运、查点数量、验收质量、办理入库手续等各项业务活动的计划和组织。其基本要求是保证入库商品数量准确，质量符合要求，包装完整无损，手续完备清楚，入库迅速。入库作业的主要流程如下：

1. 做好货物接收准备

仓库收货人员接到到货通知前，应做好货物接收准备工作，根据不同的送货方式确定所用的接收设备和地点，根据所送货物的特性确定接收人员和验收方案。

启智增慧 菜鸟云仓的收货入库

在货物到达仓库之前，仓库作业人员就能通过信息系统收到菜鸟公司预发的到货清单，然后根据到货清单打印出到货通知单，根据到货通知单提前安排好卸车人员、装卸搬运设备，制订准备放置货物的储位计划。待货物到达仓库相应卸货码头后，立即进行卸车，用托盘搬运车将货物放到指定暂存区。在暂存区，仓库管理者派专门人员进行货物登记，包括纸质到货登记和系统到货登记，仓库作业人员和送货司机之间采用纸质交接单进行交接验收。交接验收时，仓库作业人员查看货物外包装有无破损、水湿等状况，查验货物数量、质量和有效期。若有问题则现场拍照取证，发给商家确认，待商家确认处理方式后再做处理；若无问题，则用电动托盘搬运车将货物由垂直电梯送到二楼计划好的存储区存放。

请思考：菜鸟公司预发到货清单的意义是什么？仓库收到到货清单后，需要做哪些准备工作？

2. 核对收货凭证

货物到库后，仓库收货人员首先要将货物采购清单和运输清单进行核对，检查货物批次、货物名称、发货单位、货物规格等是否一致，确认无误后方可接收货物。

3. 验收货物

仓库收货人员按照有关规定和手续对入库货物的数量和质量等方面进行检验。数量点收主要是根据商品入库凭证清点商品数量，检查商品包装是否完整，数量是否与凭证相符；质量检验主要是按照质量规定标准，检查商品的质量、规格和等级是否与标准符合，对于技术性强的或者特殊的物品，需要请专门的技术人员使用专业器材进行测定分析。

启智增慧 手机配件入库验收策略

　　手机配件库的入库商品包括手机的机头、主板、显示屏、键盘、保护膜、保护壳等。验收人员在收货时，对量小、价高的配件进行开箱点数。例如，若验收的是手机的机头类、主板类配件，则需要将装箱单与箱贴进行核对，对每箱货开箱点数，在验收单上签字后，将货物入库；若验收的是手机的其他配件类货物，且数量较大时，核对装箱单与箱贴，直接点托盘数即可，无须开箱点数。

　　配件的质量验收：机头类配件需要查验外观是否有划痕，若是旧返新的货物需要逐一检查，若是新出厂的机头类货物则按30%的比例抽验；屏类货物需要查看是否有漏液和碎裂的情况，按100%的比例全验，每块屏都需要揭开保护膜进行验视；对于其他配件类货物，按30%的比例抽验货物的质量。

　　请思考：仓库在入库验收时，应采用怎样的验收策略来平衡验收效率和验收质量，才能做到既不使仓库利益受损，又使入库验收作业效率得到保障？

4. 办理入库手续

仓库收货人员对验收合格的货物，分派存放的库房、储区和储位；对货物进行编码登记；使用有关设备，把货物搬运到指定的位置；更新仓库中的货物账目或者仓库数据库管理系统。

二、保管作业

保管作业是仓储作业流程的第二个环节。商品保管是指在一定的仓库设施和设备条件下，采用科学的手段，为保存各种不同性能和特点的商品的使用价值而进行的储存活动。商品保管的目的在于采取相应的措施和手段，为储存商品提供或创造适宜的保管条件，最大限度地减少或减缓商品的自然损耗，以保证商品的完整性和使用价值。保管作业主要应做好以下工作：

1. 货物的分区分类

根据货物的类别和性能，结合仓库内各货场、库房等的容量，建筑结构情况，以及装卸搬运设备、保养设备等条件，进行储区储位的分配，确定每一货场、库房存放货物的种类、数量，分门别类编成目录，并绘制平面图，通过分区分类对入库货物进行管理。

2. 货物的编码管理

编码就是将货场、库房、货架等按地点、顺序统一编列号码并做出明显标志。编码的方法很多，在商业仓库中常用的编码方法是"四号定位法"，即将库房、货架、层数、货位统一编号，并与账目或仓库管理信息系统（Warehouse Management System，WMS）统一起来的编码方法。

3. 货物的堆码

货物的堆码是根据货物的包装形状、特性、规格、重量、数量等特点，同时综合考虑地面的负荷和储存要求，将货物按一定规律进行堆垛的方法。堆码不仅要考虑储存空间的充分利用，还要遵循货物先进先出原则，同时也要考虑日后盘点货物或者出库的便利性等因素。合理的堆码对提高在库商品的储存保管质量、提高仓容利用率、提高收发货作业及养护工作的效率，有着不可低估的重要作用。

> **匠人匠心**
>
> **不合格的堆码**
>
> 堆码存放是仓库中最常见的货物存放方式之一。合理堆码可以提高仓库利用率，便于作业和保管，但如果堆码不合理，不但会使仓库不整齐，还会造成商品的损坏。
>
> 请思考：如图 2-22 所示的不合格堆码可能会给商品保管带来什么后果？
>
>
>
> 图 2-22 不合格的堆码

4. 货物的盘点

对仓库中的货物进行盘点是货物保管工作的重要内容之一，也是财务管理的要求。所谓盘点，是指定期或不定期对库存商品的实际数量进行清查、清点的作业，即为了掌握货物入库、在库、出库的流动情况，对仓库现有物品的实际数量与账面记录的数量进行核对。盘点中如果出现问题，应当尽快查出原因，及时调整账目，保证账面记录与实际物资相符。

5. 货物的在库检查

货物在仓库储存期间，由于受到通风、温度、湿度等外界环境条件的影响，存在发生物理、化学和生物等方面变化的风险。这就要求仓库根据储存商品的性质、保管条件、气候条件，确定检查周期、检查对象，经常对商品进行检查测试，及时发现在库商品存在的异常情况。同时，要检查仓库的虫、鼠害等方面，做到及时发现，并及时采取相应的措施和手段，从而有效地控制外界因素的影响，避免商品损失。

> **匠人匠心**
>
> **盘点与检查的内容**
>
> 库存盘点与检查不仅要盘点库存物品数量，还要检查库存物品的有效期、质量等状况。具体内容如下：
>
> （1）查存货数量。通过点数和计数，查清库存物品的实际数量，核对库存账目与实际数量是否相符。
>
> （2）查存货有效期。对食品、电子类产品等需要进行有效期管理，通过库存盘点，核对产品有效期，发现存在的问题，确保库存物品按有效期先进先出。

（3）查存货质量。通过盘点，检查库存物品的质量是否有变化，及时处理变质产品。

（4）查保管条件。通过盘点，检查库存物品的现有保管条件是否符合要求，如温度、湿度、灰尘、卫生、虫害防治等的状况。

（5）查安全情况。通过盘点，检查存储场所的安全和消防设备是否处于正常状态，如灭火器、摄像头、窗户、门锁等的状况。

（6）货物的维护保养。各种商品按其内在特性，有不同的温度、湿度范围要求。为了保证货物的质量和使用价值，就必须针对货物的存放条件随时对货物进行维护保养。货物的维护保养要贯彻"预防为主，防治结合"的方针，根据气候条件和货物的属性，采取相应措施，创造适宜货物储存的温度、湿度条件，减少或防止外界不利因素对货物的影响，延缓货物变质过程，降低货物的损失、损耗。

三、出库作业

出库作业是仓储作业流程的最后一个环节，是仓库人员根据出库凭证，按其所列商品名称、规格、数量、时间、地点等项目，组织商品出库的一系列工作的总称。商品出库是商品储存阶段的终止。出库要求将商品准确、及时、保质保量地发给收货单位，包装必须完整、牢固，标记正确清楚，符合交通运输部门及使用单位的要求，防止出现差错。出库作业主要流程如下：

1. 核对出库凭证

仓库管理员接到出库凭证后，应仔细核对商品品名、规格、单价、数量、时间、收货单位等信息，核对无误后才开始备货工作。

2. 备货

核对出库凭证之后，按照出库凭证所列项目开始备货工作。备货时应按照"先进先出、易霉易坏先出、接近有效期先出"的原则，拣选出相应数量的货品。

3. 复核

为防止差错，备货后应立即进行复核。在发货作业的各个环节中都贯穿着复核工作。出库的复核形式主要有专职复核、交叉复核和环环复核三种。复核的主要内容包括商品的品种、数量是否准确，质量是否完好，配套是否齐全，技术证件是否齐备，外观质量和包装是否完好等。复核后，保管员和复核员应在"商品调拨通知单"上签字。

4. 出库交接

出库的货物如果没有符合运输方式所要求的包装，应按常规要求进行包装。根据商品外形特点，选用适宜的包装材料，其重量和尺寸应以便于装卸和搬运为宜。如果需要搬运设备，应由仓库管理员提前联系。办理交接手续时，将商品当面交接清楚，由提货人员在提货单上签字后领取货物。

5. 登账销账

出库交接后，仓管人员要及时登记做账，更新出库信息数据库并进行存档。

菜鸟云仓的拣货出库

在电商仓库，出库是由客户订单拉动的。电商平台信息系统直接将客户订单信息推送到仓库管理信息系统，仓库制单组接收推送来的订单信息，在信息系统中进行汇单，按一定的拣选策略生成拣货单和电子面单，然后打印输出拣货单和电子面单（对应收货人信息），将其一并交给拣货组。拣货人员根据拣货单到指定库位拣货，并将拣出的货物放到托盘上，拣货完成后，用电动托盘搬运车将拣出的货物连同拣货单放到出库复核区等待复核。

在出库复核区，通过扫描电子面单，系统读取并显示该电子面单收货人所购买的商品数量总和和每种商品的明细信息，包括商品条码、名称、数量、已完成复核的数量和未复核的商品数量。复核人员依据系统提示查找相应商品，依次扫描商品对应的条码，由系统自动完成条码比对，实现拣选环节的复核。

复核完毕，拣货人员根据商品的数量和体积选取合适的包装箱型，将该单对应的所有商品放入包装箱内，填充适量的气泡枕，并用胶带封箱。然后，将热敏电子面单粘贴到箱子的最大面上，再将箱子放到传送带上，传送到配送交接区，等待快递取件。

请思考：请绘制菜鸟云仓的拣货出库流程，并分析它与传统仓库的出库作业流程的异同。

保管作业规范

在保管作业中，按一定的规范对货物进行保管，可以保证作业质量，提高作业效率，降低运营成本，改善保管环境，实现合理库存。保管作业规范的主要要求包括以下几个方面：

（1）标记明确。对保管货物的品种、数量及保管位置做明确详细的标记，以便提高物品查找、存放、拣选的物流作业效率。

（2）面向通道。将货物面向通道进行摆放保管，以便于货物在仓库内存取和移动。

（3）同类归一。相同或类似的物品存放在相同或相近的位置，以便于分拣，提高物流作业效率。

（4）先进先出。根据货物入库时间的先后决定发货送出的次序。这不仅符合会计的谨慎原则，有利于加快存货周转，而且可以有效避免库存物品因保管时期过长而发生变质损耗或者超过保质期。

（5）重量对应。根据物品的重量确定存放的位置和保管的方法。较重的物品放置在地上或货架的底层；较轻的物品依次放置在货架的上层；需要人工搬运的大型物品则以腰部的高度为基准放置，以保证安全、方便搬运、提高效率。

（6）属性对应。根据物品的自然属性分区放置和保管。由于不同物品存放的温度、湿度要求各不相同，所以冷冻、冷藏、常温物品分区存放，会串味、发生化学反应的物品要隔区存放。

（7）形状对应。根据物品的形状确定存放的位置和保管方法。包装标准化的物品放在货架上保管；非标准化的物品应根据形状进行保管。

（8）周转频率对应。依据物资进出货的不同频率来确定物品的存放位置。例如，周转频率高的物品尽量放在靠近仓库进出口的位置，流动性差的物品放在距离出入口稍远的地方，季节性物品则依其季节特性来选定放置的场所。这样便于提高库存物品装卸搬运的物流作业效率。

（9）立体货架存放。选用货架等保管设备对货物进行分层堆放保管，尽量向高处码放，以有效利用仓库容积，提高仓库利用效率、防止破损、保证安全。

（10）五五堆码。将货物以5为基本计数单位在固定区域内码放，使货物"五五成行、五五成方、五五成包、五五成堆、五五成层"。堆放横竖对齐、上下垂直，以方便存货的数量控制及清点盘点。

单元四 智慧仓储的应用与发展

一、智慧仓储的基本概念

（一）智慧仓储的含义

智慧仓储是利用人工智能技术，使物流仓储系统能模仿人的智能，具有思维、感知、学习、推理判断和自行解决物流中某些问题的能力。与其他智能系统一样，智慧仓储的未来发展将会体现出四个主要特点：①在物流仓储作业过程中的大量运筹与决策的智能化；②以物流仓储管理为核心，实现物流仓储作业过程中收货、发货、存储、包装、装卸等仓储环节的一体化和智慧仓储系统的层次化；③智慧仓储的发展会更加突出"以客户为中心"的理念，根据消费者需求变化来灵活调节生产工艺，满足个性化的需求；④智慧仓储的发展将会促进资源优化配置，实现仓储系统的社会化和资源共享。

仓储作为供应链物流的重要节点和不可或缺的一环，对供应链的影响是十分巨大的。智慧仓储的发展主要有以下几个方面：

1. 智能获取技术

智能获取技术使物流仓储系统从被动走向主动，实现在物流仓储过程中主动获取信息，主动监控物流仓储过程，主动分析物流仓储信息，使物流仓储货物和信息从源头开始被跟踪与管理，实现信息流优先和货物前置，从而提升整个物流仓储过程的效率，并降低成本。

条形码技术

2. 智能传递技术

智能传递技术通过标准化的接口，实现数据的高度共享，提高服务质量，缩短响应时间，促使客户满意度提高，并使供应链各环节之间更紧密。智能传递技术不仅可以应用于物流仓储企业内部，也可以实现企业外部的物流仓储数据传递。

3. 智能处理技术

智能处理技术应用于企业内部决策时，可通过对大量物流仓储数据的分析，对物流客户的需求、商品库存、物流智能仿真等做出决策，实现物流仓储管理自动化（获取数据、自动分类等），使物流仓储作业更加高效便捷。

智能技术在物流仓储运营管理的优化、预测、决策支持、建模和仿真等方面的全面应用，使物流仓储运营管理过程中的决策更加准确、科学，效率更高，成本更低，过程更加透明可视。随着数字孪生、人工智能等技术的应用，物流仓储的综合效率将不断提升，以满足不断增长的社会需求。

（二）智慧仓储系统的作用

仓储系统是供应链的重要组成部分。智慧仓储系统主要从以下几个方面发挥作用：

1．降低物流成本，提高服务水平

通过提供高效、智能、少人化的仓储作业管理，智慧仓储系统能大幅降低制造业、物流业等行业的仓储成本和物流成本，提高企业利润。生产商、批发商和零售商三方通过智慧仓储系统相互协作、共享信息，能够从根本上减少交接成本，加快物流过程，从而达到降低供应链总成本的目的。其关键技术包括标准化的物体标识及追踪、无线通信定位等新型信息技术以及单元化物流仓储技术。这些技术能够有效实现物流仓储系统的智能调度管理，整合物流仓储核心业务流程，加强物流仓储管理的合理化，提高自动化水平，降低物流总能耗，从而降低物流成本，提高服务水平。

2．加速物流产业的发展，成为物流业的信息技术支撑

智慧仓储系统的建设能够将物流企业整合在一起，将过去分散于多处的物流资源进行集中处理，实现集约化运作，优化资源配置，从而加速物流产业的发展；同时，发挥整体优势和规模优势，实现传统物流企业的现代化、专业化和互补性。此外，这些企业还可以共享基础设施、配套服务和信息，降低运营成本和费用支出，获得总体规模效益。

3．促进企业生产、采购和销售系统的智能融合

随着 RFID 技术与传感器网络的普及，物与物的互联互通能够将企业的物流系统、生产系统、采购系统与销售系统智能地融合起来，从而为智能生产与智能供应链的融合打下基础，使企业物流完全智能地融入企业经营过程之中，打破工序、流程界限，打造智能企业。

4．使消费者降低购物成本，实现轻松、放心购物

智慧仓储系统通过提供货物源头自助查询和跟踪等多种服务，尤其是对食品类货物的源头查询，能够让消费者买得放心、吃得放心，增强消费者的购买信心，促进消费，最终对整体市场产生良性影响。

5．促进经济发展，提升综合竞争力

智慧仓储系统集多种服务功能于一体，体现了现代经济发展的特点，即强调信息流、物流、资金流快速、高效、通畅地运转，从而降低社会运行成本，提高生产效率，提升社会综合竞争力。

二、智慧仓储管理的主要方法

（一）大数据分析

大数据分析（Big Data Analysis，BDA）是在数据密集型环境下，对数据科学的重新思考和进行新模式探索的产物，是结合了大数据理念与方法，对类型多样、增长快速、内容真实的数据进行分析，从中找出有利于决策的模型或有用信息的过程。

目前针对大数据分析的研究主要集中于五个方面，分别是可视化分析、数据挖掘、预测分析、语义分析及数据管理。

1．可视化分析

可视化分析是展示分析过程及分析结果的有效技术，旨在借助图形化手段，清晰、有效地传达与沟通信息，使用户能够通过人机交互界面直观地了解和掌握数据中隐含的规律，明确所需要的分析结果。

随着大数据的兴起与发展，物联网、地理信息系统、商业智能（BI）等主流应用领域逐渐催生了几类特征鲜明的信息类型，主要包括文本、网络（图）、时空及多维数据等。这些与大数据密切相关的数据交叉融合，形成了以文本可视化、网络（图）可视化、时空数据可视化及多维数据可视化等为主要研究领域的大数据可视化分析技术。

2．数据挖掘

数据挖掘（Data Mining）是指借助数学模型、机器学习算法、专家系统、模式识别等诸多工具和算法，从大量数据中搜索出隐藏的信息，实现数据有效提取的过程。

3．预测分析

通过数据挖掘技术获取了数据隐含的规律后，运用可视化分析以及数据挖掘结果可以进一步做出预测分析，对生产过程中可能出现的故障风险进行预防，或者对企业的生产绩效进行合理预测。

4．语义分析

大数据中存在着大量的半结构化数据以及非结构化数据，这些多样性的数据给分析带来了新的挑战，需要运用一系列工具解析、提取、分析数据。例如，语义分析技术可以从文本、图片、音频、视频、地理位置信息中解析出所需要的数据。

5．数据管理

数据管理是通过标准化的流程和工具对数据进行处理，可以得到一个预先定义好的高质量的分析结果。数据管理历经人工管理、文件管理、数据库管理等时代，直至大数据技术的出现，该领域进入了一个崭新的发展阶段。

（二）人工智能控制

人工智能是研究、开发用于模拟、延伸和扩展人类智能的理论、方法、技术及应用系统的一门新的技术科学。人工智能是计算机科学的一个分支，它试图了解智能的实质，对人的意识、思维过程进行模拟，从而以与人类智能相似的方式做出反应。该领域的研究包括机器人、语言识别、图像识别、自然语言处理和专家系统等。人工智能从诞生以来，理论和技术日益成熟，应用领域也不断扩大。可以设想，在未来，人工智能带来的科技产品将会是人类智慧的"容器"。

人工智能控制是具有智能信息处理、智能信息反馈和智能控制决策的控制方式，是一类不需要人的干预就能够自主地驱动智能机器实现其目标的自动控制，也是用计算机模拟人类智能的一个重要领域。

1．人工智能控制的基本特点

（1）人工智能控制的核心是高层控制，能对复杂系统（如非线性、快时变、复杂多变量、环境扰动等）进行有效的全局控制，实现广义问题求解，并具有较强的容错能力。

（2）人工智能控制系统一般具有以知识表示的非数学广义模型和以数学表示的混合控制过程，采用开闭环控制和定性决策及定量控制结合的多模态控制方式。

（3）人工智能控制的基本目的是从系统的功能和整体优化的角度来分析系统，以实现预定的目标。人工智能控制系统具有变结构特点，能总体自寻优，具有自适应、自组织、自学习和自协调能力。

（4）人工智能控制系统具有大量的关于人的控制策略、被控对象及环境的有关知识，以及运用这些知识的能力。

（5）人工智能控制系统具有补偿及自修复能力和判断决策能力。

2．技术基础

人工智能控制以控制理论、计算机科学、人工智能、运筹学等学科为基础，扩展了相关的理论和技术。其中应用较多的有专家系统、模糊逻辑、遗传算法、神经网络等理论，以及自适应控制、自组织控制和自学习控制等技术。

（1）专家系统是利用专家知识对专门的或困难的问题进行描述的控制系统。专家系统在解决复杂的高级推理中获得了较为成功的应用，但是实际应用还是相对较少。

（2）模糊逻辑是利用模糊语言描述系统，既可以描述应用系统的定量模型，也可以描述其定性模型。模糊逻辑可适用于任意复杂的对象控制。

（3）遗传算法作为一种非确定性的拟自然随机优化工具，具有并行计算、快速寻找全局最优解等特点。它可以与其他技术结合使用，用于智能控制的参数、结构或环境的最优控制。

（4）神经网络是利用大量的神经元，按一定的拓扑结构进行学习和调整的自适应控制方法。它能表示出丰富的特性，具体包括并行计算、分布存储、可变结构、高度容错、非线性运算、自我组织、学习或自学习。这些特性是人们长期追求和期望的系统特性。神经网络在智能控制的参数、结构或环境的自适应、自组织、自学习等方面具有独特的能力。

（5）人工智能控制的相关技术与控制方式相结合或综合交叉结合，构成风格和功能各异的智能控制系统和智能控制器。这也是人工智能控制技术的一个主要特点。

（三）云仓储管理

"云仓"是一种全新的仓库体系模式。在这一模式下，快件可直接由仓库到同城快递物流公司的公共分拨点，实现就近配送，极大地减少配送时间，提升用户体验。这就给对物流水平需求极高的企业带来了新的机遇。云仓储管理是利用云技术和现代管理方式，依托仓储设施实现在线交易、交割、融资、支付、结算等一体化的服务。

1．云仓储管理的特点

云仓储管理与传统仓储、电商仓储管理相比，主要区别在于仓内作业的高时效和精细化的管理，以及自动化装备和信息化系统。由于云仓具有先进的技术及管理方式，因此其建设成本比较高。但是，云仓作业流程中的入库与出库速度非常快，而且准确率很高，可达 100%，因此备受青睐。

（1）管理种类及配送范围方面的变革。云仓储管理采用一体化的信息管理系统，能将全国各区的分仓进行集中管理，理论上仓库可以无限扩大，因此其所存储管理的货物种类较传统仓储多。另外，云仓储管理通过信息化的资源整合和设施设备配套，实现订单的智能化拣选和配送，大大提升了仓储管理及配送的规模和效率。

（2）管理模式方面的变革。云仓储管理在满足传统仓储管理的同时，对仓储作业的时效性和准确性有较高要求。云仓储通过其扁平化的供应链管理，可实现近距离快速交接的作业模式。例如京东自营商品，其系统会安排从距离客户最近的仓库发货，并且每一步都通过系统进行实时监控，同时将物流信息反馈给客户。这样不仅速度快而且准确率高，极大地提升了消费者的购物体验。

（3）设施设备方面的变革。云仓储特别是电商仓储，对多批次、小批量货物的处理要求较高。因此，为了保证仓储作业的整体效率，除了实现仓储的信息化管理之外，还需要通过仓储设施设备的智能化来辅助仓储信息化管理，如仓库管理系统、WCS 等信息系统，以及扫码设备、自动分拣机、巷道堆垛起重机等自动化设备。

2．实施思路

云仓储管理的理念是在全国各区域中心建立分仓，形成公共仓储平台，通过信息流和物流的结合，使商家可以就近安排仓储和配送。这种模式的实施思路如下：

（1）建立实体分仓，实现就近配送。实体分仓由区域大仓、城市中仓、中小仓以及微仓四级结构构成。区域大仓可以设置在目前已经建成的区域性大型物流园区内，建设大型仓库，存储供应区域的大库存产品，并且完成对初级产品的流通加工，其辐射半径在 200 千米以内；城市中仓可以设置在目前已经建成的中小型城市物流配送中心内，存储满足城市供应的产品，其辐射半径为 40 千米左右；中小仓根据城市大小可以灵活取舍，对于大型城市，可以在行政区内设置比城市中仓体量更小的配送单元，其辐射半径为 5 千米左右；微仓设置在居民社区，可以利用普通连锁超市，也可以独立建设连锁超市门店，还可以采用众包模式设置在加盟个体的居民住宅楼内，其辐射半径为 1 千米左右，通过与区域中小仓的高频次、小批量流转，确保产品品质与及时上门配送。

（2）完善社会化信息系统，实现货物信息共享。实体分仓是由电商企业联合打造的，需要解决资源整合的问题。实体分仓将全国的区域城市通过物流信息系统串联，实现各种物流资源的完全共享，尽可能地降低信息失灵所带来的成本增加或者其他的损失，通过这样的公共信息平台和公共分仓，实现全社会货畅其流。

（3）云仓储管理中的技术处理。云仓储的基本问题与一般的仓库体系是一样的，主要包括仓库选址、仓库数量及规模、库存决策等问题。首先，通过"云物流"平台，掌握各个需求点之间的需求流量，确定各个需求点的需求量；其次，依据这些需求点建设一定数量的配送中心，建立新的仓储配送体系，可以采用启发式算法进行求解，如模拟退火算法、遗传算法等；最后，根据以往的交易信息和消费者的需求分布特征，确定仓库的最佳规模，并进行合理的库存决策，从而有效降低物流成本，获得较好的利益，达到较高的服务水平。

三、智慧仓储在我国的应用

在国内，随着我国促进智慧物流、智慧仓储、物联网技术发展的相关政策、规划及方案的相继出台及实施，对智慧仓储基础设施的投资不断加大，各种与智慧仓储相关的示范项目被不断引进，物联网技术在智慧仓储领域的应用不断深化，物流企业对发展智慧仓储的经验不断丰富、认识不断提高。这些都为智慧仓储的发展提供了良好的基础条件。目前，我国的物流和仓储业务很大一部分是由生产企业自身运营的，这些企业的规模相对较小，建设智慧仓储的能力有限。因此，我国的第三方物流市场仍有很大的发展空间，迫切需要建立一个数字化、信息化、自动化的技术服务体系，真正实现智慧仓储，进而使企业通过第三方物流市场实现效率和利润的大幅提升。

智慧仓储的技术层面应用主要体现在四个方面：①传统仓储设施的智能化与网络化，这是实现仓储设施互联的基础；②仓储设备的自动化和标准化，这是实现仓储作业智能化的基础；③系统平台对接的应用，这是仓储系统与上下游系统互通互联的基础；④物流大数据推动仓储资源整合与共享，这是实现企业优化配置仓储资源的基础。

其中，仓储系统自动与智能作业方面的技术发展最快，主要体现在自动化立体仓库、智能穿梭车与密集型货架系统、物流机器人等方面。

在智能追溯领域，应用最普遍的物联网感知技术是 RFID 技术和 GPS 移动追踪定位技术。在手持终端扫描设备领域，目前的创新方向之一是小型化，即向可穿戴智能技术方向发展。国内市场规模庞大，相关智能技术和设备居于世界领先水平，形成了一个基本完整的产业链，促进了整个产业的升级。智慧仓储已成为推动物流仓储行业发展的重要动力。

当前，我国智慧仓储在"互联网＋"战略的带动下快速发展，与大数据、云计算等新一代互联网技术深度融合，使整个行业向着运行高效、流通快速的方向不断迈进。

四、智慧仓储的发展趋势

在工业 4.0 时代，客户要求高度个性化，产品创新周期缩短，生产节拍不断加速。一方面，随着信息技术向制造业的全面深入，生产要素高度灵活配置，大规模定制生产得以实现，传统的生产流程、生产模式及管理方式不断被打破；另一方面，新兴自动化和智能技术促进了现有硬件设备的扩容与升级，改善了仓储物流运作流程，提高了仓储技术装备的柔性化应用水平，降低了物流成本。信息技术、自动化技术与智能技术使仓储装备的技术集成能力进一步提高。技术集成能力现已成为国外仓储装备研发与制造能力的优势所在，也是仓储装备行业重要的核心竞争力。

随着物联网、大数据、人工智能等信息技术进一步发展，以及资本市场对智能仓储科技应用场景的关注，智能仓储物联网等行业的标准法规将逐步完善，机器人和认知技术、3D 打印技术等科技将在仓储物流领域得到深度应用，预测性维护和按需仓储将得到更多关注。

随着促进物流行业高质量发展的一系列政策相继出台，以及信息技术与制造业深度融合的"智能制造"发展战略的实施，智慧仓储行业将朝着国际化、智慧化、绿色化、龙头化或集群化以及服务化方向不断发展。

（1）物流的国际化。如今在资本市场得到初步认同的物流企业，借着"一带一路"的政策利好，陆续抢占海外市场。例如，圆通在"一带一路"沿线及华人华企聚集的区域建立多式联运转运集散枢纽，布局海外仓储、转运、集散业务，服务进口与出口。顺丰与 UPS 成立合资公司已获监管部门审批。阿里巴巴与马来西亚合作建设数字自由贸易区在吉隆坡开始运营，菜鸟智能仓库跟随落地。当物流企业在国内市场的格局逐渐成形时，拓展海外市场以配合快速发展的跨境电商就成为物流企业新的筹划。

（2）仓储的智慧化。随着工业 4.0 时代加速到来，资本市场及物流企业对智慧物流科技应用场景的落地抱有较大期待。下游客户的需求也从自动化升级为智能化，5G、物联网、人工智能、大数据分析等智能技术将在仓储物流领域得到深度应用。目前，京东已经建成全流程无人仓，实现了从入库、存储到包装、分拣等环节的全流程、全系统的智能化和无人化。

（3）智慧仓储的绿色化。绿色化已被视为减少物流成本的关键，"清流计划""漂流瓶""绿色物流"等话题在行业中不断升温和发酵。无论是为缓解原纸涨价带来的成本压力，还是为响应环保政策、承担社会责任，苏宁、京东、菜鸟网络等众多电商企业及快递企业，均在绿色物流上做出了自己的努力，为减少物流中的包装成本和环境污染提供了可能性。可循环使用的包装袋与纸箱逐渐被众多物流企业和电商企业使用。

（4）智慧仓储的龙头化或集群化。随着供给侧改革的深入，行业洗牌开始加速，龙头企业的技术、资金、规模、成本等优势逐步显现，市场将逐步向龙头企业集中。随着市场竞争的加剧，产业集群成为一种新的发展模式。物流产业集群是一种经济社会现象，它是物流专业化分工与协作水平不断提高的产物，是一种遵循经济原则的组织形式和经济现象。物流产业集群是一种介于市场和企业之间的产业组织形式，并且按照一定规则运行和发展。

（5）智慧仓储的服务化。智慧仓储不仅需要设备，还需要厂商提供一整套完善的软硬件方案，能做到搜集数据、分析数据、做出决策，指导优化生产过程，并且实现迭代升级。因此，在未来，传统的仓储物流设备厂商将向服务商转型。

启智增慧 日日顺大件物流无人仓

　　在商贸流通领域，传统运营模式高度依赖人工作业，极大地阻碍了流通效率的提高。而在科技赋能下，日日顺聚焦数字化建设的前沿发展态势，在物流仓储园区实现了智能无人化作业和数字化管理，提升商贸流通全流程、全要素资源数字化水平。

　　以日日顺打造的国内首个大件物流无人仓——青岛即墨仓（见图 2-23）为例，该仓在视觉识别、智能控制算法等人工智能技术的加持下，具备 24 小时黑灯作业能力，相比传统仓储，可提升出入库效率 5 倍以上、提升储存效率 3 倍以上。

图 2-23　日日顺大件物流无人仓——青岛即墨仓

增值性评价活动

知识测评

一、单项选择题

1. 狭义的仓储仅指通过仓库等场所实现对在库物品的储存与保管，是一种静态仓储，可比喻为（ ）。

    A. 河流   B. 蓄水池   C. 邸店   D. 都不是

2. 按货架的高度分类，中层货架的高度为（ ）。

    A. 5～20米   B. 4.5～15米   C. 5～15米   D. 4～10米

3. 人工智能的英文缩写是（ ）。

    A. AI   B. RMID   C. AS/RS   D. IMS

二、多项选择题

1. 仓库是指储存和保管物品的场所，以下属于仓库的有（ ）。

    A. 露天式仓库   B. 半封闭式仓库   C. 封闭式仓库   D. 特种仓库

2. 入库验收包括（ ）。

    A. 数量点收   B. 质量检验

    C. 机械物理性能检验   D. 化学成分检验

3. 我国执行的托盘规格标准有（ ）。

    A. 1219毫米×1016毫米   B. 800毫米×1200毫米

    C. 1000毫米×1200毫米   D. 800毫米×1000毫米

三、简答题

1. 仓库按营运形式分为哪些类型？
2. 简述叉车的使用特点。
3. 简述什么是"四号定位法"。
4. 简述智慧仓储的发展趋势。

四、案例分析

安科公司的库存管理

安科公司是一家专门经营进口医疗用品的公司。2021年，该公司经营产品26种，共有69个客户，年营业额为5800万元。安科公司因为进口产品交货期较长、库存占用资金多，因此十分重视库存管理。

安科公司按销售额的多少，将其经营的26种产品划分为A、B、C三类。其中，排在前3位的产品的销售额占总销售额的97%，因此把它们归为A类；排在第4～7位的产品，每种产品的销售额占0.1%～0.5%，把它们归为B类；其余的19种产品的销售额共占1%，将其归为C类。

对于A类产品，安科公司采用连续性检查策略，即每天检查库存情况，随时掌握准确的库存信息，在满足客户需要的前提下维持尽可能低的安全库存量。安科公司通过与国外供应商协商，并且对运输时间做了认真分析，计算出 A 类产品的订货提前期为 2 个月（也就是从收到订单到货物从安科公司的仓库发运出去需要 2 个月的时间）。由于安科公司每个月的产品销售量不稳定，因此，每次订货的数量不同，要按照预测的数量进行订货。为了防止预测的不准确和工厂交货的不准确，安科公司还要保有一定的安全库存。安全库存是下一个月预测销售量的 1/3。安科公司对 A 类产品实行连续性检查的库存管理，即每天对库存进行检查，一旦库中实际的存货量加上在途的产品数量等于后两个月的预测销售量加上安全库存时，就订货，订货数量为第三个月的预测销售量。因为其实际的销售量可能大于或小于预测值，所以每次订货的间隔时间也不相同。这样进行管理后，A 类产品的库存状况基本达到了预期的效果。由此可见，对于货值高的 A 类产品应采用连续性检查的库存管理方法。

对于 B 类产品，安科公司采用了周期性检查策略，即每个月连续检查库存并订货一次，目标是每月检查时有之后两个月预测销售量的货物在库内（其中将一个月的预测销售量视为安全库存）。每月订货时，再根据当时实际剩余的库存数量，决定订货数量。这样就会使 B 类产品的库存周转率低于 A 类产品。

对于 C 类产品，安科公司采用了定量订货的方式，即根据历史销售数据，得到产品的半年销售量作为该产品的最高库存量，并将其两个月的销售量作为最低库存量。一旦库存达到最低库存量时，就订货，将其补充到最高库存量。这种方法比前两种更省时间，但库存周转率更低。

安科公司实行了产品库存的 ABC 分类管理以后，虽然对 A 类产品的管理占用了最多的时间和精力，但得到了满意的库存周转率；而 B 类和 C 类产品，虽然库存周转率较低，但其仅需要很少的资金和人力支出。

在对产品进行 ABC 分类管理以后，安科公司又对其客户按照购买量进行了分类。其发现在 69 个客户中，排在前 5 位的客户的购买量约占全部购买量的 75%，于是将这 5 个客户定为 A 类客户；到第 25 位客户时，购买量占比已达到 95%，因此，把排在第 6～25 位的客户归为 B 类客户；第 26～69 位客户归为 C 类客户。对于 A 类客户，安科公司实行供应商管理库存，一直与他们保持密切联系，随时掌握他们的库存状况；对于 B 类客户，安科公司根据历史购买记录预测他们的需求，并以此作为订货的依据；而 C 类客户中有的是新客户，有的一年只购买一次，因此，安科公司只在每次订货数量上增加一些，或者用安全库存进行调节。通过分类管理，一方面提高了库存周转率，另一方面也提高了服务水平，尤其是 A 类客户对此非常满意。

思考：

1. 安科公司将产品分为哪几类进行管理？这种分类方式的优点是什么？
2. 安科公司怎样对 A、B、C 三类产品进行库存控制的？
3. 安科公司是如何利用客户的 ABC 分类管理提高库存周转率和服务水平的？

技能测评

实训任务：智慧仓储应用调研。

实训要求：通过实训，了解智慧仓储的体系构成，了解物流企业智慧仓储硬件系统和软件系统的应用现状，体会智慧仓储发展的重要意义。

实训步骤：

1. 4～6人为一组，以某一物流企业为调查对象，调查该企业智慧仓储应用的基本情况。

2. 调查该企业在仓储管理中应用了哪些智慧仓储硬件系统和软件系统，并分析其主要功能、应用场景及技术参数等情况。

3. 分析该企业在智慧仓储应用方面的不足之处。

实训评价：实训评价的内容如表2-4所示。

表2-4　智慧仓储应用调研实训评价表

评价项目	考评点	分值	得分
成员表现（20%）	分工合理，态度端正	20	
调研报告（80%）	文体格式规范美观，层次、段落清晰，语言通顺，无错别字	10	
	调研目的明确，围绕主题展开调研，清晰陈述调研时间、地点与企业基本概况	10	
	调研内容充实，详细介绍企业的智慧仓储硬件系统、软件系统，包括其主要功能、应用场景及技术参数等调查内容	20	
	问题分析透彻，原因总结到位，能见微知著	20	
	合理运用物流专业知识与技能，解决企业问题，提出针对性强、切实可行的建议	20	
合　计		100	

模块三

运输管理

学习目标

知识目标：

- 掌握运输的概念与功能。
- 了解运输系统的构成要素。
- 掌握运输合理化的措施。
- 了解智慧物流运输的概念与特点。
- 掌握智慧物流运输的发展现状与趋势。

能力目标：

- 能够根据业务实际情况，正确选择合适的运输方式。
- 能够基于智慧物流运输知识，对企业实际运营模式进行分析。

素质目标：

- 培养自主学习能力与团队协作能力。
- 树立正确的物流行业职业价值观。

案例导入

中欧班列开创亚欧国际运输新格局

2023 年 9 月 15 日，中欧班列国际合作论坛在江苏连云港开幕。国家发展和改革委员会副主任丛亮介绍，中欧班列已被共建"一带一路"的国家和地区广泛接纳和利用，累计开行 7.7 万列，运送货物 731 万标箱，货值超 3400 亿美元，通达欧洲 25 个国家的 217 个城市。

中欧班列作为一项重要的国际运输组织方式，不仅实现了各国或地区地理上的联系，更在经济、文化等多个领域起到了积极的作用，搭建了沿线经贸合作的新平台，是共建"一带一路"的成功实践。

近些年来，中欧班列线路越织越密，畅通国际贸易，释放发展潜力。中欧班列的快速增长，加快了沿线国家复工复产和经济重启，给全球经济复苏与发展带来了新的机遇。

跨境电商行业是中欧班列开通的受益行业之一。一位跨境电商企业人士称："欧洲目前是我们最重要的市场之一，在备货旺季，我们也经常通过中欧班列将货物及时运送到我们的海外仓中，它比海运更快、比空运更便宜的特点非常适合追求速度的跨境电商企业。"另一位物流企业负责人表示："公司针对跨境电商卖家在中欧班列上推出了铁路拼箱服务。跨境电商卖家的货物特点是多频次、小批量，因此我们专门提供铁路拼箱服务这样灵活且经济的运输方式。客户不需要整箱发运，货物会尽快送达欧洲市场"。欧洲居民通过跨境电商平台下单，就能收到由中欧班列发运、存储在海外仓的中国制造商品。在助力中国制造"走出去"的同时，返程班列带来中亚、欧洲等地的小麦、红酒等农副产品。中欧班列为国际贸易提供了便捷的运输通道，缩短了货物运输的时间，降低了成本，为世界经济复苏提供了新动能，为"一带一路"合作伙伴带来新商机，也为沿线居民带来了新的生活方式。

案例思考：中欧班列取得成功的原因有哪些？

单元一　运输与运输管理认知

一、运输的概念与功能

运输是指人或者物借助运力创造时间效用和空间效用的活动。当产品因从一个地方转移到另一个地方而实现价值增加时，运输就创造了空间效用；时间效用则是指这种服务在需要的时候发生。所谓运力，是指由运输设施、路线、设备、工具和人力组成的，具有从事运输活动能力的系统。关于人的运输称为客运，关于货物的运输称为货运。本书所讨论的运输专指货运，其中包括集货、分配、搬运、中转、装入、卸下、分散等一系列活动。

物质产品的生产目的是满足社会的各种需求。物质产品在未进入消费领域之前，它的使用价值只是一种潜在的可能性。一般来说，物质产品的生产地和消费地是不一致的，即存在位置背离，只有消除这种位置背离，物质产品的使用价值才能实现。也就是说，物质产品只有通过运输才能进入消费领域，从而达到实现物质产品的使用价值，满足各种社会需求的目的。所以，运输的功能主要体现在两个方面，即产品转移和产品储存。

1. 产品转移

无论产品处于何种形式，是材料、零部件、装配件，还是在制品或流通中的商品，运输都是必不可少的。运输的主要功能就是使产品在价值链中移动，即通过改变产品的地点与位置，消除产品的生产与消费之间空间位置上的背离，或将产品从效用价值低的地方转移到效用价值高的地方，创造产品的空间效用。另外，因为运输的主要目的是以最短的时间完成从原产地到规定地点的转移，使产品在需要的时间内到达目的地，创造产品的时间效用。因此，可以说运输过程是一个增值过程，是通过创造空间效用和时间效用来提高产品价值的。

2. 产品储存

如果转移中的产品需要储存，且在短时间内又将重新转移，而卸货和装货的成本费用也许会超过储存在运输工具中的费用，这时可将运输工具作为暂时的储存场所。所以，运输也具有临时的储存功能。通常在下列两种情况下，需要将运输工具作为临时储存场所：一是货物处于转移中，而运输的目的地发生改变，产品需要临时储存，这时采取改道实现产品短期储存；

二是在起始地或目的地仓库储存能力有限的情况下，将货物装上运输工具，采用迂回线路运往目的地。诚然，用运输工具储存货物可能是昂贵的，但如果考虑总成本，包括运输途中的装卸成本、储存能力的限制、装卸的损耗或延长时间等，那么，选择运输工具做短期储存往往是合理的，有时甚至是必要的。

二、运输与物流的关系

运输工具的进步，有效缩短了产品供应者和消费者之间的经济距离，使经济活动范围越来越大，即运输支持了社会分工和社会交换的不断扩大。物流系统要实现增加物质产品空间效用和时间效用的功能，必须依靠运输、包装、装卸、储存和信息等要素。其中运输是最重要的物流构成要素之一，或者说是物流的主干。运输是把物流系统连接在一起的纽带，其为物质产品在空间进行移动，并实现或增加物质产品的价值和使用价值提供了基础。要使物流快速而有效地完成，必须具备良好的运输条件。运输是物流中不可缺少的组成部分，没有运输就没有物流。

运输的发展和进步对社会物流结构的变化具有重要影响。随着现代运输工具的不断更新与进步，运输的运能、速度、可靠性和运输频率极大提高，从而保证了大工业原材料的充足供应，促使原材料供应者承担了储存的职能，原材料需求者则实现了原材料的"零库存生产"目标。"零库存生产"的管理理念对运输系统提出了效率和可靠性方面的更高要求。运输业通过本身经营组织方式的不断完善，已成为高效物流体系的有机组成部分。

（一）运输与物流的内在联系

1．运输是物流的重要构成要素

运输是物流企业发展的基础，没有运输就没有物质资料的移动。运输是物流作业中最重要的要素之一，与物流的其他构成要素关系密切，影响物流其他要素功能的实现。

（1）运输与包装。运输与包装的关系可以说是相互影响的。货物的包装程度、包装的规格及尺寸都会影响运输方式及同一种运输方式对运输工具的选择；同样，货物的包装程度、包装的规格及尺寸应该充分地与所选择的运输工具相吻合。

（2）运输与装卸。要想完成整个物流过程，运输活动必然伴随装卸活动。一般情况下，完成一次运输活动，必然伴随两次装卸活动。装卸活动的质量直接影响运输活动，车辆装载是否合理将直接影响运输过程的顺利程度。同时，装卸是实现各种运输方式的有效衔接环节，特别是在多式联运的情况下，装卸的效率直接影响着整个运输过程的效率。

（3）运输与仓储。运输对仓储有重要的影响。仓储是货物的暂时停止状态，最终目的是将货物分拨到合适的地点。高效的运输分拨系统可以降低库存量，提高库存周转率等。同样，仓储也是运输过程的调节手段，货物的储存量虽直接决定于需要量（即使用量），但当仓库中储存一定数量的货物而消费领域又对其急需时，运输就成了关键。

（4）运输与配送。一般情况下，我们经常将"运输"和"配送"这两个词放在一起使用，其原因是要完成整个物流活动，只有通过运输及配送，才能将货物送到最终消费者手里。要理解这一点，必须了解运输与配送的关系。简单地说，运输是两点之间货物的输送；而配送是一点对多点的货物运输过程。图 3-1 能够更好地说明两者之间的关系。其中整个图是货物的分拨过程，A、B 分别表示货物运输的起点和终点，P_1、P_2、P_2 分别表示末端客户的位置。其中，A 到 B 的距离较远，B 到 P_1、P_2、P_3 的距离较近。

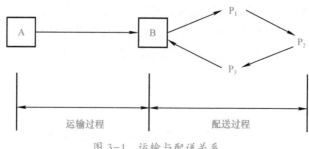

图 3-1 运输与配送关系

2. 运输合理化是物流系统合理化的关键

运输合理化是指在各种物流系统合理化的基础上形成的最优物流系统总体功能，即系统以尽可能低的成本创造更大的空间效用和时间效用。运输是物流系统总体功能的基础与核心，直接影响着物流子系统，只有运输合理化，才能使物流系统结构更加合理、总体功能更优。因此，运输合理化是物流系统合理化的关键。

3. 运输促进物流的发展

运输基础设施的发展为物流的发展提供了条件，而物流的发展对货物运输提出了更多要求，促使运输企业的发展转型。近年来，我国交通运输基础设施有了很大发展，集装箱运输业发展迅速，铁路、公路、水路以及国际集装箱多式联运系统正在不断发展和完善，为我国进一步开展物流服务奠定了必要的基础。我国未来的发展规划强调交通运输在国民经济发展中的重要作用，并将进一步开放运输市场，加大对交通运输基础设施的投资力度，加快交通运输基础设施的建设，如修建高速公路、高速铁路、扩建港口和集装箱码头，以及发展集装箱专用车、船等。这些措施都为我国物流业的发展创造了有利条件。

（二）物流与运输的区别

1. 物流是超出运输范畴的系统化管理

物流管理系统的建立和运转，是以服务于生产、流通、消费的全部过程为出发点的。物流系统通过生产企业的供应渠道、生产过程及销售渠道获得的价值远远大于运输的收益。

2. 物流不同于运输只注重实物的流动，同时还关注信息流和增值流的同步联动

信息流不仅通过电子或纸质媒介反映产品的运送、收取，更重要的是反映市场对物流质量的评价。增值流是指物流所创造的形态效用（通过生产、制造或组装过程实现商品的增值）、地点效用（原材料、半成品或产成品从供给方到需求方的位置转移）和时间效用（商品或服务在客户需要的时间准确地送到）。

3. 物流以生产企业和流通企业的利益为中心，而运输是物流管理控制的必要环节

有物流必然有运输，而再完善的运输也不是物流。物流服务于工商企业的产品生产和销售，服务于产品的市场竞争和利益。现代物流追求为客户提供高质量的服务，一切以满足客户的需要为服务目标，主动开展物流市场调查和市场预测，积极做好推销、宣传工作，并且在不断改进服务质量的附加工作中，寻求与发现新的服务项目或服务产品，为企业带来更多的商机和更高的回报。因此，物流获取的附加值也远大于运输的回报。

三、运输系统

（一）运输系统的含义

运输系统是指与运输活动相关的各种因素组成的整体。按照运输领域不同，运输系统可分为生产领域的运输系统和流通领域的运输系统；按照运输性质不同，运输系统可分为自营运输系统、营业运输系统、公共运输系统；按照运输方式不同，运输系统可分为公路运输系统、铁路运输系统、水路运输系统、航空运输系统、管道运输系统等。

随着经济的发展和科学技术的进步，交通运输业从各种运输方式单独作业向互相合作、合理分工的方向发展。先进的运输设施设备、现代科学技术、高效的组织管理方法越来越广泛地被应用于运输领域，使得运输系统各要素和各环节之间的关系更加协调统一，运输效率和服务质量不断提高。现代运输系统正逐渐朝着合理、高效、经济、优质的综合运输系统方向发展。

（二）运输系统的构成要素

1. 运输线路

运输线路是运输系统中的基础设施，是运输工具定向移动的通道。在现代运输系统中，主要的运输线路有公路、铁路、航线和管道。公路和铁路是陆上运输线路，除了引导运输工具定向行驶外，还需要承受运输工具、货物和人的重量；航线分空运航线和水运航线，主要起引导运输工具定向行驶的作用，并为运输工具、货物等提供一定的浮力；管道是相对特殊的运输线路，因具有密闭性，所以它既是运输工具，又能起到引导货物流动的作用。

2. 运输节点

运输节点是指分布在运输线路上的，承担运输业务办理、货物集散、运输工具维修、不同运输方式衔接等职能的场所。如公路运输线上的货运站、停车场，铁路运输线上的货运站、区段站，水路运输线上的港口、码头，航空运输线上的空港，管道运输线上的管道站等，都属于运输节点。

3. 运输工具

运输工具是指在运输线路上用于载货并使其发生位移的装置与设备。运输工具是保证运输得以进行的基础设备。根据从事运送的独立程度，运输工具可以分为：①仅提供动力，不具有装载货物容器的运输工具，如汽车牵引车、铁路机车、拖船等；②没有动力，但具有装载货物容器的运输工具，如挂车、车厢、驳船等；③有动力，且具有装载容器的运输工具，如飞机、油轮等。其中，前两种运输工具必须配合使用才能完成运输任务。

管道运输是一种相对独特的运输方式，它的动力装置与载货容器的组合比较特殊，载货容器为干管，动力装置为动力泵站，设备总是固定在特定的空间内，不像其他运输工具一样能够移动，所以可以把动力泵站和干管视为运输工具。

4. 运输对象及运输参与者

货物是物流运输活动的对象，但是货物本身不能做出是否参与运输的决定，所以运输活动是否进行需要由运输参与者做出决定。运输活动的具体参与者主要包括货物所有者、货物承运人、货物运输代理人等。

（1）货物所有者。货物所有者是指货物托运人和收货人，托运人和收货人有时是同一主体，有时是两方。货物所有者希望在方便获取运输信息的情况下，以尽可能少的费用支出，在规定的时间内，将货物安全地从托运地运送到指定的收货地。

（2）货物承运人。货物承运人是指使用运输工具从事货物运输并与托运人订立货物运输合同的经营者。承运人应根据承运货物的需要，按货物的不同特性，提供技术状况良好、经济适用的运输工具，并能根据托运人的要求，合理地组织运输和配送。承运人可以是各类运输公司、物流公司或者运输代理人等。

（3）货物运输代理人。货物运输代理人简称货运代理人，是指以自己的名义承揽货物并分别与托运人、承运人订立货物运输合同的经营者。货运代理人以承运人身份签署运单时，应承担承运人责任；以托运人身份托运货物时，应承担托运人的责任。货运代理人的优势在于能把不同托运人的小批量货物集中到一起，委托给承运人运输，并可以把运输到目的地的大批量货物按运单拆分开，交给不同的收货人。

四、运输管理

运输管理即按照运输的规律和规则，对整个运输过程所涉及的各种活动，包括运输方式及承运人选择、租用或购买运输设备决策、路线计划、服务提供等，进行合理组织和平衡调整，监督实施，达到为客户提供优质运输服务、提高物流效率、降低物流成本的目的。

1. 运输市场的宏观管理

运输市场的宏观管理是指政府主管部门对运输行业的管理，包括运输市场准入管理及运输市场各项规章的制定、执行与监控等，以建立和完善公开、公平、公正的运输市场竞争环境。

2. 运输业务的微观管理

运输业务的微观管理是指企业对运输过程的业务管理，包括货物的发送、接运、中转等业务和安全运输的管理，以达到提高效率、降低成本的目的。

单元二 运输方式的选择

一、运输方式及其技术经济特征

运输决策的一个重要内容是根据运输商品对运输时间与运输条件的具体要求，选择适当的运输方式和运输工具，使企业能用最少的时间，走最短的路线，支付最少的费用，安全地把商品从生产地运送到销售地。

货物的运输方式很多，根据使用的运输工具不同，其分类如图3-2所示。

各种运输方式的技术经济特征，主要从以下几方面考察：

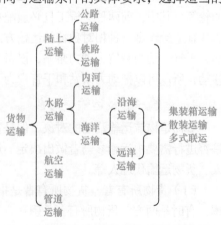

运输方式以及优缺点

（一）运输速度

运输速度是指单位时间内的运输距离。决定各种

图3-2 货物运输方式的分类

运输方式的运输速度的一个主要因素是各种运输载体能达到的最高技术速度。目前我国各种运输方式的技术速度分别是：航空运输最快，达到 900 ～ 1000 千米 / 时；陆上运输其次，铁路运输 80 ～ 250 千米 / 时，公路运输 80 ～ 120 千米 / 时；水路运输速度慢、准时性差，海洋运输 10 ～ 30 海里 / 时，内河运输 8 ～ 20 千米 / 时。在运输实践中，由于交通环境、安全、经济等因素，各种运输方式的服务速度低于运输载体的技术速度。

（二）运输成本

运输成本主要由四部分构成：基础设施成本、转运设备成本、营运成本和作业成本。这四种成本在各种运输方式之间存在较大差异，因此，评价各种运输方式的成本水平要考虑多种因素。铁路运输的固定成本高，但变动成本相对较低，适合进行距离长、运输量大、时间性强、可靠性要求高的货物运输。公路运输固定成本低，变动成本相对较高，中小批量商品在一般公路上进行近距离运输，在高速公路上进行中长距离运输时，运费较低。水路运输成本低，在运输大宗货物或散装货物时，采用专用的船舶运输，可以取得更好的技术经济效果，但搬运和装卸费用高，装卸作业量大。航空运输成本高，适用于价值高、重量轻、易损的商品及鲜活商品、急需商品的运输。管道运输耗能少、成本低、效益好、专用性强，适合大批量、不间断的气体、液体和部分固体粉末货物的运输。

（三）运输工具的容量及线路的运输能力

由于技术及经济原因，各种运输方式的运输工具都有其适当的容量范围，从而决定了运输线路的运输能力。水路运输是运输能力最强的运输方式，运输船舶的载重量可达几千吨到几十万吨。其次是铁路运输，一般货物运输列车的运输能力通常在 4000 吨左右，重载列车可装 20000 吨以上的货物。管道运输工具的容量也很大，一条直径 720 毫米的输煤管道，一年可输送煤炭 2000 万吨，几乎相当于一条单线铁路单方向的输送能力。公路运输工具的容量最小，通常载重量是 5 ～ 10 吨。航空运输的运输能力也相对较小。

（四）运输灵活性

运输灵活性是指一种运输方式在任意给定两点间的服务能力。公路运输的灵活性最大，因为它能直接连接起点和终点，可以选择不同的行车路线，灵活制定营运时间表，服务便利，可实现门到门运输，市场覆盖率高。水路运输的营运范围受到江河湖海地理分布的限制。航空运输需要航空港设施。铁路运输需要站场设施，只能在固定线路上实现运输，且要与其他运输手段配合衔接。管道运输因不易随便扩展管道，服务的地理区域十分有限，灵活性相对较差。

（五）运输经济性

运输经济性是指单位运输距离所支付费用的多少。运输经济性与运输距离有着紧密的关系，不同运输方式的运输距离与成本之间的关系有一定的差异。铁路的运输距离增加幅度要大于成本上升幅度，而公路则相反。从国际惯例来看，300 千米以内被称为短距离运输，该距离内的货运量应该尽量分流给公路运输；300 ～ 500 千米以内的运输主要选择铁路运输；500 千米以上的运输则选择水路运输。各种运输方式的技术经济特点如表 3-1 所示。

表 3-1　各种运输方式的技术经济特点

运输方式	技术经济特点	适用范围
公路运输	固定成本低、变动成本相对高，占用土地多，机动灵活，适应性强，短途运输速度快，空气污染严重	短途货物、零担货物的运输，以及其他运输方式的集散运输
铁路运输	初始投资大，运输容量大，成本低，占用土地多，连续性强，可靠性好	大宗货物、散件杂货等的中长途运输
水路运输	运输能力强，成本低，速度慢，连续性差，能源消耗及土地占用较少，灵活性不强	中长途大宗货物、国际海上货物的运输
航空运输	速度快，成本高，空气和噪声污染重	中长途货物、贵重货物、鲜活货物的运输
管道运输	占用土地少，运输能力强，成本低，能不间断连续输送，灵活性差	长期稳定的液体、气体、固体浆化物的运输

（六）环境保护

运输业是造成环境污染的主要产业之一。产生环境污染的主要原因有两方面：一是空间位置的移动所消耗的能源，以及运输工具与空气发生接触带来的噪声振动和大气污染等；二是交通设施建设对自然环境的影响，如公路建设占用土地。

启智增慧　西气东输二十余年，是什么保障着管道运输安全

始于 2000 年的西气东输工程至今已历时二十余年。这项西起塔里木盆地轮南、东至上海的超级管道运输工程，全长 4200 千米，是我国迄今为止距离最长、口径最大的管道运输工程。

每年数千亿立方米的天然气通过长度超过 8.7 万千米的干线管道送往全国各地，因此管道运输安全至关重要。由于管道深埋地下，加上超长的运输距离和我国复杂多变的地形地貌，其在运输过程中会遭遇不同程度的腐蚀、磨损和意外损伤。如果不能及时发现缺陷并采取措施，就有可能造成重大损失。2016 年 7 月 21 日，西气东输二线中卫段管道受损，发生天然气泄漏事故，幸无人员伤亡。因此，管道安全运行的重要条件是管道损伤检测，确定管道的腐蚀、缺陷程度，为管道运行、维护、安全评价提供依据。

（1）AUT 全自动超声波检测系统。目前，中科创新针对运输管道检测采用 AUT 全自动超声波检测系统（见图 3-3），对石油、天然气长输管线，大直径中厚管自动焊对接环缝等检测对象采取"区域划分法"，根据壁厚、坡口形式、填充次数将焊缝分成几个垂直的区域。每个区域的高度一般为 1～3 毫米，每个区域都由一组独立的晶片进行扫查。

（2）PAUT 管道环焊缝自动检测方案。管道安装中的对接焊缝直接影响能源输送安全。针对管道环焊缝、环纵缝检测，中科创新采用专用扫查器和配套软件，采用双侧相控阵加 TOFD（超声波衍射时差法）同时扫查的方式，实现仅需绕管一周即可对焊缝进行全方位的快速扫查。

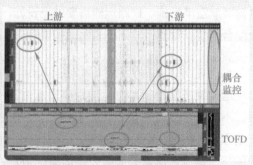

图 3-3　AUT 全自动超声波检测系统

二、影响运输方式选择的因素

在各种运输方式中，如何选择适当的运输方式是物流合理化的重要问题。一般来讲，应根据物流系统要求的服务水平和可以接受的物流成本来决定，可以选择一种运输方式，也可以选择联运的方式。

决定运输方式时，可以在考虑具体条件的基础上，对下列具体项目做认真研究：

运输方式的选择

1. 商品特性

这是影响企业选择运输工具的重要因素。一般来讲，粮食、煤炭等大宗货物适宜选择水路运输；水果、蔬菜、鲜花等鲜活商品，电子产品，宝石，以及节令性商品等宜选择航空运输；石油、天然气、碎煤浆等适宜选择管道运输。

2. 运输速度和距离

运输速度的快慢、运输路程的远近决定了货物运送时间的长短。而在途运输货物如同企业的库存商品，会形成资金占用。一般来讲，批量大、价值低、运距长的商品适宜选择水路或铁路运输；批量小、价值高、运距长的商品适宜选择航空运输；批量小、距离近的商品适宜选择公路运输。从运输距离来看，一般情况下可以依照以下原则：300千米以内用公路运输；300～500千米用铁路运输；500千米以上用水路运输。

3. 运输的可得性

不同运输方式的运输可得性也有很大的差异，其中公路运输可得性最高，其次是铁路运输，而水路运输与航空运输只有在港口城市与航空港所在地才可得。

4. 运输的一致性

运输的一致性是指在若干次装运中履行某一特定的运次所需要的时间与原定时间或与前 N 次运输所需要时间的一致性。它是运输可靠性的反映。对于托运方而言，一致性是高质量运输的重要特征之一。如果给定的一项运输服务第一次花费2天、第二次花费6天，这种意想不到的变化就会使生产企业产生严重的物流作业问题。因此，企业一般首先要实现运输的一致性，然后再提高交付速度。如果运输缺乏一致性，就需要安全储备存货，以防出现预料不到的问题。运输一致性还会影响买卖双方承担的存货义务和有关风险。

5. 运输的可靠性

运输的可靠性涉及运输服务的质量属性。对运输企业来说，关键是要精确地衡量运输的可得性和一致性，这样才有可能确定总的运输服务质量是否达到所期望的服务目标。运输企业要持续不断地满足客户的期望，最基本的是要承诺不断地改善运输服务质量。运输服务质量来之不易，它是经过仔细计划，并加以培训、全面衡量和不断改善的产物。在客户期望和客户需求方面，运输企业必须意识到客户是不同的，因而所提供的服务必须与之相匹配。企业对没有能力满足、不现实的、过高的服务目标，必须修改或取消，因为对不现实的全方位服务轻易做出承诺，将极大地损害企业的信誉。

6. 运输成本

运输成本因货物种类、质量、容积、运距的不同而不同。而且，运输工具不同，运输成本也会发生变化。在考虑运输成本时，必须考虑运输费用与其他物流子系统之间存在的互为利弊的关系，不能仅从运输费用出发来决定运输方式，而要从全部的总成本出发来考虑。企业开展商品运输工作，必然要支出一定的财力、物力和人力，各种运输工具的运用都需要企业支出一定的费用。因此，企业进行运输决策时，要受其经济实力及运输费用的制约。例如，如果企业经济实力弱，就不可能使用运费高的运输工具（如航空运输），也不能自设一套运输机构来进行商品运输工作。

7. 市场需求的缓急程度

在某些情况下，市场需求的缓急程度也决定着企业应当选择何种运输工具。对于市场急需的商品，应该选择速度快的运输工具，如航空或汽车直达运输，以免贻误时机；反之则可选择速度较慢而成本较低的运输工具。

因为不同运输方式和运输工具都有各自的特点，而不同特性的物资对运输的要求也不一样，所以要制定一个选择运输方式的统一标准是很困难的，也没有必要这样做。但是，可以根据物流运输的总目标确定一个带有普遍性的原则。

在选择运输方式时，保证运输的安全性是选择的首要条件，包括人身、设备和被运输货物的安全等。为了保证被运输货物的安全，首先应了解被运输货物的特性，如质量、体积、贵重程度、内部结构及其他物理化学特性（易燃、易碎、危险性），然后选择安全可靠的运输方式。

物资运输的在途时间和到货的准时性是衡量运输效果的重要指标。运输时间的长短和到货的准时性不仅决定着物资周转的快慢，而且对社会再生产的顺利进行影响较大。运输不及时有时会给国民经济造成巨大的损失。

运输费用是衡量运输效果的综合标准，也是影响物流系统经济效益的主要因素。一般来说，运输费用和运输时间是一对矛盾体，速度快的运输方式一般费用较高，运输费用低的运输方式则速度较慢。

综上所述，选择运输方式时，通常是在保证运输安全的前提下再衡量运输时间和运输费用，当到货时间能够满足时再考虑费用低的运输方式。当然，计算运输费用不能单凭运输单所列的费用，而应对运输过程中发生的各种费用以及对其他环节费用的影响进行综合分析。

在选择运输方式时，不能仅仅从费用角度考虑，还应该考虑发送方式。不同发送方式的运输费用相差较大，而且运输安全程度和在途时间差别也很大。如铁路运输有整列、成组、整车、零担、包裹等发送方式，其中成组、整车运输由于配车编组，在途停滞时间长，而零担、包裹运输则费用较高。

如欲对运输方式的选择做进一步的定量分析，则应考虑不同运输工具类型所提供的服务特征，其中最重要的是成本、速度和可靠性。因此，服务成本、平均运达时间（速度）和运达时间的变动性（可靠性）应作为选择运输方式的依据。

 想一想

> 选择运输方式的定量分析方法有哪些？请查找资料了解。

三、不同运输方式的比较

五种基本的运输方式都具有各自的特性，在选择运输工具时，一般从速度、运量、运价、适合货物等方面来考查各种交通运输工具（方式）的特点，如表 3-2 所示。

表3-2　各种交通运输工具（方式）的特点

工具（方式）	速度	运量	运价	适合货物
飞机（空运）	最快	少	最昂贵	贵重、急需、时间要求紧
轮船（水运）	最慢	最多	最便宜	大宗货物、时间宽松
汽车（陆运）	较慢	较少	较贵	时间要求灵活、量少、距离短
火车（陆运）	较快	较多	较便宜	量大、时间较紧
管道（管道运输）	较快	大	便宜	气体、液体、连续性强

四、联合运输

运输方式的选择不限于单一的运输手段，可通过多种运输手段的合理组合实现物流的合理化。物流管理者将两种或更多种运输方式结合在一起称为联运，相比单一运输方式，联运能为客户提供速度更快、风险更小的服务。其组合方式有很多种：①铁路运输和公路运输；②铁路运输和水路运输；③铁路运输和航空运输；④铁路运输和管道运输；⑤公路运输与航空运输；⑥公路运输和水路运输；⑦公路运输和管道运输；⑧水路运输和管道运输；⑨水路运输和航空运输；⑩航空运输和管道运输。这些组合中，公路运输和铁路运输的组合（称"驮背运输"）得到广泛使用；公路运输和水路运输的组合（称"鱼背运输"）也得到了越来越多的采用，尤其在高价值货物的国际运输中；在一定范围内，公路运输与航空运输、铁路运输与水路运输的组合也是可行的；铁路运输和公路运输的联运使托运人既能享受到公路运输接送和发运的灵活性，又能获得铁路运输在远程运输中的高效率；几乎所有的航空运输都是联合运输，因为它需要由货车将货物接送并装到飞机上，然后由货车运至目的地；公路运输促使不同运输方式联运在一起，由它提供灵活、定期和短途的服务，使联合运输方式更有效率。联运可以提高运输效率、简化手续、方便货主，保证货物流通过程的畅通，它把分阶段的不同运输过程，连接成一个单一的整体运输过程，不仅给托运人或货运人带来了方便，而且加速了运输过程，有利于降低成本、减少货损货差、提高运输质量。

💡 想一想

结合你对运输方式的理解，谈谈如何通过推进多式联运发展优化调整运输结构。

1+X 链接

"驮背运输"是为了适应多式联运发展的需要，更好地解决伴随联运产生的大量装卸和换载作业带来的问题，其基本原理与组织方法也已被运用到集装箱或挂车的换装作业。其具体操作是：在多式联运中的各运输工具的连接点，由牵引车将载有集装箱的底盘车或挂车直接开到铁路平板车或船舶上，停稳摘挂后离去，将底盘车或挂车由铁路平板车或船舶载运至前方换装点，再由到达地点的牵引车，开上车辆或船舶，并挂上底盘车或挂车，直接运往目的地。这种组织形式被形象地称为"驮背运输"。

"驮背运输"使汽车运行作业与底盘车或挂车的载运作业平行进行，加速了车辆的周转；同时，这种方式扩大了货运单元，从而节约了装卸和换装作业的时间，提高了作业效率。

单元三 运输合理化

一、不合理运输

不合理运输是指违背"及时、准确、安全、经济"总要求的运输，是由于忽视各种运输方式的特点、客货对运输的客观要求，不按经济区划或产销区划组织客货调运，从而造成运力浪费、运输时间增加、运费超支等问题。常见的不合理运输有下列几种类型：

不合理的运输

1. 返程或起程空驶

空车无货载（空驶）是不合理运输最严重的形式之一。在实际运输组织中，有时候必须调运空车，从管理上不能将其看成是不合理运输。但是，因调运不当、货源计划不周、不采用运输社会化而形成的空驶，是不合理运输的表现。

造成空驶的主要原因有以下几种：

（1）未能利用社会化的运输体系，依靠自备车送货提货，易出现单程实车、单程空驶的不合理运输。

（2）由于工作失误或计划不周，造成货源不实，车辆空去空回，形成双程空驶。

（3）由于车辆过分专用，无法搭运回程货，只能单程实车、单程回空周转。

2. 对流运输

对流运输又称相向运输或交错运输，是指同一种货物或彼此间可以互相代用而又不影响管理、技术及效益的货物，在同一线路上或平行线路上做相对方向的运送，而与对方运程的全部或一部分发生重叠交错的运输。已经制定了合理流向图的产品，一般必须按合理流向图的方向运输，如果与合理流向图指定的方向相反，也属于对流运输。对流运输如图3-4所示。

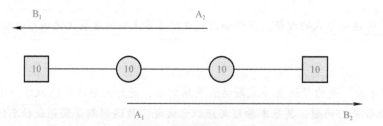

注：○表示货物发运地，里面的数字表示货物的供给量；
□表示货物的目的地，里面的数字表示货物的需求量；→表示货物运输方向。

图 3-4　对流运输

3. 迂回运输

迂回运输是一种舍近求远的运输，是可以选取短距离进行运输却选择了路程较长的一种不合理运输形式。迂回运输如图3-5所示。

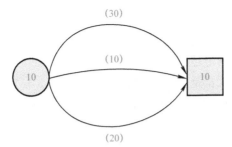

注：○表示货物发运地，里面的数字表示货物的供给量；

□表示货物的目的地，里面的数字表示货物的需求量；→表示货物运输方向，括号里面的数字表示运输里程。

图 3-5　迂回运输

4．重复运输

重复运输的一种形式是本来可以直接将货物运到目的地，但是在未达目的地之处或在目的地之外的场所就将货物卸下，再重复装运送达目的地；另一种形式是同品种货物在同一地点一面运进，同时又向外运出。

5．倒流运输

倒流运输是指货物从销售地或中转地向产地或起运地回流的一种运输现象。倒流运输也可看作隐蔽对流运输的一种特殊形式。

6．过远运输

过远运输是指调运物资舍近求远，即近处有资源不调而从远处调。这便是可采取近程运输而未采取，从而拉长了货物运输距离。

7．运力选择不当

运力选择不当是指未利用各种运输工具优势而不正确地选择运输工具造成的不合理现象。常见的运力选择不当有以下形式：

（1）弃水走陆。其是指在同时可以利用水运及陆运时，不利用成本较低的水运或水陆联运，而选择成本较高的铁路运输或汽车运输，使水运优势不能发挥。

（2）铁路、大型船舶的过近运输。其是指未达到铁路及大型船舶的经济运行里程，却利用这些运力进行运输。这种方式的不合理之处在于，火车及大型船舶起运及到达目的地的准备、装卸时间长，且机动灵活性不足，在过近距离中利用，发挥不了运速快的优势；相反，由于装卸时间长，反而会延长运输时间。另外，与小型运输设备相比，火车及大型船舶装卸难度大、费用也较高。

（3）运输工具承载能力选择不当。其是指不根据承运货物数量及重量选择运输工具，而盲目选择运输工具，造成过分超载、损坏车辆及货物不满载、浪费运力的现象。尤其是"大马拉小车"现象较为常见。由于装货量小，单位货物运输成本必然增加。

8．托运方式选择不当

托运方式选择不当是指对于货主而言，本可以选择最好的托运方式而未选择，造成运力浪费及费用支出增加的一种不合理现象。应选择整车而未选择，应当直达而选择了中转运输，应当中转运输而选择了直达运输等都属于这一类型的不合理运输。

9．无效运输

无效运输是指装运的物资中无使用价值的杂质（如煤炭中的矸石、原油中的水分、矿石中的泥土和沙石）含量过多或含量超过规定标准的运输。

上述各种不合理运输形式都是在特定条件下表现出来的，在判断时必须注意其不合理的前提条件，否则就容易做出错误的判断。例如，同一种产品，商标不同、价格不同，所发生的对流运输不能绝对看成是不合理运输。

二、运输合理化的要素

运输合理化的影响因素很多，起决定性作用的主要有五种，称作合理运输的五要素。

1．运输距离

在运输时，运输时间、运输货损、运费、车辆或船舶周转等运输的若干技术经济指标，均与运输距离有一定的比例关系。运输距离长短是衡量运输是否合理的一个基本因素。

2．运输环节

每增加一次运输，不仅会增加起运运费和总运费，而且必然增加运输的附属活动，如装卸、包装等，各项技术经济指标也会因此下降。所以，减少运输环节，尤其是同类运输工具的环节，对合理运输有促进作用。

3．运输工具

运输工具主要由运输方式决定，如陆运中可以选择铁路运输和公路运输。但是，同一种运输方式也可以选择不同的运输工具，如公路运输可以选择普通货车或者集装箱货车。对运输工具进行优化选择，按运输工具的特点进行装卸搬运作业，充分发挥运输工具的作用，也是实现运输合理化的重要措施。

4．运输时间

运输是物流过程中需要花费较多时间的环节，尤其是远程运输。在全部物流时间中，运输时间占绝大部分，所以，运输时间的缩短对整个物流时间的缩短有决定性作用。此外，运输时间短有利于运输工具的加速周转，充分发挥运力；有利于货主资金的周转；有利于运输线路通过能力的提高，对运输合理化有很大作用。

5．运输费用

运输费用在全部物流费用中占很大比例，运输费用的高低在很大程度上决定了整个物流系统的竞争能力。实际上，运输费用的降低，无论对货主企业还是对物流经营企业来讲，都是运输合理化的一个重要目标。

三、运输合理化的措施

实现运输合理化可以采取以下措施：

运输的合理化

1．提高运输工具实载率

实载率有两个含义：一是单车实际载重与运距之乘积和标定载重与行驶里程之乘积的比率，这在安排单车、单船运输时是作为判断装载合理与否的重要指标；二是车船的统计指标，即一定时期内车船实际完成的货物周转量（以吨·千米计）占车船载重吨位与行驶千米数之乘积的百分比。在计算车船行驶千米数时，不但包括载货行驶，也包括空驶。

提高实载率的目的是充分利用运输工具的额定能力，减少车船空驶和不满载行驶的时间，减少浪费，从而实现运输合理化。

在铁路运输中，采用整车运输、合装整车、整车分卸及整车零卸等具体措施，都是提高实载率的有效措施。

2. 减少运输投入，提升运输能力

运输的投入主要在于能源投入和基础设施建设。在基础设施建设已定型和完成的情况下，尽量减少能源投入是减少运输投入的核心。做到了这一点，就能大大节约运费，降低单位货物的运输成本，达到运输合理化的目的。

3. 发展运输社会化体系

运输社会化的含义是发挥运输的大规模优势，实行专业分工，打破一家一户自成运输体系的状况。一家一户的自有运输不能形成规模，且运量需求有限，难以自我调剂，因而经常容易出现空驶、运力选择不当（因为运输工具有限，选择范围太窄）、不能满载等浪费现象，且配套的接、发货设施和装卸搬运设施也很难有效运行，所以浪费颇大。实行运输社会化，可以统一安排运输工具，避免对流、倒流、空驶、运力不当等多种不合理形式，不仅可以追求组织效益，而且可以追求规模效益。因此，发展运输社会化体系是实现运输合理化的非常重要的措施。

当前，铁路运输的社会化运输体系已经较完善；而在公路运输中，自有运输方式仍非常普遍，是建立社会化运输体系的重点。

在社会化运输体系中，各种联运体系是水平较高的方式。联运体系充分利用面向社会的各种运输系统，通过协议进行一票到底的运输，有效打破了一家一户的自成运输模式，受到了广泛欢迎。

4. 开展中短距离铁路公路分流、"以公代铁"的运输

在公路运输经济里程范围内，或者经过论证，虽超出平均经济里程范围但仍可利用公路运输的，尽量利用公路运输。这种运输合理化的表现主要有两点：一是对于比较紧张的铁路运输，用公路分流后，可以得到一定程度的缓解，从而加大这一区段的运输通过能力；二是充分利用公路从门到门和在中途运输中速度快且灵活机动的优势，实现铁路运输服务难以达到的水平。

我国"以公代铁"的现象目前在杂货运输、日用百货运输以及煤炭运输中较为普遍，运输范围一般在 200 千米以内，有时可达 700～1000 千米。

5. 尽量发展直达运输

直达运输是追求运输合理化的重要形式，其对合理化的追求要点是通过减少中转过载换载，提高运输速度，省去装卸费用，减少中转货损。直达运输的优势在一次运输批量和客户一次需求量达到一整车时表现最为突出。此外，在生产资料和生活资料运输中，通过直达运输，建立稳定的产销关系和运输系统，也有利于提高运输的计划水平，用有效的技术来实现这种稳定运输，从而大幅提高运输效率。

特别值得一提的是，如同其他合理化措施一样，直达运输的合理性也是在一定条件下才会有所表现，而不能绝对地认为直达运输一定优于中转运输。这要根据客户的要求，从物流总体出发综合判断。如果从客户需求量看，当批量大到一定程度时，直达运输是合理的；批量较小时，中转运输是合理的。

6. 配载运输

配载运输是充分利用运输工具载重量和容积，合理安排装载的货物及载运方法以求得运输合理化的一种运输方式。配载运输也是提高运输工具实载率的一种有效形式。配载运输往往是轻重商品的混合配载，在以重质货物运输为主的情况下，搭载一些轻泡货物。如海运矿石、黄沙等重质货物，在舱面捎运木材、毛竹等，铁路运矿石、钢材等重物上面搭运轻泡农、副产品等。这样在基本不增加运力投入和基本不减少重质货物运输量的情况下，解决了轻泡货物的搭运，运输合理化效果显著。

7. "四就"直拨运输

"四就"直拨运输是减少中转运输环节，力求以最少的中转次数完成运输任务的一种形式。一般批量到站或到港的货物，首先要进入分配部门或批发部门的仓库，然后再按程序分拨给客户。这样往往会出现不合理运输。"四就"直拨运输首先由管理机构预先筹划，然后就厂、就站（码头）、就库、就车（船）直接将货物分送给客户，而不需要再入库。

8. 发展特殊运输技术和运输工具

依靠科技进步是运输合理化的重要途径。例如，专用散装及罐车解决了粉状、液状物运输损耗大、安全性差等问题；袋鼠式车皮及大型半挂车解决了大型设备整体运输问题；"滚装船"解决了车载货的运输问题；集装箱船能比一般船容纳更多的箱体，且集装箱高速直达车船，加快了运输速度等。通过先进的科学技术可以实现运输合理化。

9. 通过流通加工使运输合理化

有不少产品，由于产品本身形态及特性问题，很难实现运输合理化，但如果进行适当加工，就能够有效解决合理运输问题。例如：将造纸材料在产地预先加工成干纸浆，然后压缩体积运输，就能解决造纸材料运输不满载的问题；轻泡产品预先捆紧并包装成规定尺寸再进行装车，即可提高装载量；水产品及肉类预先冷冻，可提高车辆装载率并降低运输损耗。

单元四　智慧物流运输的应用与发展

一、智慧物流运输的概念和特点

智慧物流技术手段、智能化运输工具应用于物流运输过程中，大幅提升了物流运输的自动化、智能化水平，产生了智慧物流运输。智慧物流运输是在智能交通系统（Intelligent Transportation System，ITS）的基础上，在物流运输领域充分利用物联网、空间感知、云计算、移动互联网等新一代信息技术，综合运用交通科学、系统方法、人工智能、知识挖掘等理论与工具，以全面感知、深度融合、主动服务、科学决策为目标，通过建设实时的动态信息服务体系，深度挖掘物流运输相关数据，形成问题分析模型，实现行业资源配置优化能力、公共决策能力、行业管理能力、公众服务能力的提升，推动物流运输更安全、更高效、更便捷、更经济、更环保、更舒适地运行和发展，带动物流运输相关产业转型、升级。

智慧物流运输具有以下特点：

1．有效连接运输供应链的各要素

运输供应链上的发货人、收货人、承运商、货站、货车司机经常发生变动，而把这些经常变动的要素快捷方便地接入系统，对于生产制造、分销和物流企业提高对货主的物流信息服务能力，加强对社会化运输网络的管理，具有至关重要的作用。智慧物流运输系统提高了订单的响应处理能力，提高了调度的配载效率，并通过网络和云平台实现各方信息的准确传递，实现了全链路信息透明。

2．集成先进技术的智能系统

智慧物流运输系统实质上就是将先进的信息技术、计算机技术、数据通信技术、传感器技术、电子控制技术、自动控制技术、运筹学、人工智能等学科成果综合运用于交通运输、服务控制和车辆调度，加强了车辆、道路和使用者之间的联系，从而形成一种定时、准确、高效的新型综合运输系统。

3．以数据为支撑进行全面控制

智慧物流运输系统中的数据采集层能够采集各种终端设备产生的 RFID 数据、GPS 数据、各种非结构化的视频和图片数据，经过智能算法处理后输出结构化信息数据，再整合园区、车辆、货主等数据，通过大数据挖掘系统进行数据分析，在此基础之上全面调控物流运输过程。

> 🧠 **想一想**
>
> 请你结合对"传统运输""智能交通系统"及"智慧物流运输"的理解，谈谈我国如何实现从交通大国向交通强国的转变。

二、智慧物流运输的典型应用模式

（一）互联网 + 车货匹配

建设以互联网为桥梁，撮合运力和货物匹配，提升物流运输资源配置的车货匹配平台，成为互联网改造物流行业的新尝试。车货匹配平台去除了中间利益支柱，使货主和车主能够直接接触和交易。同时，该平台解决了信息不对称的问题，使货主能够快速找到车、车主快速找到货，直接在手机上完成整个交易，并且可以提前预约，方便快捷，节约时间和成本。传统货运与车货匹配对比如图 3-6 所示。

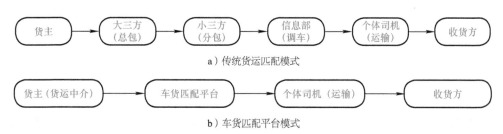

图 3-6　传统货运与车货匹配对比

"互联网 + 车货匹配"主要有以下四种模式：

1. 基于互联网的 C2C 信息撮合

此模式大多以"网站 + 客户端"的形式存在，服务于个体货代和司机间的车货信息撮合。由于无法监测成交情况，网站基本只能收取会员费，无力打通各项闭环和生态。因此，网站运营完全取决于推广能力和客户关系维护。当然也有试图走向全国的网站，如一点通、天下通，但都以失败告终。不可否认，这类原始的"互联网 + 车货匹配"方式在信息技术较为落后的年代还是发挥了一定作用。

2. 基于移动互联网的 C2C 信息撮合

随着智能手机的流行和移动互联网的兴起，车货匹配成为最早应用相关技术的领域之一。早期有"车运宝""e 配货""我要物流"等 APP，它们将个体货代和司机位置匹配的物流信息进行撮合。因为与"滴滴出行"的模式相近，人们将该类产品称为"货运滴滴"。其实"货运滴滴"比"滴滴出行"早很多，只是因当时货车司机的手机拥有率太低而没能流行起来。"货运滴滴"兴起于 2013 年下半年，这要归功于两件事情：一是微信等社交软件的流行让智能手机在市场迅速普及；二是"滴滴出行"的巨大成功让资本看到"货运滴滴"的广阔前景。相比第一种模式，"货运滴滴"在撮合的效率和成功概率上有较大的提升，但"货运滴滴"并不成功。2015 年，车货匹配应用程序开始出现关闭和转型潮，目前仍在市场上坚持这一模式的企业已经屈指可数。

C2C 信息撮合并不是交易的主流，原因如下：其一，货运从货量、车型、运价上都是非标准的，车货匹配不仅是"匹"更是"配"；其二，这个行业更多的是"熟关系"模式，线上的"撮合"只是对线下"熟关系"的效率补充，没有人会为赚取交易费用找陌生的司机而自身承担货运风险；其三，"货运滴滴"的目标是直接连接货主和车主，然而货主的结算方式是账期结算（这是控制风险的方式之一），司机则是现金结算（这也是控制风险），这两者是不可匹配的。为解决这些问题，创新企业开始了 B2B 的模式转型。

3. 基于移动互联网的 B2B 模式

这种模式不再连接"货主（三方）—货代—司机"价值链的后半部分，而是连接前半部分，更贴近物流的本质和交易特征。其"质"的进步主要体现在两个方面：首先明确了服务的客户是"货主（三方）"；其次突出了"货运经纪人"的价值，即小型货代改称"货运经纪人"。名称的变化凸显了"货运经纪人"在整条价值链中的作用——连接货主（三方）和个体司机的桥梁。货运经纪人通过为司机提供货源，与司机打造较为亲近的连接，个体司机也更倾向于与"货运经纪人"合作，长此以往，货运经纪人逐渐有了自己的"运力池"。当货主（三方）的需求出现时，他们会根据"运力池"的情况进行预先报价，中标后再从运力池中找车运输。福佑卡车是这一模式的代表，其流程如下：①三方通过福佑卡车客户端下单询价；②平台采用暗标的方式收集多个货运经纪人的报价；③三方根据价格或信誉等选择经纪人；④中标经纪人安排司机进行提货运输。

在这种模式中，由于采用竞价模式，三方可以选择更低的价格；同时，由于对司机和线路的了解，货运经纪人可以报出低价以提高竞争力。最终的结果就是三方降低了成本，货运经纪人获得了更多交易的机会。从平台的角度讲，三方和货运经纪人相对于司机都是更可控的主体，"消失"的概率极小，所以平台也更愿意为其中一方的行为向另一方担保。

4. 基于专线物流解决方案的运营整合

从目前货运的发展趋势来看，第三种模式仍然存在两个问题：首先是只能解决整车的问题，而随着电商的不断发展，我国流通业的比例不断增加，货物小型化带来的零担趋势越发明显，整车的比例会越来越小；其次是该模式仍然建立在"社会车辆"的基础上，忽略了"大车队""专线运输集约化"的趋势。

我国 90% 的货量是由专线完成的，绝大部分车货匹配的过程也是由专线来完成的。所以，提高专线的"车货匹配"能力，才是解决我国公路货运问题的关键点。提高专线的"车货匹配"能力要从以下两方面入手：

（1）加强集约化和"两端平衡"，提高匹配的空间维度。只有每天收到的货物更多，重货和泡货都达到一定的体量，专线才能实施更多、更优的车厢装载方案；同样，只有两端货量更加平衡，专线才能减少等待时间，形成对流。专线企业也会更多地偏向于将稳定的货量部分交由自有车辆运输，从而获得更大的利润空间。同时，自有车辆也会进一步提高匹配效率。

（2）推广"卡航"和"甩挂"，提高匹配的时间维度。只有准时运输和更多班次，才能形成"货等车"，即像坐飞机一样，在"卡航"到来之前，准确地将货物准备好，这样的效率最高。而"卡航"的另一个方面就是"甩挂"，它能进一步提高匹配效率。国内的天地汇等平台企业开始实践这样的车货匹配形式，并且已经初见成效，车辆的使用效率得到极大提升：社会车辆平均月行驶里程约在 13 000 千米，该平台的车辆平均月行驶里程超过 25 000 千米，效率提升接近一倍。

（二）互联网 + 多式联运

虽然多式联运在我国起步比较晚，还不够发达，但是互联网给我国的多式联运带来了后发优势。交通运输部和国家发展和改革委员会自 2016 年起开展多式联运示范工程，这项工作的目的是推进物流降本增效，是国家的重大战略。多式联运的互联网化，需要通过构建多式联运相关要素的透明连接来实现，其最终目的是实现多式联运的互联网化运作及管理。

1. 多式联运的透明连接

多式联运的透明连接涉及的范围很广，但都需要以运输工具、多式联运枢纽和承运主体这三个方面的透明连接为基础。

（1）运输工具的透明连接。多式联运互联网化的第一个挑战就是运输工具的透明连接，其目的是要掌握每种运输方式的每一个运输工具的状态。公路运输方面，需要通过构建物流车联网来把握每一辆车的状态。所谓物流车联网，就是把车辆、司机、物流公司等运力要素透明连接起来所形成的网络。铁路运输方面，需要通过相关要素的透明连接来把握每一次班列、每一节车厢的状态。这需要铁路运营部门做好透明连接的基础，然后将铁路运力的相关信息开放给多式联运的相关方。水路运输方面，水上运力相关要素的透明连接需要船舶公司及远洋运输公司提供技术支持和数据运营支持，然后将相关信息开放给多式联运的相关方。航空运输方面，需要航空公司将货运航班信息传递给多式联运的相关方。每一种运输方式都自成体系，首先要对每一种运输方式的相关要素进行透明连接，然后再将各种运输方式按照多式联运的运作管理需要进行透明连接。

（2）多式联运枢纽的透明连接。建立多式联运枢纽的透明连接有两个方面：一是枢纽内部的透明连接，二是不同枢纽之间的透明连接。多式联运中，货物需要通过一系列的枢纽，才能到达最终的目的地。每一个多式联运的枢纽需要接收从其他枢纽发运过来的货物，也需要将货物发往其他枢纽。把各个枢纽连接起来就成为多式联运网络。构建枢纽内部的透明连接，目的是提升枢纽的服务能力，为多式联运的货物中转提供高效的服务；构建枢纽之间的透明连接，目的是方便各个枢纽准确预测将来的货物流量规模，也方便对货物进行追溯。基于多式联运枢纽的透明连接，再与运输工具进行透明连接，这样每一个多式联运的枢纽都可以准确预知将来的一段时间内，有多少货物进港或出港，便于各个枢纽做好货物中转的计划。

（3）承运主体的透明连接。多式联运涉及多个承运主体，需要构建承运主体之间的透明连接，以便实现多式联运的协同。多式联运的承运主体有铁路运营公司、航空公司、远洋运输公司、港口运营公司以及物流公司等。承运主体之间的透明连接，核心是主体之间的业务系统对接。例如，公路运输转铁路运输或水路运输时，需要将公路运输的业务单据传递给铁路运输承运人或水路运输承运人。从多式联运服务的完整性及连贯性要求来看，货主面对的可能是单一承运人，但需要其他相关承运人也要向货主提供业务执行过程的服务信息。所以需要先实现各个承运主体之间的业务系统对接，才能够保证服务的完整性及连贯性。

2．多式联运的互联网化运作

多式联运的互联网化运作需要基于数据驱动，根据货源大数据来布局多式联运的网络。对当下的多式联运而言，一方面没有直接的货源大数据，所以需要通过透明连接来积累数据；另一方面需要通过间接的货源大数据来规划多式联运网络。当多式联运互联网化运作之后，就会有货源的相关数据，再基于数据来优化多式联运的网络布局。

在多式联运互联网化运作的条件下，各个承运主体之间、各种运输方式及联运枢纽之间已经构建了透明连接。只要货主向多式联运体系中的任意一个承运主体派发任务，就会在整个多式联运体系中产生连锁反应，因此可以实现业务订单数据驱动多式联运流程，实现业务流程数据驱动多式联运资源，从而实现数据驱动多式联运的多方协同和高效运作。

（三）无车承运人

"无车承运人"由货车经纪人演变而来，是指没有实际运输车辆，但从事承运业务的经营者，即以承运人身份接收托运人的货物，签发提单或其他运输单证，向托运人收取运费，通过实际运输经营者完成货物运输，承担承运人责任的道路货物运输经营活动。

相对传统货运关系中的"货主＋承运人"而言，无车承运人的角色具有双重性：对于上游货主而言是"承运人"，对于下游实际承运人而言是"货主"。但无车承运人与货运代理的本质区别在于，无车承运人对货主要承担货运交付责任。

无车承运人这一创新模式为传统公路物流运输带来了智能化、高效率的发展，其最大的优势是掌握货源、集聚货源，能够极大提高物流组织效率，且节能减排效果明显。2013 年，交通运输部发布《关于交通运输推进物流业健康发展的指导意见》，正式确定了"无车承运人"的法律地位，并提出逐步完善相关法律法规，强化规范管理。随着 2016 年我国正式启动"无车承运人"试点工作，"无车承运人"模式在行业内多点开花，网络货运作为"无车承运人"的改革与创新，迎来黄金发展期，逐渐成为拉动物流行业的快速转型发展新动力。

启智增慧 "网络货运员"成为我国新职业工种

2022 年 9 月 28 日，人力资源和社会保障部发布《中华人民共和国职业分类大典（2022 年版）》，网络货运员成为新职业工种。网络货运员是指在网络货运经营活动中，从事承运管理、客户服务、信息服务，并组织进行订单受理、业务跟踪、费用结算、信息处理的人员。据交通运输部网络货运信息交互系统统计，截至 2023 年 6 月底，全国共有 2818 家网络货运企业（含分公司），整个行业的从业人员规模超过 60 万人。"网络货运员"成为我国新职业工种，也将促进我国网络货运业更加健康的发展。

请思考：网络货运员这一职业的出现会给传统的货物运输行业带来什么样的影响？

三、智慧物流运输的发展趋势

智慧物流运输作为现代物流产业发展的重要领域，正越来越受到政府、企业及科研机构的重视。智慧物流运输的发展呈现出以下趋势。

1. 绿色交通成为交通运输发展新理念

加快推进绿色循环低碳交通运输发展，是加快转变交通运输发展方式、推进交通运输现代化的一项艰巨而紧迫的战略任务。近年来，国家层面通过出台相关政策、开展城市试点等方式积极推进绿色交通运输建设。2021 年 10 月 29 日，交通运输部印发《绿色交通"十四五"发展规划》；同年，12 月 9 日，国务院印发的《"十四五"现代综合交通运输体系发展规划》也重点强调绿色交通的发展。"十四五"期间，随着科学技术的不断创新、国家政策的强力支持，绿色交通成为交通运输发展的新底色，节能减排成为智慧物流运输发展的关键词。具体内容包括：大力发展车联网，提高车辆运行效率；重视智能汽车的发展，提升车辆智能化水平，加强车辆的智能化管理；积极采用混合动力汽车、替代料车等节能环保型营运车辆；构建绿色"慢行交通"系统，提高公共交通和非机动化出行的吸引力；构建绿色交通技术体系，促进客货运输市场的电子化、网络化，提高运输效率，降低能源消耗，实现技术性节能减排。

2. 互联网思维提升服务能力

随着"互联网+"战略的实施，智慧物流运输与互联网深度融合，对服务的一些环节产生重大影响，进而提升服务能力。

（1）大数据思维。将运输的非涉密数据有条件地开放，鼓励企业基于开放的数据进行数据挖掘，挖掘出大数据背后的潜在价值，从而提供更加智能和便利的交通运输信息服务。

（2）用户思维。为使智慧物流运输中投入的资金更有效率、更有针对性，在项目建设中，运用互联网众筹的思想，开展用户需求调查，了解用户最迫切希望解决的问题，从而有针对性地选择项目。

（3）免费思维。在盈利方式上，引入互联网思维的盈利思路，创新项目商业运营模式，对于可以市场化的项目加强商业运作模式的可行性研究，增强项目自身"造血"功能，使项目建成后能快速持续收回成本。比如，基础服务免费、增值服务收费，或者短期免费、长期收费等。

（4）跨界思维。电子商务与智慧物流运输逐步融合，使人们的出行体验与购物、消费等服务结合在一起。例如，阿里巴巴在收购了高德后，将高德的位置服务和出行路径诱导与电商服务进行了集成，为用户带来全新的体验。

3．与新兴技术的结合更加紧密

（1）物联网：激活智能要素。物联网通过各类传感器、移动终端或电子标签，使信息系统对外部环境的感知更加丰富、细致。这种感知为人、车、路、货、系统之间的相互识别、相互操作和智能控制提供了无限可能。未来，智能公路、智能航道、智能铁路、智能民航、智能车辆、智能货物、智能场站等将快速发展，管理者对交通基础设施、运输装备、场站设备等的技术运行情况和外部环境能够更加全面、及时、准确掌握。

（2）云计算和大数据：点亮运输管理智慧。在云计算和大数据等技术支撑保障下，交通管理系统具备强大的存储能力、快速的计算能力及科学的分析能力，能够从海量数据中快速、准确地提取出高价值信息，为管理决策人员提供应需而变的解决方案，使交通运输管理的预见性、主动性、及时性、协同性、合理性大幅提升。

（3）移动互联网：提高信息服务水平。服务是交通运输的本质属性，随着移动互联网、智能移动终端大范围应用，信息服务向个性化、定制化发展。信息服务系统与交通要素的信息交互更加频繁，系统对用户的需求跟踪、识别更加及时准确，能够为用户提供货物运输的全过程规划、实时导航等服务，使基于位置的信息服务和主动推送式服务水平大幅提高。

（4）人工智能：赋予运输装备智慧大脑。随着人工智能的发展和应用，智能化、高端化运输装备制造面临重大发展机遇。2017年7月，国务院发布《新一代人工智能发展规划》，明确提出要大力发展自动驾驶汽车和轨道交通系统，加强车载感知、自动驾驶、车联网、物联网等技术集成和配套，开发交通智能感知系统，形成我国自主的自动驾驶平台技术体系和产品总成能力，探索自动驾驶汽车共享模式，同时要发展消费类和商用类无人机、无人船，建立试验鉴定、测试、竞技等专业化服务体系，完善空域、水域管理措施。人工智能与交通运输深度融合是实现交通强国目标的有效途径，推动运输行业人工智能的发展和应用，能够为行业高质量发展添薪续力、增强动能。

4．车联网产业规模迅速扩张

车联网通过新一代信息通信技术，实现了车内网、车际网和车载移动互联网"三网融合"。车联网利用传感技术感知车辆的状态信息，并借助无线通信网络与现代智能信息处理技术，实现交通的智能化管理，以及交通信息服务的智能决策和车辆的智能化控制。车联网能够实现车与X（即车与车、人、路、服务平台）之间的网络连接，提升车辆整体的智能驾驶水平，为用户提供安全、舒适、智能、高效的驾驶感受与交通服务，同时提高交通运行效率，提升社会交通服务的智能化水平。

当前，全球车联网产业进入快速发展阶段，全球车联网服务需求逐渐加大。中国、俄罗斯、西欧和北美等国家和地区的70%以上的新组装车辆都已配备互联网接口。从车载信息服务平台应用规模来看，目前已形成数百家成规模厂商，典型厂商安吉星全球用户已突破 700 万人。2020 年，中国车联网用户规模达到 13 713 万辆，中国已成为全球最重要的车联网市场。未来，车联网与大数据、云计算等技术创新融合将加快车联网市场渗透。同时，由于 5G 技术的推广应用、V2X 技术（车用通信无线技术）发展、用户增值付费提升等因素，车联网市场规模会越来越大。

5．参与主体趋向多元化

智慧物流运输建设不再是政府部门的独角戏，交通运输企业、交通设备制造企业、互联网企业、运营商和公众均以不同方式参与其中。政府更多地考虑政策创新、信息公开和市场公正；交通运输企业在不断提升自身业务信息化水平的过程中为更大范围、更大程度的智慧物流运输打牢基础；交通设备制造企业通过不断提高设备的智能化水平，打造功能更强大的智慧物流运输神经末梢；互联网企业拥有雄厚的技术、数据沉淀以及成熟的互联网思维，在智慧物流交通行业发展中起到关键作用；运营商发挥自身强大无线网络的优势，共享优势资源；公众则担当出资者、建设者和监督者的角色。各方紧密合作，共同投入智慧物流运输建设。

模块小结

运输作为物流的重要组成部分，既是衔接生产和消费的一个重要环节，又是保证国家在政治、经济、文化、军事和人民生活等方面保持联系的手段之一。现代化交通运输业包括铁路、公路、水路、航空和管道运输五种基本的运输方式。运输作业是为了克服产品生产与需求之间存在的空间和时间上的差异。通过时间和空间的变动，运输使产品得以增值，也就是创造了时间和空间效应。同时，对于运输方式的选择、运输合理化的途径也需要重点掌握。

随着经济和信息技术高速发展，智能交通系统应运而生。智慧物流运输在智能交通系统的基础上，充分利用物联网、空间感知、云计算、移动互联网等新一代信息技术，综合运用交通科学、系统方法、人工智能、知识挖掘等理论与工具，以全面感知、深度融合、主动服务、科学决策为目标，通过建设实时的动态信息服务体系，深度挖掘物流运输相关数据，形成问题分析模型，实现行业资源配置优化能力、公共决策能力、行业管理能力、公众服务能力的提升，推动物流运输实现更安全、更高效、更便捷、更经济、更环保、更舒适的运行和发展，带动物流运输相关产业转型、升级。智慧物流运输相对于传统运输而言，具有很多新特点，应重点掌握智慧物流运输的特点与典型应用模式。

增值性评价活动

知识测评

一、单项选择题

1. 在选择运输方式时，保证运输的（　　　）是选择的首要条件。

    A．及时性　　　　　B．准确性　　　　　C．可靠性　　　　　D．安全性

2. 从国际惯例来看，（ ）千米以内被称为短距离运输，该距离内的货运量应该尽量分流给公路运输。

    A. 100   B. 200   C. 300   D. 400

3. 运输需求的内在实质表现为运输需求的空间效用和运输需求的（ ）。

    A. 波动性   B. 普遍性   C. 派生性   D. 经济性

4. 以下（ ）不是"就厂直拨"的具体表现形式。

    A. 厂际直拨   B. 厂店直拨   C. 厂批直拨   D. 就火车直装汽车

5. 无车承运人与货运代理的本质区别在于（ ）。

    A. 无车承运人承担货运交付责任   B. 货运代理人承担货运交付责任
    C. 二者皆不承担货运交付责任   D. 二者皆承担货运交付责任

二、多项选择题

1. 运输需求的基本条件是具有（ ）。

    A. 实现位移的愿望   B. 基本的运输基础设施条件
    C. 基本的运输工具   D. 基本的运输线路

2. 运输合理化的要素包括（ ）。

    A. 运输距离   B. 运输环节   C. 运输工具   D. 运输费率
    E. 运输定价

3. 选择合适的运输方式时主要应考虑（ ）。

    A. 运输速度   B. 运输工具的容量   C. 线路运输能力   D. 运输成本
    E. 经济里程

4. "互联网+"车货匹配主要有以下（ ）模式。

    A. 基于互联网的C2C信息撮合   B. 基于移动互联网的C2C信息撮合
    C. 基于移动互联网的B2B模式   D. 基于专线物流解决方案的运营整合

5. 以下属于货运信息平台的企业有（ ）。

    A. 天天有货   B. 货车帮   C. 运满满   D. 中国配货网

三、判断题

1. 运输的主要功能是使产品在价值链上移动。（ ）

2. 运输与配送的主要区别在于，运输是在两点之间的货物运输过程，而配送是一点对多点的货物运输过程。（ ）

3. 航空运输速度最快，所以在运输方式的选择上，应选择航空运输作为首要运输方式。（ ）

4. 托运方式选择不当也是不合理运输的一种。（ ）

5. 配载运输是提高运输工具实载率的一种有效形式，且往往是轻重商品的混合配送。（ ）

四、简答题

1. 简述物流与运输的关系。
2. 简述不同运输方式的技术经济特征。
3. 简述运输合理化可采取的途径。
4. 简述智慧物流运输的应用与发展趋势。

五、案例分析

智慧运输促进满帮大发展

满帮集团是中国领先的数字货运平台之一，作为一家"互联网＋物流"的科技企业，满帮连接货车司机及货主双端用户，将大数据、云计算、人工智能技术引入物流行业，不但解决了长久以来货运领域运力分散、供需不匹配、信息不透明等问题，而且通过重构货运物流链条，实现了线上信息广泛互联、线下资源优化配置、线上线下协同联动，全面提升社会物流效率，成为促进公路物流提质增效、助力实体经济发展的新动力。

传统的物流行业信息十分不对称，经常出现货主找不到司机、司机找不到货主的情况，货主和司机两端需要到"信息大厅"（一种货主和司机会在上面发布行程及货源的线下交易场所）进行匹配，效率低下，双方也很难达成信任。2013 年之后，随着智能手机的大范围普及，移动互联网开始真正兴起，运满满、货车帮等"互联网＋物流"模式的公司都是在此时进入了发展的快车道。

2017 年 11 月，运满满与货车帮实现战略合并，满帮集团正式成立。简单来说，满帮搭建了一个线上信息撮合平台，满足了数百万货主和司机的直接匹配需求。物流公司和中小企业货主可以直接在平台上发布货物信息和货运需求，并确定交易模式和订金金额。如果是电议模式，个体司机看到订单信息后会与货主电话联络议价，确定价格和交易后，在平台上与货主签订协议并开始运输；如果是一口价模式，个体司机可以直接抢单，没有议价环节，抢单成功的司机直接根据一口价与货主签订协议。与货运信息部一样，满帮会对注册司机的资格进行审查，确保有真实车源，并在每次运输前向司机收取押金，以控制交易风险。但与货运信息部不同的是，满帮不参与货主与司机间的定价和物流交付环节。

满帮平台显著减少了整车货运的交易成本。①平台利用互联网的网络效应，汇集了海量的货源和司机信息，大幅提升了车货匹配成功率，减少了双方的等待时间，尤其降低了返程车司机的空载率；②平台模式下车货双方直接撮合沟通，没有层层转包收费；③平台将搜寻场景由线下转至线上，司机可以节约前往物流园的油费和停车费，物流企业也可以节约在物流园的租金；④平台上的议价本质是一种竞价模式，因为每个订单都是公开发布的，货主可以选择出价最低的司机，议价过程更加市场化和高效；⑤平台可以为货主开具正规增值税发票，并且在政府补贴下，平台收取的税点较低。

随着平台上的货主和司机增加，满帮拥有越发强大的网络效应，进一步提高车货匹配效率和降低交易成本，从而不断提升市场份额，交易业务将信息撮合提升为在线交易，形成线上交易流程完整闭环，为物流企业提供了包括税务管理、财务管理、运输管理、车辆管理、调度管理等各项交易管理服务。

思考：

1. 满帮集团的运营模式是什么？
2. 满帮集团的运营模式存在什么问题？

技能测评

实训任务：货物运输市场调查。

实训要求：通过实地调查和查找资料，进一步了解我国货物运输的发展现状、存在的问题及相应的解决策略；加强对运输系统的认识，感受货物运输与经济发展的关系。

实训步骤：

1. 4～6名学生为一组进行操作，并确定组长为主要负责人。
2. 搜集资料，将每位成员的工作内容和工作要点填入编制的表格，完成工作计划表。
3. 组织展开讨论，确定调查资料的准确性、合理性。
4. 整理资料，制作PPT，并每组选派一名学生进行汇报。

实训评价：实训评价的内容如表3-3所示。

表3-3 货物运输市场调查实训评价表

评价项目	考评点	分值	得分
专业能力（60%）	调查结果的准确性	10	
	现状分析的准确性	10	
	问题描述的准确性	10	
	策略分析的合理性	10	
	PPT制作与展示	20	
方法能力（40%）	信息处理能力	10	
	表达能力	10	
	创新能力	10	
	团队协作能力	10	
合　计		100	

模块四
配送管理

学习目标

知识目标：

- 了解配送、配送管理、配送模式、智慧配送等基础知识。
- 熟悉配送的流程，以及配送作业管理的内容。
- 熟悉智慧配送相关技术的动态发展趋势。
- 掌握共同配送的基本知识和配送合理化的方法。

能力目标：

- 能够对配送路线进行优化。
- 能够熟悉配送的基本作业流程，为不同类型的配送活动设计作业流程。
- 能够基于企业的现状选择适宜的智慧配送技术。

素质目标：

- 具备物流人的职业操守，树立责任意识和诚信意识。
- 提升认识问题、分析问题、解决问题的能力。
- 具有精益求精的工匠精神。

案例导入

苏宁物流布局城乡"最后一公里"

随着电商和即时配送的快速发展，为客户提供精准、快速的配送服务已然成为企业打造核心竞争力的途径之一。然而，"最后一公里"一直是配送的痛点，各大物流企业力争通过多种方法打通"最后一公里"。以苏宁为例，通过建设苏宁帮客县镇服务中心、苏宁小店、云门店自提网点，以及整合苏宁直营快递、天天快递网点，凭借自有的线上线下零售平台和自有的物流配送体系的优势，为城乡"最后一公里"布局优化奠定了基础。首先，苏宁通过苏宁直营快递网店、云门店自提点及天天快递网点三大基础网点的整合，实现全网全地域的覆盖；其次，苏宁对苏宁生活帮和苏宁小店进行深度融合，提供以快递为主体的综合服务，例如包裹代寄代收服务；最后，利用苏宁帮客县镇服务中心，打造集揽收、仓配、销售、售后等功能于一体的综合服务中心，对农村物流及配送进行深度布局。苏宁通过这三种途径解决城乡网点分配不均、功能单一等问题，以打造苏宁城乡末端配送网络，更好地实现"最后一公里"全国性布局。

案例思考：

1. 何为配送？配送的功能是什么？
2. 为什么"最后一公里"如此重要？

单元一 配送与配送管理认知

配送是物流活动中一种特殊的综合活动形式，是商流与物流的紧密结合。它包含了所有的物流功能，是物流的一个缩影或是在某个小范围中全部物流活动的体现，是物品在时间和空间中的静态形式与动态形式的有机组合。配送作为供应链的末端环节和市场营销的辅助手段，日益受到重视。

一、配送的含义

根据《物流术语》（GB/T 18354—2021），配送是指"根据客户要求，对物品进行分类、拣选、集货、包装、组配等作业，并按时送达指定地点的物流活动"。

配送的概念具有以下基本含义：

1. 配送是"最终资源配置"，是接近客户的配置

在经营战略中，接近客户是至关重要的内容。配送处在末端物流这一环节中，靠近客户，可以及时获取客户需求及相关信息。

配送的概念

2. 配送的实质是从物流节点至客户的高水平送货形式

从配送定义的角度来看，配送最终需要将客户所需物品按时送达，满足客户需求。因此，配送是有一定组织及渠道，有一套装备和管理力量、技术力量，有一套制度的高水平送货制形式。

3. 配送是一种"中转"形式

一般送货是有什么就送什么，配送则是根据客户的需要送货。要做到按需送货，就必须在一定中转环节筹集这种需要。因此，配送必然以中转形式出现。

4. 配送是"配"和"送"有机结合的形式

在运送货物过程中，如果不进行分拣、配货，就会大大增加动力的消耗，使送货并不优于取货。而配送是利用有效的分拣、配货等理货工作，使送货达到一定的规模，并利用规模优势取得较低的送货成本。

5. 配送以满足客户需求为出发点

配送是从客户的利益出发，按照客户的需求进行送货活动。因此，配送企业不是主导型企业，而是服务型企业。

配送是物流中一种特殊的、综合的活动形式。它将商流与物流紧密结合起来，既包含了商流活动，也包含了物流活动中若干功能，是一个缩小版的物流活动。

二、配送与运输、送货的比较

1．配送与运输的比较

配送、送货、运输的区别

在物流的几大环节中，运输与配送同属于物流系统中的线路问题，都是为了实现物品的位置转移这一功能，但从各方面比较，配送和运输是有很大区别的：

（1）从运输性质方面讲，配送是支线运输、区域内运输、末端运输；运输则属于干线运输。

（2）从货物性质方面讲，配送运送的是多品种、少批量的货物；运输运送的则是少品种、大批量的货物。

（3）从运输工具方面讲，配送时所使用的一般是小型货车，不超过 2 吨的载重量；运输使用的是大型货车或铁路运输、水路运输等的重吨位运输工具。

（4）从管理重点方面讲，配送始终以服务优先；运输则更注重效率，以效率优先。

（5）从附属功能方面讲，配送的附属功能较多，主要包括装卸、保管、包装、分拣、流通加工、订单处理等；运输的附属功能只有装卸和捆包。

此外，还有一些学者认为，运输一般是具有连续的、多环节的生产过程；而配送处在整个运输过程中的支线或末端的位置，也就是从物流节点到客户这一范围内，是直接与门店或客户相联系的部分。同时，运输与配送的区别不单单表现在货物数量、运输工具、运输距离等方面，配送更需要智能化设备及先进技术的支撑以满足客户的需求。

2．配送与送货的比较

虽然配送的实质是送货，但是配送并不是简单的送货，而是主动地、有计划地，通过"配"与"送"的有机结合来满足客户需求。具体来说，一般送货主要体现为生产企业和商品经营企业的一种推销手段，通过送货达到多销售产品的目的。而配送则是社会化大生产、高度专业化分工的产物，是商品流通社会化的发展趋势。配送中从事送货的是专职流通企业。此外，对用户而言，送货只能满足其部分需求，这是因为送货人"有什么就送什么、什么时候有就什么时候送"；而配送则将客户的要求作为目标，具体体现为"客户要求什么就送什么、希望什么时候送就什么时候送"。

运输、配送及送货的区别如表 4-1 所示。

表 4-1　运输、配送及送货的区别

项目	主要业务	一般特点
运输	集货、送货、运输方式和工具选择、路线和行程确定、车辆调度	干线、中长距离、少品种、大批量、少批次、长周期的货物移动
配送	分货、配货、送货、运输方式和工具选择、路线和行程确定、车辆调度	支线、市场末端、短距离、区域间、多品种、小批量、多批次、短周期的货物移动
送货	由生产企业承担，中转仓库的送货只是一项附带业务	简单的货物输送活动，技术装备简单

三、配送的作用及功能

（一）配送的作用

配送的作用

从物流系统的角度来看，配送的作用主要体现在以下几个方面：

（1）创造时间价值。

（2）创造空间价值或场所价值。

（3）创造加工附加价值。

（4）完善输送及整个物流系统，提高末端物流的经济效益。

从企业的角度来看，配送又可以起到以下的一些作用：

（1）实现低库存或零库存。

（2）简化手续，方便客户。

（3）提高供应保证程度，降低成本，提高物流经济效益。

行业前瞻

即时配送产业与高质量发展携手并进

党的二十大报告明确提出，要着力解决好人民群众急难愁盼问题，健全基本公共服务体系，提高公共服务水平，增强均衡性和可及性，扎实推进共同富裕。2023年7月，商务部等13部门正式发布《全面推进城市一刻钟便民生活圈建设三年行动计划（2023—2025）》，在各地得到积极响应。可见，即时物流已经成为当前消费不可或缺的催化剂。

即时零售和配送围绕"本地需求＋供给"这个业务核心，构成了独特的商业模型。2022年，顺丰同城公布的业绩报告显示，其年度营收首次突破百亿元，成为公司的一大里程碑。随着顺丰同城的能力巩固与展现，它逐渐建立起提供解决方案的能力，让客户感受到增值的服务。同时，顺丰同城凭借顺丰的物流行业经验、多样化的运力及履约方式的能力，为客户带来更高质量的配送服务。例如，针对客户端的贵重物品，顺丰同城推出了安心送，提供保价产品全程监控、全额极速理赔等服务；针对冷链消费产品和医药产品等，顺丰同城的冷链基础设施、服务能力在行业中都处于领先地位。

相较电商快递等传统仓储中转式物流，即时配送的本地化商业模型，要求即时配送企业主动分析客户需求，针对不同的场景提供更为多元的服务。顺丰同城在高质量发展的路上与即时配送产业链携手并进。

此外，从整个行业或者产业的角度来看，配送也能带动产业升级以及新的产业创新。例如，在特殊时期，应急配送和即时配送得到快速发展。

（二）配送的功能

1. 集货

集货，即将分散的或小批量的物品集中起来，以便进行运输、配送的作业。

2. 储存

配送中的储存有储备及暂存两种形态。储备的数量相对较大，且更有计划性；暂存则是具体执行配送时，按分拣配货要求，在理货场地所做的少量储存准备。

3．分拣

分拣是配送的核心功能之一，即按订单或出库单的要求，从储存场所选出物品，并放置在指定地点的作业。

4．配货

配货是根据客户对商品规格、型号、数量以及送达时间和地点的不同要求，将商品进行组配及包装的过程。

5．配装

在单个客户配送数量不能达到车辆的有效运载负荷时，就存在如何集中不同客户的配送货物进行搭配装载，以充分利用运能、运力的问题，这就需要配装。

6．配送运输

配送运输是较短距离、较小规模、额度较高的运输形式，一般以汽车作为运输工具。如何组合成最佳路线，以及如何使配装和路线有效搭配等，是配送运输的重点，也是难度较大的工作。

💭**想一想**

> 配送运输要考虑哪些因素，才能使配送获得更大的效益呢？

7．加工

加工是按照客户提出的要求和根据合理配送商品的原则，将组织进来的货物加工成一定的规格、尺寸和形状。配送加工扩大了配送中心的经营范围，同时也能满足客户多样的需求，为拉式供应链的应用提供帮助。

8．送达服务

送达服务是在货物送抵目的地或送货结束后，为客户提供的卸货、退货、换货、试用等相关的服务活动。送达服务是配送的增值服务，可提高客户的满意度。

四、配送的分类

1．按配送组织者不同分类

（1）商店配送。商店配送是一种销售配送形式，是将商店经营的品种配齐，或代客户外购部分商品，与其经营的品种配齐后送达客户。其优点在于组织灵活，但是由于组织者实力有限，因此配送数量小，适合商业门市网点。

（2）配送中心配送。配送中心有配套实施配送的设施设备及人员，适合专业性强或有固定客户的配送等。

（3）仓库配送。仓库配送是对传统仓库进行改造，在原来仓库保管功能的基础上增加配送功能。其优点在于投资少，但缺点是配送规模有限。

（4）生产企业配送。生产企业配送是由生产企业直接向客户进行配送。其优点在于减少了中转，但缺点是无法进行集货配送，适合多品种生产的生产型企业。

2．按配送商品种类及数量不同分类

（1）少品种大批量配送。对于需求比较大的商品（例如单一品种或者较少品种就能满足运输量），可以实行整车运输。

（2）多品种少批量配送。这类配送是根据客户的要求，将客户所需要的各种物品配备齐全，但由于每种物品的需求不大，需要凑整装车后由配送节点送达客户。随着客户多样化需求的增加，该类配送也是未来的主要发展方向。

（3）配套成套配送。在这类配送方式中，配送企业根据企业的生产需要，承担了生产企业大部分的供应工作。

3．按配送时间及数量不同分类

（1）定时配送。定时配送是指按规定时间间隔进行配送，如日配、小时配等。该种配送的时间固定，易于安排车辆等相关计划，但是如果数量或品种有较大变化，可能会对运力产生不利影响，一般用于消费配送。

（2）定量配送。定量配送是指按照规定的批量，在一个指定的时间范围内进行配送。

（3）定时定量配送。定时定量配送是指按照所规定的配送时间和数量进行配送。

（4）即时配送。即时配送是指完全按照客户当下提出的立即配送要求，依托社会化库存，立即进行配送，并在客户要求时间内送达的配送方式。

4．按经营形式不同分类

（1）销售配送。销售配送是指配送企业是销售型企业，或者是销售型企业将其作为营销战略所进行的促销型配送，如图4-1所示。

（2）供应配送。供应配送是客户为了自己的供应需要所采取的配送形式。在这种配送形式下，一般由客户或客户集团组建配送据点，集中组织大批

图4-1　销售配送

量进货（以便取得批量折扣），然后向本企业配送或向本企业集团的若干下属企业配送。在大型企业或企业集团或联合公司中，常常采用这种配送形式组织对本企业的供应。例如商业中广泛存在的连锁商店，就常常采用这种配送方式。

（3）"销售—供应"一体化配送。"销售—供应"一体化配送是指对于基本固定的客户和基本确定的配送产品，销售企业可以在销售的同时，自己承担客户有计划供应者的职能。销售企业既是销售者，同时又成为客户的供应代理人，起到客户供应代理人的作用。

"销售—供应"一体化配送是配送经营中的重要形式，这种形式有利于形成稳定的供需关系，采取先进的计划手段和技术手段，保持流通渠道的畅通稳定。

（4）代存代供配送。代存代供配送是指客户将属于自己的货物委托给配送企业代存、代供，有时还委托代订，然后由配送企业组织对货物的配送。例如京东的"库存代运营"模式和亚马逊物流的"FBA"模式。这种配送在实施时不发生商品所有权的转移，配送企业只是用户的委托代理人，商品所有权在配送前后都属于客户所有，所发生的仅是商品物理位置的转移。

5．按配送的组织形式分类

（1）集中配送。这类配送是专门从事配送业务的配送中心对多个客户开展配送业务的方式。

（2）共同配送。这类配送是两个或两个以上有配送业务的企业相互合作，对多个客户共同开展配送活动的方式。共同配送把过去按不同货主、不同商品分别进行配送的形式改为不区分货主和商品、集中运货的集约化形式。该模式的运作方式是：在核心企业的统筹安排和调度下，各配送企业分工合作、联合行动，共同对某一区域客户进行配送。其间，各配送企业可建造共同仓库，也可共同利用已建成的配送中心及其他企业的配送设施设备。它主要分为以下几种形式：系统优化型共同配送、车辆利用型共同配送、接货场地共享型共同配送、物流场地和设施设备共同利用型共同配送。

想一想

> 你身边存在哪些配送活动？它们分别属于什么配送类型？

五、配送的流程

配送的流程分为一般流程和特殊流程。一般流程就是配送商品按照传统作业所必需的基本流程，也是各种商品配送活动共有的流程；特殊流程则是根据不同的产品性质或作业模式而设计及实施的作业流程。配送作业是配送企业或部门运作的核心内容，因而配送流程的合理性以及配送效率的高低都会直接影响整个物流系统的正常运行。

1. 配送的一般流程

配送的一般流程如图 4-2 所示。

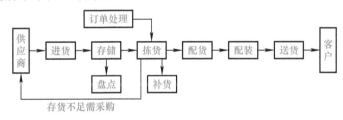

图 4-2　配送的一般流程

当收到客户订单后，首先要进行订单处理作业，判断订单是否有效，之后根据处理后的订单信息，进行从仓库中取出客户所需货品的拣货作业。进行订单处理时若发现缺货，则需要补货或向供应商采购。同时，拣货完成后发现拣货区所剩余的存货量过低时，也需要进行补货或采购作业。从仓库拣选出的货品经过配货之后即可准备发货，一切准备就绪，司机便可将货品装在配送车上，进行送货作业。

2. 配送的特殊流程

由于不同商品的性质不同，需要对配送流程进行增减。例如，煤炭等散货的配送流程一般有三步，分别是进货、储存和送货；对于木材、钢材等原材料的配送，需要在一般流程的基础上加入流通加工这一环节，即进货、加工、存储、拣货、配货、配装和送货；机电产品中的配件等商品的配送流程则包括进货、存储、加工、存储、配装和送货。

六、配送管理

配送管理即为了以最低的配送成本达到客户满意的服务水平，对配送中的订单处理、拣货、补货、配送加工、配装与送货等作业活动进行的计划、组织、协调与控制。

（一）订单处理

客户订单是配送中心开展业务的依据，是配送中心所有业务活动的起点。订单处理是指从接到客户订单开始到着手准备拣货之间的作业阶段，通常包括订单信息的确认、存货查询、单据处理等内容，处理的手段主要有手工处理和以计算机和网络为基础的电子处理两种形式。订单处理是配送中心顺利进行各项业务活动的第一步，也是配送中心的核心业务。订单处理的主要步骤包括接收订单、订单确认、设定订单号码、建立客户档案、存货查询及按订单分配存货、计算拣货标准时间、依订单排定出货时间和拣选程序、订单信息的输出以及分配后存货不足的处理等，具体如图4-3所示。

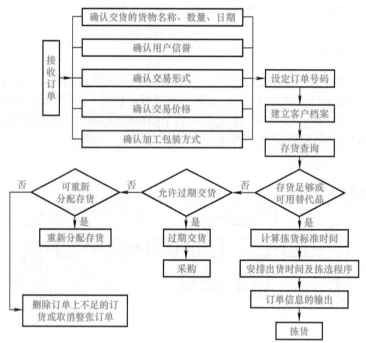

图 4-3　订单处理的主要步骤

（二）拣货

在配送中心的各项作业中，拣货作业发挥了重要的作用。拣货是指按订单或出库单的要求，从储存场所选出货物，并放置在指定地点的作业。拣货作业需根据客户的订单要求或配送中心的配送计划，迅速、准确地将货物从其储位或其他区位拣取出来，并按一定方式进行分类、集中、等待配装送货。其目的在于正确而且迅速地集合客户所订购的货物。

拣货的最终目的是在降低拣选错误率的情况下，将正确的货物以正确的数量，在正确的时间及时配送给客户。为了达到提高拣选效率、减少错误、降低作业成本的目的，可以采取以下措施：

（1）根据订单选择适当的分拣设备，例如自动化分拣系统、人力分拣设备等，根据实际情况进行选择和配置，以提高分拣效率和准确性。

（2）制定合理的分拣策略和组合方式，例如按照订单的商品种类、数量、配送地址等因素进行分类和组合，采用不同的分拣方法和流程，提高分拣速度和能力。

（3）根据订单数据进行数据分析，合理选择拣货作业方式。

（4）采用先进的分拣技术和方法，例如语音识别、图像识别等技术辅助分拣，提高分拣的准确性和效率。

（5）对分拣人员进行培训和考核，提高其技能和责任心，确保分拣作业的准确性和高效。

（6）建立完善的库存管理制度和配送系统，确保库存数据的准确性和实时性，减少料账不符和送错货的现象，降低作业成本。

（7）采用先进的分拣设备和管理系统，实现自动化、智能化、可视化的分拣管理，提高分拣作业的效率和准确性。

（三）补货

为了保证拣货作业需要，将货物从保管区搬运到拣货区，并做相应信息处理的活动称为补货。补货的目的是将正确的货物在正确的时间和正确的地点以正确的数量和最有效的方式送到指定的拣货区，保证拣货区随时有货可拣，及时有效地满足客户的订货需要。

补货的基本方式主要有以下几种：

1. 整箱补货

整箱补货是指由货架保管区补货到流动货架的拣货区。这种补货方式由作业员到货架保管区取货箱，用手推车载箱至拣货区。整箱补货方式较适合体积小且少量多样出货的货物。

2. 托盘补货

这种补货方式是将托盘由地板堆放保管区运到地板堆放拣货区或托盘货架动管区，分拣时把托盘上的货箱置于中央输送机，并送到发货区，也可把托盘运到货架动管区进行补货。这种补货方式适合体积大或出货量多的货物。

3. "货架上层—货架下层"补货

这种补货方式将同一货架上的中下层作为拣货区，上层作为保管区。这种补货方式适合体积不大、存货量不多，且多为中小量出货的货物。

（四）配送加工

配送加工是为了提高配送速度和商品利用率，按客户要求对商品进行一定程度的加工活动，通过改变或完善商品的形态来实现配送中心的"桥梁和纽带"作用。由于配送加工并非在所有配送活动中必然存在，因此不少研究学者和书籍、教材不把配送加工列入配送的主要功能。但在配送中心业务竞争日益激烈和客户配送要求个性化、多样化的背景下，配送加工作业越来越显示出它不可替代的重要地位和作用。

配送加工是指商品在从生产者向消费者配送过程中，为了增加附加价值、满足客户需求、促进销售，由配送中心设立加工场所，进行的简单作业。配送加工产生的原因主要包括现代化的生产方式、消费者个性化和多样化的需要、效益观念的树立。配送加工的作用包括方便客户使用、提高原材料利用率、提高加工设备利用率、充分发挥各种输送手段的最高效率。配送加工作业的具体方法与技术包括生鲜食品的配送加工、生产原材料的配送加工、轻工产品的配送加工、服装的配送加工等。从流通加工技术方面来说，用于加工任务分配的匈牙利法以及流通加工作业综合排序法都是提高配送加工效率的有效管理手段。

（五）配装与送货

配装与送货是配送中心的重要作业环节。配送中的"送"是通过集货、分拣、配货等环节，使送货达到一定规模，并利用规模优势实现较低的送货成本。因此，当单个客户的配送货物数量不能达到车辆有效载运负荷时，应将多个客户的配送货物进行搭配装载，以达到充分利用运输能力的目的，即通过有效配装提高配送运输的效率，降低配送运输成本。

配送中心的配装作业是指在面对同一时间有多种不同的货物需要配送，且可供选择的运输车辆有多种的情况下，选择合适的运输车辆，以最小的运输成本，合理、快速地进行配送。同时，合理的车辆配载也是提高配送效率的关键。

匠人匠心

车辆配载原则

车辆装载在实际作业过程，必须遵守以下原则：

（1）装车尽量做到"先装后送"。

（2）重不压轻。

（3）大不压小。

（4）货物性质搭配原则：拼装在一个车厢内的货物，其化学性质、物理属性不能互相抵触。例如，不能将散发臭味的货物与具有吸臭性的食品混装，不能将散发粉尘的货物与清洁货物混装。

（5）到达同一地点的适合配装的货物应尽可能一次积载。

（6）根据车厢的尺寸、容积，以及货物外包装的尺寸来确定合理的堆码层次及方法。

（7）装载易滚动的卷状、桶状货物要垂直摆放。

（8）货与货之间、货与车辆之间应留有空隙并适当衬垫，防止货损。

（9）装货完毕，应在门端处采取适当的稳固措施，以防开门卸货时货物倾倒造成货损。

送货作业是指利用运输车辆把客户需要的货物从生产企业、批发商、经销商或配送中心送到客户的过程。送货通常是一种短距离、小批量、多品种、高频率的运输形式，以高水平的服务为目标，以满足客户需求为宗旨。对于配送中心来说，送货作业就是利用货车等运载工具将货物从配送中心送至客户的作业。送货作业流程基本分为九步，如图4-4所示。

图4-4　送货作业流程

在送货作业管理中，需要明确订单内容，掌握货物性质，明确具体配送地点，选择适当的配送车辆，选择最优配送路线及充分考虑作业点的装卸时间。这些措施可以确保送货作业的准确性和高效性，避免错误和延误，提高客户满意度。具体来说，明确订单内容可以避免因信息错误而出现送错货的情况；掌握货物性质可以选择合适的运输和装载方式，确保货物的安全运输；明确具体配送地点可以避免因地址错误而导致送错；选择适当的配送车辆即根据货物性质和配送距离等因素选择合适的车辆，可以提高配送效率和安全性；选择最优配送路线可以减少运输时间和成本，提高配送效率；充分考虑作业点的装卸时间可以合理安排配送时间，避免因时间安排不当而导致延误配送。这些措施能够提高客户满意度，从而提升配送中心的竞争力。

启智增慧 京东配送时效

　　京东在 2020 年"双 11"大促活动中进一步提升了其在分钟级送达方面的服务。通过采用预售前置的模式，京东在消费者支付定金的瞬间就开始进行仓储生产；预售的商品在支付尾款前就已经运送至距离消费者最近的快递站点；待消费者支付尾款后，京东快递员立即进行"最后一公里"的配送，确保在数分钟内完成收货。2020 年"双 11"京东的第一单用时仅 6 分钟送达，自营商品订单有 93% 在 24 小时内送达。

　　此外，京东还加强了与商家的合作，进行了库存规划和调度，确保了充足的库存和及时送达。总之，京东通过提供更高效的配送服务，为消费者带来了更好的购物体验，并进一步提升了京东的品牌形象。

　　请思考：提高配送效率有哪些方法？

单元二　配送模式的选择

　　配送模式是配送企业进行配送活动所采取的基本战略和方法。恰当的配送模式有利于提高配送效率和降低配送成本。按不同配送组织者划分的配送模式如下：

一、自营配送

　　自营配送是指企业配送的各个环节由企业自筹组建并组织管理，实现对企业内部及外部货物配送的模式，即企业通过独立组建配送中心，实现集中供应内部各部门、各分厂、各门店物品的配送模式。这种模式常用于连锁企业的内部配送方面。连锁集团公司基本都是通过自建配送中心来实现对各卖场、门店的统一采购、统一配送、统一结算的。

　　自营配送的优点在于：有利于企业供应、生产、销售的一体化作业；在满足企业内部生产资料供应、产品外销和企业对外市场拓展方面发挥了重要作用。该模式的不足在于：受"大而全""小而全"思想影响，易造成社会资源的浪费；企业建立配送体系的投资较大，当企业配送规模较小时，配送成本费用相对较高。

　　自营配送的配送活动根据其在企业经营管理中的作用，一般分为两个方面：企业的分销配送和企业的内部供应配送。

（一）企业的分销配送

1. 生产企业的分销配送

　　对于生产企业，尤其是实行多品种生产的生产企业来说，它们直接由本企业进行配送，这样可以避免经过商业部门的多次物流中转，具有一定的优势。但是，现代生产企业通常采用大批量、低成本的生产方式，产品种类比较单一，不能像社会专业配送中心那样依靠产品凑整运输取得规模优势，所以，生产企业的分销配送存在一定的局限性。

而在电子商务B2B模式中，企业对企业的配送是国家大力推广的配送模式。这种配送模式配送量大、渠道稳定、商品标准化，是电子商务发展的一个重要切入点。综合来看，生产企业的分销配送在地方性较强的产品生产企业中应用较多，如就地生产、就地消费的食品、饮料、百货等生产企业，某些不适用于中转的化工产品生产企业及地方建材生产企业也采取这种方式。

2．企业对消费者的分销配送

该配送模式主要是指商业零售企业向消费者的配送。由于这种配送是在一个开放的社会系统中进行的，因此其运营难度较大。尽管零售配销企业可以通过会员制等方式锁定一部分消费者，但大多数情况下，消费者是一个流动性较大的群体，其需求具有较大的随机性，对服务水平的要求较高，配送供给与配送需求之间难以协调，因此配送的计划性较差。此外，由于消费者的需求数量较少且分布分散，因此配送成本相对较高。这种配送模式是电子商务B2C模式发展的重要支撑和保障。在超市配送方面，通常有两种形式：兼营配送形式和专营配送形式，前者是指超市在经营一般零售业务的同时，也提供配送服务，这种形式的组织者是承担商品零售的商家或门市网点；后者则是指超市由于地理位置的原因而不进行日常销售，但可以通过渠道优势来进行专门的配送服务。

（二）企业内部供应配送

企业内部配送是为了保证企业的生产或销售供给而建立的一种企业内部配送机制。这种机制实质上是企业集团、大资本集团、零售商集团等的内部共同配送。

由于企业内部配送大多发生在大型企业，这些企业通常具有统一的计划和指挥系统，因此，在这些大型企业的内部可以建立比较完善的供应配送管理信息系统，以实现企业内部需求和供应的同步。

二、第三方配送

该模式也称外包配送，是指由拥有一定规模的物流设施设备（库房、站台、车辆等）及专业经验、技能的第三方配送企业，利用自身优势，承担客户在规定区域内配送业务的模式。

第三方配送的优点在于：配送的业务活动比较专一，企业占用的资金比较少；同时，配送活动属于代理性质，本身不购销商品，而是专门为客户提供保管、加工、分拣、运送等服务，因此配送企业的收益主要是服务费，其经营风险也比较小。但是，由于配送企业不直接掌握货源，可能会出现调度和调节能力差、不灵活的问题。

此种配送模式有利于专业化、社会化配送中心的形成，是现代物流配送业务发展的一个主要方向。常见的第三方配送形式有三种：企业销售第三方配送、企业供应第三方配送和供应销售物流一体化第三方配送。

三、共同配送

共同配送是一种配送企业间为实现整体的配送合理化，以互惠互利为原则，互相提供便利的配送服务的协作型配送模式，也就是在资源共享理念下，由两个或两个以上有配送业务的企业相互合作，对多个用户共同开展配送活动的模式。共同配送把过去按不同货主、不同商品分别进行配送的模式改为不区分货主和商品、集中运货的集约化模式。

该模式的运作方式是在核心企业的统筹安排和调度下，各配送企业分工合作，联合行动，共同对某一区域客户进行配送，其间，各配送企业可建造共同仓库，也可共同利用已建成的配送中心及其他企业的配送设施设备。共同配送可分为以下几种形式：系统优化型共同配送、车辆利用型共同配送、接货场地共享型共同配送、物流场地和设施设备共同利用型共同配送。

1．系统优化型共同配送

系统优化型共同配送是指由一个专业物流配送企业综合各个客户的需求，对这些客户进行统筹安排，在配送时间、数量、次数、路线等诸多方面做出系统最优的安排，在客户可以接受的前提下，全面规划、合理配送的形式。这种形式不仅可以满足不同客户的基本要求，而且能有效地分货、配货、配载、选择运输方式、选择运输路线、合理安排送达数量和送达时间。这种对多家客户的配送形式，可充分发挥科学计划、周密计划的优势。

2．车辆利用型共同配送

车辆利用型共同配送包含三种形式：车辆混载运送型共同配送、返程车辆利用型共同配送和利用客户车辆型共同配送。

车辆混载运送型共同配送是一种较为简单易行的共同配送方式，仅需要在送货时尽可能安排一辆配送车，便可实行多货主货物的混载。这种共同配送方式的优势在于，以一辆较大型且可满载的汽车代替了以往以多货主分别送货或客户分别提运货物的多辆汽车，并且克服了多货主、多辆车都难以满载的弊病。返程车辆利用型共同配送是为了不跑空车，让物流配送部门与其他行业合作，装载回程货物或与其他公司合作进行往返运输。利用客户车辆型共同配送则是利用客户采购零部件或采购原材料的车辆进行产品的配送。

3．接货场地共享型共同配送

接货场地共享型共同配送是指多个客户联合起来，以接货场地共享为目标的共同配送形式。利用这种配送形式的用户相对集中，并且客户所在地区的交通、道路、场地较为拥挤，各个客户单独准备接货场地或货物处置场地有困难，因此多个客户联合起来设立配送的接收点或货物处置场所。这样不仅解决了场地的问题，也大大提高了接货水平，加快了配送车辆运转速度，而且接货地点集中，可以集中处置废弃包装材料，减少接货人员数量。

4．物流场地和设施设备共同利用型共同配送

该配送形式是指当一个城市或一个地区存在不同的配送企业时，为节省配送中心的投资费用，提高配送运输的效率，多家企业共同出资，合股建立配送中心进行共同配送，或多家企业共同利用已有的配送中心、配送机械等设施，对不同配送企业客户进行共同配送。

共同配送模式的优点在于：能弥补配送企业功能的不足，促使企业配送运力提高；有利于资源合理配置；能更好地满足客户需求，提高配送效率，降低配送成本；还可以避免交错运输，取得缓解交通、保护环境的社会效益。但是，由于共同配送涉及单位较多，其组织工作的难度也较大。

四、互用配送

互用配送是指几个企业之间为了各自的利益，以签订协议的方式，互相使用对方的配送系统资源进行配送的模式。这种模式的优点在于，企业不需要投入大量的资金和人力，就可以扩大自身的配送规模和配送范围。但是，互用配送需要企业具备较高的管理水平以及与相关企业

的组织协调能力。在现代社会，许多企业都在网络环境和电子商务环境下运营，企业与消费者之间可以直接通过网络平台进行信息交流和订货。在这种情况下，互用配送模式转变为以网络控制为主的配送模式。与共同配送相比，互用配送模式提高了自身的配送功能，即以企业自身服务为核心，更强调企业自身的作用，其合作对象可以是配送企业，也可以是其他类型的企业。但是，互用配送的稳定性较弱。

除以上配送模式外，还包括有仓储配送、直通配送、流通加工配送、生产资料配送、生活资料配送、跨国配送、邮政配送、电子商务配送等模式。

启智增慧 城市共同配送

城市共同配送是在城市范围内，商贸流通企业、生产加工企业和物流配送企业通过各种合作方式，共同对多个客户需配送的商品进行整合和统筹安排。城市共同配送是城市物流业态发展的重要方向，集成了新消费升级转型和现代城市智能、集约管理的需求。成都市在城市共同配送试点方面已经取得了一定的成效，为未来城市物流行业的发展奠定了基础。

成都市作为首批"现代物流技术应用和共同配送试点城市"，从2015年开始实施城市共同配送试点，涵盖了不同类型的物流行业，包括超市卖场、快递物流、专业市场、第三方物流和现代物流技术应用等。同时，共同配送使货车出行频次、城市交通事故明显减少，汽车尾气排放、城市污染颗粒得到合理控制，实现了环保和节能的目标。成都市确定了新都、龙泉驿、双流三个区作为共同配送示范区，针对不同产业园区的特点及类型规划特定物流服务站，为城市共同配送提供了示范和引领作用。另外，成都市建成了标准化托盘循环共用服务平台，实现了托盘的循环共用。成都市力图通过共同配送来提高单车日均行驶里程、车辆满载率、单车日均配送次数，进而提高物流效率并节约资源。

请思考：共同配送如何与城市配送相互配合，提高配送效率？

单元三 配送合理化

一、配送路径优化方法

配送路径优化是指对一系列装货点和卸货点组织适当的行车线路，使车辆有序通过，在满足一定的约束条件下，达到一定的目标。由于配送运输是较短距离、较小规模、频度较高的运输形式，且客户多，一般城市交通路线又较复杂，因此组成最佳路线，使配装和路线有效搭配等，是配送合理化的主要途径之一。配送路径优化的方法有三大类，分别是经验判断法、启发式算法及节约里程法。本单元重点介绍节约里程法。

（一）节约里程法的基本思路

节约里程法是解决多车多点配送路径优化的一种方法，其核心思想是依次将送货运输问题中的两个回路合并为一个回路，每次使合并后的总运输距离减小的幅度最大，直到达到一辆车的装载限制时，再进行下一辆车的优化。节约里程法的基本原理是几何学中三角形一边之长必定小于另外两边之和。

假如一家配送中心 P 向两个客户 A、B 运货，配送中心到两个客户的最短距离分别是 L_A 和 L_B，A 和 B 间的最短距离为 L_{AB}，如图 4-5 所示。如果配送中心分别送货（方案 1），那么需要两个车次，总路程为 $L_1=2（L_A+L_B）$；如果改用一辆车对两个客户进行巡回送货（方案 2），则只需要一个车次，即总路程为 $L_2=L_A+L_B+L_{AB}$。

a）方案 1　　　　　　　　　b）方案 2

图 4-5　配送方案

对比两种方案，用 ΔL 表示合并回路之后比合并之前所能节约的里程量，即可以算出节约的路程为 $\Delta L=L_1-L_2=（L_A+L_B）-L_{AB}$。根据节约里程法的基本原理，可以知道 ΔL 不为负。如果配送中心的供货范围内还存在着其他多个客户，在运载车辆载重和体积都允许的情况下，可将它们按着节约路程的大小依次连入巡回线路，直至满载为止，余下的客户可用同样方法确定巡回路线，另外派车。

一般来说，当配送中心遇到向多个客户开展拼装送货，同时每个客户的送货量都不满足配送车辆满载的情况时，可以采用节约里程法。但是，节约里程法需要遵循一定的假设条件：

（1）满足所有客户的要求。

（2）各客户的位置及需求量已知。

（3）不使任何一辆车超载，每辆车每次出行的总运行时间或行驶里程不超过规定的上限。

（4）满足客户收货时间要求（时间窗口限制）等。

（5）配送的是同一种或类似的货物。

（二）节约里程法的规划方法和步骤

例　某配送中心（P）接收到配送订单需要向客户配送商品，客户分布如图 4-6 所示。其中，P 为配送中心，A～I 为客户，共有 9 个客户，J 为连接点而非客户。连线上的数字表示公路里程（千米）。靠近各客户括号内的数字，表示各客户对货物的需求量（吨）。配送中心备有 2 吨和 5 吨载重量的汽车可供使用，并限定车辆一次运行距离不超过 35 千米。假设送到时间均符合客户要求，试用节约里程法制订最优配送方案。

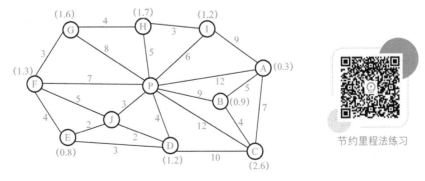

节约里程法练习

图 4-6　配送网络

（1）计算相互之间的最短距离。根据图 4-6 配送网络中配送中心到各客户之间、客户和客户之间的距离，得出配送路线最短距离，如表 4-2 所示。

表 4-2 最短距离表 （单位：千米）

P									
12	A								
9	5	B							
12	7	4	C						
4	16	13	10	D					
5	17	17	13	3	E				
7	19	20	17	7	4	F			
8	16	17	20	10	7	3	G		
5	12	16	17	11	10	7	4	H	
6	9	14	16	10	11	10	7	3	I

（2）根据最短距离表计算出各客户间节约的里程。设 i、j 是任意相邻两个客户的节点，$L_i=a$，$L_j=b$，$L_{ij}=c$，则 i 到 j 节约的里程为 $a+b-c$。例如 A、B 两点的节约里程计算如下：$L_A+L_B-L_{AB}=12+9-5=16$（千米）。按照同样的算法，可以求出任意两点的节约里程数，结果如表 4-3 所示。

表 4-3 节约里程表 （单位：千米）

A								
16	B							
17	17	C						
0	0	6	D					
0	0	4	6	E				
0	0	2	4	8	F			
4	0	0	2	6	12	G		
5	0	0	0	0	5	9	H	
9	1	2	0	0	3	7	8	I

（3）按照节约里程数的大小进行排序，如表 4-4 所示。

表 4-4 节约里程排序

序号	连接线	节约里程 / 千米	序号	连接线	节约里程 / 千米
1	A—C	17	12	E—G	6
2	B—C	17	13	A—H	5
3	A—B	16	14	F—H	5
4	F—G	12	15	C—E	4
5	A—I	9	16	D—F	4
6	G—H	9	17	A—G	4
7	E—F	8	18	F—I	3
8	H—I	8	19	C—F	2
9	G—I	7	20	D—G	2
10	C—D	6	21	C—I	2
11	D—E	6	22	B—I	1

（4）按照节约里程排序表，绘制配送路线图。

1）初始方案。从配送中心分别向各个客户节点进行配送，共有9条送货路线，总行驶距离为136千米，需要载重量2吨的货车9辆，如图4-7所示。

2）修正方案1。按照节约里程的大小顺序，应该连接A—C、B—C、A—B、F—G，但A、B、C三个客户的需求总吨数已达到3.8吨，如果再将F、G两个客户放入同一路线中，则会超过车辆最大承载量，故不连接F、G客户。但为了提高车辆的承载率，在不超过每次行驶距离的前提下，可以连接A—I，将I客户并入送货路线中组成路线1。该条路线装载量为5吨，行驶距离为35千米，如图4-8所示。此时共有配送路线6条，总里程数87千米，需要载重量2吨的货车5辆，载重量5吨的货车1辆。

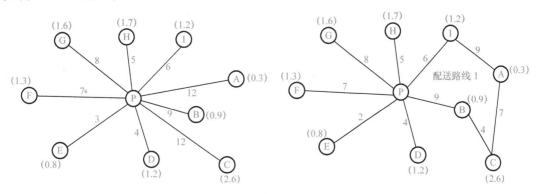

图 4-7　配送路线初始方案　　　　　图 4-8　配送路线修正方案 1

3）修正方案2。由于受到车辆装载率和行驶距离的约束，配送路线1已不能增加新的客户，因此应按照剩余的节约里程大小顺序来优化第二条配送路线。连接F—G、G—H，组成路线2。该条路线车辆装载量为4.6吨，行驶距离为19千米，均未超出限制条件，如图4-9所示。此时共有配送路线4条，总里程数为72千米，需要载重量2吨的货车2辆，载重量5吨的货车2辆。

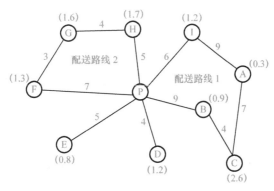

图 4-9　配送路线修正方案 2

4）最终方案。按照节约里程排序，接下来应该连接E—F，但同样受到装载量和行驶距离的限制，不能再归入配送路线2中。因而连接D—E，组成新的配送路线3，如图4-10所示。该路线装载量为2吨，行驶距离为12千米。

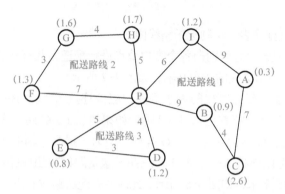

图 4-10　配送路线最终方案

此时即形成最终方案，共有 3 条配送路线，总里程数为 66 千米，需要载重量为 5 吨的货车 2 辆，载重量为 2 吨的货车 1 辆。

配送路线如下：

配送路线 1，即 P—I—A—C—B—P，需要一辆载重量 5 吨的货车。

配送路线 2，即 P—F—G—H—P，需要一辆载重量 5 吨的货车。

配送路线 3，即 P—D—E—P，需要一辆载重量 2 吨的货车。

　　在不同的阶段，配送组织采用了不同的配送线路优化方法。在初期阶段，更多以传统的方法，尤其是单起点多回路配送线路优化方法，作为决策参考。随着配送组织的信息化和系统化发展，基于 GIS 的配送线路优化方法得到应用。近年来，随着大数据、云计算等新技术的出现和普及，智能配送线路优化算法和系统得到发展和应用。无论采用哪种方法，优化的核心始终是满足配送订单的需求。同时，高质量的数据输入是优化配送线路的基础。这些技术和方法的发展有助于提高装载率，降低空驶率和整体配送成本，从而提高配送组织的效率和效益。

二、配送合理化

（一）配送合理化的判断标志

配送合理化有助于企业降低成本，也有助于让物流网络更加畅通便捷。配送合理化的判断标志主要包括以下几个方面：

配送模式与
配送合理化措施

1. 库存标志

库存标志包括库存总量与库存周转率。

（1）库存总量降低。实行配送后，库存量之和应低于实行配送前各客户库存量之和。

（2）库存周转加快。实行配送后的库存周转速度，一般总是快于原来各企业库存周转速度。库存标志一般以库存储备资金计算，而不以实际物资数量计算。

2. 资金标志

资金标志包括资金总量、资金周转速度等。

（1）资金总量。用于资源筹措所占用的流动资金总量降低。

（2）资金周转加快。

（3）资金投向的改变。实行配送后，资金应当从分散投入改为集中投入，增加调控作用。

3．成本和效益标志

对配送而言，总效益、微观效益和成本都是判别配送合理化的重要标志。如果配送公司或配送的客户是各自独立的公司，不但要看配送的总效益，还要看对社会及公司的微观效益。成本及效益对合理化的衡量，还能够详细到存储、送货等配送环节，让合理化判断更为精确。

4．供应保证标志

供应保证标志包括缺货次数的减少、即时配送能力与速度、配送企业集中库存量等。

5．效率标志

效率标志包括车辆的返程空驶率、车辆装载率等。

此外，配送合理化的判断标志还包括配送时间安排是否合理、配送路线优化、配送频率、配送方式的选择及配送质量等方面。

（二）配送合理化的途径

1．推行专业化配送

通过采用专业设备、设施及操作程序，取得较好的配送效果，并降低配送的复杂程度及难度，从而追求配送合理化。

2．推行加工配送

通过加工和配送结合，让加工目的更明确，避免盲目性。通过这两者的有机结合，在投入不增加以及满足客户需求的前提下，追求更多的收益。

3．推行共同配送

共同配送其实质是相同或不同类型的企业联合配送。其目的在于相互调剂使用各自的仓储运输设施，最大限度地提高配送设施的使用效率，从而追求配送合理化。

4．实行送取结合

配送企业可以与客户建立紧密的合作关系，例如成为客户的供应代理人、客户的仓储节点，甚至成为产品代销人。配送过程采用送取结合的方式，即配送企业将客户所需要的物资送达，并使用同一车辆将该客户生产的产品运回，合理利用运输资源，同时也使配送企业的功能得到更大化的利用，以追求配送合理化。

5．推行准时配送系统

通过确保配送的准时性，客户可以更好地掌握资源，从而实施低库存或零库存管理，并高效、合理地安排收货。此外，准时供应也是保证供应能力的重要手段，受到许多配送企业的重视，成为追求配送合理化的重要途径

6．推行即时配送

即时配送能有效解决客户对供应中断的担忧，并能显著提高配送企业的供应保证能力。这种配送方式体现了配送企业的快速反应。尽管即时配送的成本相对较高，但它是实现配送合理化的重要保障手段。此外，对于客户实施的零库存管理，即时配送也是其重要的保障手段。

7．越库配送

越库作业起源于海运和铁路作业模式。以海运为例，在码头上，大船将货物卸到小船或驳船上，分散发送到不同方向，以求运输更经济。越库配送是指供应商的货物被运至物流中心后，不需要上架、仓储等作业，只做短暂停留，将货物按订单分拣或组配后即送至集货区，立刻运往客户处，如图4-11所示。对配送而言，越库配送可以作为一种高效的配送策略，具有降低库存成本、加快商品转运速度的特点，尤其适用于具有易腐特性的生鲜农产品，以追求配送合理化。

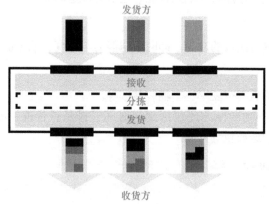

图 4-11　越库配送

单元四　智慧配送的应用与发展

一、智慧配送设施与设备

（一）电子播种墙

电子播种墙是一种用于批次分拣"播种"作业的智能拣选设备，能保证准确、快速地将客户订单中的商品分拣到指定播种位，进行打包配送。物流信息系统会将客户的订单进行合并，把货物按照批次一次性拣选出来，再通过手持式扫描器扫码确认，通过电子播种墙将每个订单的货物分拣打包，最后通过物流配送优化管理系统进行配送线路规划，保证订单商品准确、快速地送达指定地点，如图4-12所示。电子播种墙多应用于小批量、多频次、订单量大的情况，它的货位上设有读卡器，可实现货位与货框自动绑定，快速录入订单信息。电子播种墙有亮灯提示，通过亮灯闪烁，以及屏幕显示播种数量，辅助人工拣货。

（二）自动化分拣设备

自动化分拣设备将随机排列的不同类别、不同去向的物品，按产品类别或产品目的地，从产品仓库或货架，经过拣选后按自动分拣系统要求的路径送至仓库出货装车位置，如图4-13所示。自动化分拣设备能够将分拣作业的前后作业连接起来，从而使分拣作业实现自动化的系统，具有拣选效率高、正确率高、适应性强和劳动强度低的特点。

图4-12　电子播种墙　　　　　　　　图4-13　自动化分拣设备

（三）智能分拣机器人

分拣机器人具有传感器、物镜和电子光学系统，可以快速进行货物分拣。分拣机器人的投资小、效率高、扩展性强、占地面积小，主要用于配送中心中小件货物的分拣，如图4-14所示。

（四）AGV

自动导向车（Automated Guided Vehicle，AGV）是指具有电磁或光学等自动导引装置，能沿规定的导引路径行驶，具有安全保护及各种移载功能的运输车，如图4-15所示。一般可通过计算机来控制其行进路线及行为，或利用电磁轨道来设立其行进路线。整套 AGV 系统由机器人、料架、拣货工作站、充电桩、二维码地图、调度系统组成，具有识别定位、激光避障、顶升料架等功能。京东的拣货机器人也是 AGV 的一种。

图 4-14　智能分拣机器人

图 4-15　AGV

（五）无人机快递

无人机快递（见图 4-16）是指利用无线电遥控设备和自备的程序控制装置操纵无人驾驶的低空飞行器运载包裹，自动送达目的地。无人机快递可解决偏远地区的配送难题，提高配送效率，同时减少人力成本，也可用于应急物流。但在恶劣天气下无人机送货效率降低，且在飞行过程中无法避免人为破坏等。无人机快递系统一般由无人机、自助快递柜、快递盒、快递集散中心、区域调度中心等部分组成。

（六）无人快递车

无人快递车（见图 4-17）主要依托无人驾驶技术，搭载相应的传感器和摄像设备，可实现无人操作送快递。无人快递车可设置取货时间，如果超过时间未取货，快递车就会自动放弃本次送货。

图 4-16　无人机快递

图 4-17　无人快递车

（七）智能化无人仓

智能化无人仓（见图 4-18）是现代信息技术在物流领域中的创新应用，实现了货物入库、存储、包装、分拣等流程的智能化和无人化。智能化无人仓的目标是通过自主识别货物、自主追踪货物流动、自主指挥设备执行生产任务以及无须人工干预等条件，实现入库、存储、拣选、出库等仓库作业流程的无人化操作。无人仓具备一个"智慧大脑"，这个"智慧大脑"能够对海量的传感器感知数据进行分析，精准预测未来的情况，自主决策后协调智能设备运转，并根据任务执行反馈的信息及时调整策略，形成对作业的闭环控制。同时，各智能设备具备实时分析、精准预测、自主决策、自动控制和自主学习的特征。因此，智能化无人仓可以大大提高配送作业的效率和准确性，减少人力成本，是现代物流行业的重要创新。

图 4-18　智能化无人仓

二、智能配送相关技术

（一）增强现实技术和虚拟现实技术

在物流领域，增强现实（AR）技术和虚拟现实（VR）技术可以帮助管理者进行仓储的布局规划。增强现实技术可以让仓库管理者便捷地统筹库存商品，合理利用仓储空间。虚拟现实技术可以将虚拟的布局计划应用到现场，让配送中心的管理者能够直观地选择合适的规划布局方案，以此降低规划和后期维护成本。同时，虚拟现实技术也可应用在车辆装载作业中。此外，货运装载也是物流的瓶颈之一，AR设备可以用来扫描货物，为装载机提供货物信息，以使其快速决定该把货物放到哪里，并随时调整。在拣货作业时，也可应用AR技术，它能帮助拣货人员更直观地看到货架商品信息，并根据系统指示，正确且快速地讲货物拣选出来。

（二）区块链技术

从科技角度来看，区块链涉及数学、密码学、互联网和计算机编程等多个科技领域。而从应用角度来说，区块链则是一种分布式共享账本和数据库，其特点是去中心化、不可篡改、全程留痕、可追溯、集体维护和公开透明，其本质是分布式记账技术，与中心式记账技术相对，后者在我们的日常生活中应用广泛。

区块链技术有一个重要的应用，就是实现基于区块链的供应链可追溯性。这意味着从产品最初生产的那一刻起，所有信息都会被记录在区块链上。这些信息包括产品在供应链中的运输和销售信息，以及相关的监管信息。一旦发现问题，就可以通过这个基于区块链的系统追溯到出问题的环节。

（三）物联网技术

物联网（Internet of Things，IOT）是指通过各种设备和传感器，如射频识别技术、全球定位系统等，实时采集各种需要监控、连接和互动的物体或过程的信息，这些信息可以通过各种网络连接，实现物与物、物与人的互连互通，从而进行智能化的感知、识别和管理。物联网基于互联网和传统电信网络，作为一个信息交换平台，能够让所有能被独立寻址的物理对象形成互联互通的网络，不仅包括人，也涵盖了几乎所有物品。同时，物联网的应用场景非常广泛，如智能家居、智能城市、智能医疗、智能交通和智能物流等。例如，在智能家居领域，物联网能够将各种家庭设备连接起来，实现智能化的管理和操作，提高生活的便利性和舒适度。尽管物联网带来了许多便利和创新，但也存在一些挑战和问题，如隐私保护、网络安全和数据安全等。

物联网技术可以为智慧配送提供重要支持，例如智能交通、智能仓储等领域的应用。物联网技术可以实现货物的实时跟踪和监控，优化运输路线和调度计划，提高配送效率和准确性。

三、智慧配送的发展方向

随着科技的飞速发展，智慧配送在物流领域中的应用越来越广泛，其发展方向主要体现在以下方面：

1．智能路径规划

智能路径规划是智慧配送的核心技术之一，通过最短路径算法、网络流量优化模型等技术手段，结合实时交通信息及订单分布情况，为配送员提供最佳行驶路线建议，以缩短配送时间，减少能源消耗和碳排放。

2．实时追踪与监控

实时追踪与监控是智慧配送的重要组成部分，通过 GPS、北斗卫星导航系统、传感器等多种技术手段，实现货物的实时跟踪和监控，提供精确的货物位置信息。同时，监控温度、湿度等环境因素，确保货物安全和品质。配送企业可以采用实时追踪与监控系统，实现对货物的精确跟踪和监控，同时根据环境因素进行调控，确保货物安全和品质。

3．预测配送时间

预测配送时间是智慧配送的重要应用之一，通过算法和数据采集处理等技术手段，预测货物的到达时间，提前告知客户预计送达时间，提高客户满意度。

4．人群优化配送

人群优化配送是指通过客户画像分析、精准营销等方法，优化配送服务，提高客户满意度。例如，电商企业可以采用人群优化配送技术，根据客户的购买习惯和地理位置等因素，优化配送服务，提高客户服务水平。

5．"最后一公里"配送

"最后一公里"配送是物流配送的最后一个环节，也是最为重要的一个环节。智慧配送通过多种技术手段，优化"最后一公里"配送服务。例如，设置智能快递柜、未来利用无人机配送等，都是提高客户满意度和配送效率的方法。同时，无人机配送技术是物流领域的重要发展方向之一。无人机配送可以快速完成快递投递任务，特别是在复杂地形和交通拥堵的区域中具有显著优势。

6．大数据分析优化配送效率

大数据分析可以为智慧配送提供重要支持，例如通过分析历史数据和实时数据，优化配送策略和路线，提高配送效率和准确性。通过大数据分析，企业可以了解客户需求、市场趋势、运输成本等关键信息，进而优化资源配置。此外，大数据分析还可以帮助企业发现潜在的商业机会，开拓新的业务领域。

7. 人工智能提升配送服务质量

随着人工智能技术的不断进步，智慧配送将更加智能化和个性化。例如，通过机器学习和自然语言处理技术，配送系统可以更好地理解客户需求，提供更加精准的配送服务。

8. 物联网与区块链技术的融入

物联网技术可以将配送物品与互联网连接起来，实现实时监控和追踪，提高配送的可靠性和准确性。而且，物联网技术还可以实现智能化管理和调度，提高配送效率。同时，区块链技术可以提供一个安全、可靠的物流信息管理平台，保证物流信息的真实性和不可篡改性，提高物流管理的透明度和可信度。

9. 绿色环保

随着社会环保意识的增强，智慧配送也越来越注重绿色环保。例如，采用新能源车辆进行配送，减少碳排放；采用可回收材料制作包装，降低废弃物对环境的影响。同时，还可以通过优化运输路线，减少运输过程中的能源消耗。随着人们对环境保护的关注日益提高，绿色配送也逐渐成为智慧配送的重要发展方向之一。

行业前瞻

顺丰打造智能配送体系

顺丰综合运用"大数据＋运筹"优化技术，通过对海量业务数据进行实时动态规划，将不同规划模型的路由串联起来，实现了智能路径规划和运输资源优化，提高了人、车、货的匹配度，提升了线路规划与营运资源、中转场流向和分区配载等的匹配度，从而提高了快件时效和资源效率。

此外，对人工智能、物联网、机器学习、智能设备等技术的综合应用，可以让人工智能提供决策支持，让智能设备成为数据之源，推动物流行业迈向智能化、数字化、可视化、精细化的新时代。同时，顺丰已将无人机、AI自动化、AI识别、智慧决策、顺丰地图、大数据、数字化仓储、智慧包装等投入使用，江西省赣州市和四川省甘孜州的农场生鲜及特色经济产品配送项目已经开展常态化运营。

模块小结

配送包含了所有的物流功能，是一项综合化的物流活动，它是伴随着生产的发展而产生、发展起来的，因其具有一系列的功能如集货功能、储存功能、分拣功能、配货功能、配装功能、配送运输功能、加工功能、送达服务功能等，在整个物流过程中发挥着重要作用。

配送模式包括自营配送、第三方配送、共同配送、互用配送等。经验判断法、启发式算法及节约里程法都可以从不同方面帮助企业合理规划配送路径，做到降本增效。此外，智慧配送是现代物流领域的重要发展方向，通过智能路径规划、实时物流追踪、自动化分拣、无人快递车、智能化无人仓等方面的应用和发展，可以大幅提高物流配送的效率和服务质量。随着技术的不断进步和创新，智慧配送将在未来发挥更加重要的作用，推动物流行业持续发展和进步。

增值性评价活动

知识测评

一、单项选择题

1. 定时配送的典型形式是（　　　）。
   - A. 准时配送
   - B. 即时配送
   - C. 日配
   - D. 定时定路线配送

2. "节约里程法"应用的基本原理是（　　　）。
   - A. 两点距离越远则节约的里程越多
   - B. 三角形任意一边小于剩余两边之和
   - C. 三角形任意一边大于剩余两边之和
   - D. 以上均不对

3. 对配货和配装作业的关系描述错误的是（　　　）。
   - A. 先配货再配装
   - B. 先配装再配货
   - C. 配货以配装为参考
   - D. 配装以配货为前提

4. 配送作为一项特殊的、综合性的（　　　）活动，顺应了社会化大生产发展的客观要求，已成为各行各业提高生产效率的重要手段。
   - A. 采购
   - B. 储存
   - C. 分拣
   - D. 物流

5. 送货作业管理的核心内容是（　　　）。
   - A. 满足客户需求
   - B. 控制送货成本
   - C. 保证货物质量
   - D. 满足客户需求与送货成本两者的均衡控制

二、简答题

1. 请简述配送、送货和运输三者的区别。
2. 按配送时间及数量不同，配送可以分为哪些类型？
3. 配送的作用有哪些？

三、案例分析

A公司是滨海市一家专业从事医药产品批发、零售的大型医药公司。对于各类订单，公司采用统一的订单处理流程，将来自各地的购买订单集中到订单中心进行处理，并由公司配送中心统一进行发货。A公司建有一个大型药品配送中心，该配送中心是一个4层的建筑物，每层2000平方米。在配送中心一层设有收货平台、发货平台，以及订单处理中心、管理部等，二层以上为药品存储区。配送中心使用一部货运电梯完成各楼层间的货物的转运、传递工作。

A公司目前的订单处理流程是：客户订单生成以后，由订单中心统一进行处理，在订单系统中生成发货单。配送中心接到系统中的客户发货单后，在仓储系统中生成拣货单。拣货员按照拣货单在各楼层进行拣货，拣货完成后将拣货单及拣货后的药品送到一楼的发货组，进行包装发货。拣货员穿梭在各个楼层库位，平均每张订单的拣货时间为10～20分钟，工作量十分大。

由于A公司销售规模快速扩大，这种订单处理方式暴露出越来越多的缺点：拣货人员面对大量的客户订单，要一次次穿梭于各层的存储区；由于工作量大，出错的订单数量明显增加；电梯这时也成为一个制约拣货效率的瓶颈。此时，拣货员和发货组不得不靠加班来处理不断增多的订单。同时，A公司还想开展流通加工业务。

思考：

1. A公司在配送方面存在什么问题？
2. 为解决这些问题，你会给该公司提出什么建议？
3. 实现配送作业合理化的基本途径有哪些？

技能测评

实训任务：最优配送方案设计。

实训要求：由配送中心P向A～I等9个客户配送货物，其配送路线如图4-19所示。图中括号内的数字表示客户的需求量（单位：吨），线路上的数字表示两个节点之间的距离（单位：千米）。现配送中心有2吨和4吨卡车可供使用，且汽车一次巡回（顺时针方向）走行里程不能超过35千米。假设送达时间均符合客户要求，请给出该配送中心的最优配送方案。

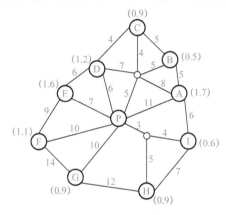

图4-19　配送路线

实训步骤：

1. 每4～6名学生为一组，进行分工，明确成员任务。
2. 根据节约里程法，得出该配送中心的最优配送方案。

实训评价：实训评价的内容如表4-5所示。

表4-5　最优配送方案设计实训评价表

评价项目	考评点	分值	得分
成员表现（20%）	分工合理，态度端正	20	
方案设计（80%）	文体格式规范美观，层次、段落清晰，语言通顺，无错别字	10	
	熟练应用节约里程法	10	
	推导和计算过程准确无误	20	
	正确得出最优配送方案	20	
	问题分析透彻，原因总结到位，能见微知著	20	
合　计		100	

模块五
供应链体系构建

学习目标

知识目标：

- 了解供应链的结构模型。
- 掌握供应链设计的内容。
- 理解供应链设计的原则和步骤。
- 了解供应链战略管理的内容。
- 掌握基于产品类型的供应链战略。
- 掌握基于驱动方式的供应链战略。

能力目标：

- 能够根据供应链构建理论设计供应链体系。
- 能够根据产品类型选择恰当的供应链战略。

素质目标：

- 培养应变能力、创新思维能力和创造能力。
- 培养强烈的市场意识和敏锐的洞察力。

案例导入

小米的供应链战略

小米是一家以电子产品研发（包含智能手机、智能家居等多系列产品）为主的科技公司，其最为人们所熟悉的就是小米手机。小米手机的成功除了在于其创新的营销模式外，还与其供应链意识和对供应链的战略布局有关。从创立之初，小米就非常重视构建供应链，强调与供应商的共同发展，逐步建立起了与关键部件供应商的战略合作关系。

小米手机的供应链体系主要分为零部件供应环节、生产制造环节和渠道销售环节，如图 5-1 所示。小米作为一家科技公司，主要专注于手机的设计研发和营销推广。同时，小米作为供应链上的核心企业，其主要任务是打通所有供应链环节。

在零部件供应环节，小米手机所需要的电池、显示屏、摄像头等零部件均由外部大型供应商供应，以保证其零部件质量和性能。

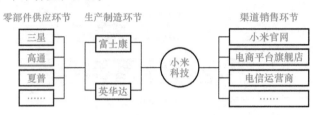

图 5-1　小米手机的供应链体系

在生产制造环节，小米自己没有工厂，而是采用代工模式，合作的代工厂是有名的富士康和英华达。其中，小米手机模具由富士康代工，而生产制造则由英华达代工。

在渠道销售环节，小米手机主要以线上销售为主，包括小米官网以及小米在各大电商平台的旗舰店。同时，小米手机开拓了与移动、电信等移动运营商合作的线下销售和体验店模式，通过线下销售，更好地解决客户体验和售后服务问题。

在互联网模式下，小米实施需求拉动式的供应链战略，通过客户需求拉动，能够快速响应客户订单需求，实现零库存。如小米通过电商渠道采用预售和直销的模式，根据预售订单数据制订生产计划，并根据生产计划驱动采购计划。手机零部件有很多是需要提前备货的，小米在获取网络订单数据之后，就会将零部件的采购订单发送到各个供应商处，并要求供应商在指定的时间将零部件送至代工厂附近的仓库并进行生产。

案例思考：小米手机具有什么样的市场特点？对供应链设计有什么要求？

单元一　供应链结构模型

了解和掌握供应链结构模型是进行供应链设计的必要前提。结合供应链的定义，从节点企业之间的关系进行分类，供应链结构模型主要包括链状结构模型和网状结构模型两种。

一、链状结构模型

（一）链状结构模型Ⅰ

链状结构模型Ⅰ中，供应链的成员企业构成链条结构中的各个节点，供应链管理通过订货合同、加工单、采购单等信息流将供应商、制造商、分销商、零售商及用户连成一个整体，对整个供应链系统进行计划、协调、操作、控制和优化等各种活动，如图 5-2 所示。

供应链的结构模型——链状结构

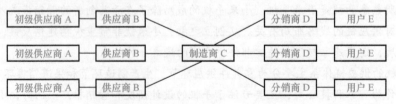

图 5-2　链状结构的供应链模型Ⅰ

链状结构模型Ⅰ是一个简单的静态模型，表明了供应链的基本组成与轮廓。

（二）链状结构模型Ⅱ

将静态模型进一步简化，得到串行的链状结构模型Ⅱ，如图5-3所示。简化后的链状结构模型把供应链上的一个个企业抽象成一个个点，称为节点，并用字母或者数字表示。这些节点以一定的方式和次序连接，构成一条供应链。在该链状结构模型中，若制造商C为核心企业，则B为供应商，D为分销商。产品从初级供应商到用户经历了供应商、制造商、分销商三级传递，并在传递过程中完成产品加工、装配等转化过程。

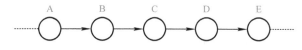

图5-3 链状结构的供应链模型Ⅱ

1. 供应链的方向

供应链包含物流、信息流、资金流，它们流动的方向表示供应链增值运动的方向。一般而言，物流都是从供应商流向生产制造商，再流向分销商，最后到达用户。图5-3中箭头的方向表示供应链物流的方向，即供应链的方向。特殊情况下，存在反方向流动，如销售退货、损货赔偿等非正常流动方向。

2. 供应链的级

在串行链状结构模型中，如果定义制造商C为供应链的核心企业，从其上游企业来看，可以相应地认为B为一级供应商，A为二级供应商，依此类推定义三级供应商、四级供应商等。同样，从制造商C的下游企业来看，D为一级分销商，其后可存在二级分销商、三级分销商等。一般而言，一个企业如果要从整体上了解其所在行业供应链的运行状态，应尽可能深入地考虑多级供应商或分销商。

> **练一练**
>
> 查阅资料，了解自己所用手机品牌的供应链结构，并画出其链状结构图。

二、网状结构模型

在现实社会生活中的供应链上，核心企业C的供应商可能不止一家，而是有B_1，B_2，…，B_n等n家；分销商也可能有D_1，D_2，…，D_m等m家；如果制造商是一个有着多个企业的集团公司，那么C也可能有C_1，C_2，…，C_k等k家，这样，图5-2所示的供应链模型就转变为如图5-4所示的网状结构模型。网状结构的供应链模型更能说明现实社会中企业间复杂的

供应链的结构模型——网状结构

供应关系。从广义的角度来看，网状结构模型理论上可以涵盖所有的企业，每个企业都可以看作供应链上的一个节点，并认为这些节点之间存在着供需联系。当然，这些联系有强有弱，而且在不断地变化着。从狭义的角度来看，通常一个企业仅与有限的企业发生联系，但这丝毫不影响对供应链模型的理论设定。网状结构的供应链模型对企业供应关系的描述很直观，适合宏观地把握企业间的供应关系。

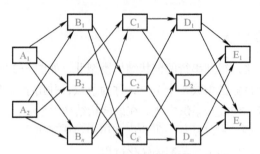

图 5-4　网状结构的供应链模型

1. 入点和出点

在网状结构的供应链模型中，物流的流动具有方向性，它从上游的一个节点企业流向下游的另一个节点企业。这些物流进入的节点称为入点，流出的节点称为出点。图 5-5 所示的供应链中，存在既为入点又为出点的节点企业，为了便于表达，将代表该企业的节点一分为二，变成两个节点，一个为入点，一个为出点，并用实线将其框起。如图 5-5 中，A_1 为入点，A_2 为出点。

同样地，如果有的企业对于另一个企业既为供应商又为分销商，也可以将这个企业一分为二，变成两个节点，一个节点表示供应商，一个节点表示分销商，并用实线框起。如图 5-6 所示，B_1 为 C 的供应商，B_2 为 C 的分销商。根据企业实际情况，有时甚至可以分为三个或三个以上的节点。

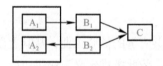

图 5-5　含入点和出点的企业

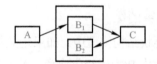

图 5-6　含供应商和分销商的企业

> 💡 **想一想**
>
> 举例说明企业既为入点又为出点的情况。

2. 供应链子网

有些企业规模非常大，内部结构也比较复杂，与其他企业有联系的只是其中一个部门或者分公司，而且企业内部也存在着产品供应关系，用一个节点来表示企业这些复杂的关系显然不行，这就需要将表示该企业的节点分解成很多相互联系的子节点，这些子节点之间存在关联关系，构成一个网，称为子网。在引入子网概念后，如果要研究如图 5-7 所示的供应链子网模型中 C 与 D 的联系，只需要考虑 C_2 与 D 的联系即可，而不需要考虑 C_4 与 D 的联系。子网模型对企业集团是一种很好的描述。

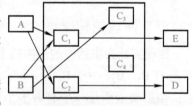

图 5-7　供应链子网模型

3. 虚拟企业

通过对供应链子网模型过程的描述，可以把供应链子网上为了实现各自利益和目标而通力合作的一些企业形象地看成一个企业，这就是虚拟企业，如图 5-8 所示。虚拟企业是一些独立企业在市场经济中为了共同利益和目标，在一定的时间内结成相互协作的利益共同体。其组建和存在的目的就是获取相互协作而产生的效益，一旦这个目的达成或利益关系不存在，虚拟企业即不复存在。

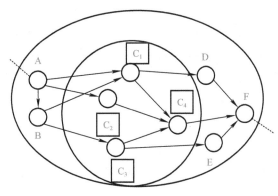

图 5-8 虚拟企业

李宁公司的虚拟化经营

虚拟化经营是指企业在有限的资源下，为了取得竞争中的最大优势，仅保留企业中最核心的职能和业务，而将其他的功能和业务虚拟化，即通过寻求外部合作实现整合互补。其目的是在竞争中最大效率地利用企业有限的资源。虚拟化经营是一种新的企业经营模式，是在市场需求日益复杂多变、产品生命周期缩短的情况下，企业为了灵活应变、增强弹性而构建虚拟组织，以企业联盟体形式共同应对市场变化的一种经营模式。

李宁体育用品有限公司（简称李宁公司）成立于1990年，是一家以经营运动服装、运动鞋以及周边配件为主的体育用品公司，经过30多年的发展，已成为享誉世界的国际一流专业运动品牌。

李宁公司的成功秘诀之一在于其虚拟化经营（轻资产运营）模式，这也是现在服装行业采用的主流经营模式。李宁公司拥有完善的品牌营销、研发、设计、制造、经销及销售能力，在我国建立了庞大的零售分销网络和供应链管理体系。李宁公司的核心能力在于设计和营销，因此为降低企业不必要的成本支出，其将资源投入轻资产的设计和营销环节，而将非核心业务生产交由外部企业负责。以李宁（荆门）产业园为例，该产业园占地面积1450亩，其中李宁公司只占300亩左右，其余由其核心供应商组建服装集团和鞋业集团，在园区内从事服装和鞋业生产，如湖北动能体育用品有限公司为李宁公司提供服装生产，湖北福力德鞋业有限公司为李宁公司提供运动鞋生产。李宁公司负责物流和研发，成为供应链上的资源整合者和管理者。通过虚拟化经营模式，李宁公司快速打响了"李宁"品牌的知名度，成为世界领先的运动品牌。

4. 核心企业网状结构模型

新企业在选择合作伙伴时，遵循优先连接是一种理性的行为。能够优先连接与合作的企业一般为业内知名的企业及距离自身地理位置较为接近的企业，因此，逐渐演化出的供应链模型具有一种无标度网络的特征，即在网络中具有少数连接度较高的节点（核心节点），以及大量连接度较低的非核心节点。在以核心企业为中心的网状模型中，核心企业往往掌握产品的核心技术，或拥有知名品牌，或有极强研发能力和渠道控制能力，在供应链的组建及运行过程中起主导作用。这种特殊的供应链表现在供应链的组织结构图上时，一个明显的特点是供应链的核心级一般只有一个节点，如图5-9所示。

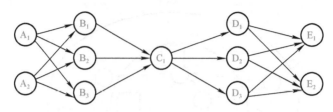

图 5-9　核心企业网状结构模型

想一想

> 企业要想成为供应链上的核心企业需要具备哪些条件？试举例说明。

单元二　供应链设计

供应链设计涉及供应链组织机制、供应链成员的选择、供应链成员之间的相互关系、物流系统与管理思想的创新、流程的设计与规划以及信息支持系统等多方面内容，是一项复杂而艰巨的工作，也是供应链管理的重要环节。供应链设计必须遵循一定的设计原则，运用科学合理的方法步骤。

一、供应链设计的内容

（一）供应链成员及合作伙伴选择

一条供应链是由多个成员组成的。供应链成员包括为满足客户需求，从供应端到需求端所涉及的供应商、生产商、分销商、零售商、物流企业等相互作用的所有企业和组织。在供应链系统中，核心企业起着对供应链上的商流、物流、资金流、信息流等进行协调、控制的作用。核心企业只有与选择的合作伙伴保持良好的关系，才能实现供应链整体优化的目标，确保整条供应链协同运作，实现全体成员利益共享和风险共担。

供应链成员及合作伙伴的选择要建立适当的选择标准，采取恰当的方法，按照一定的选择步骤，进行全面、系统的评价。

（二）供应链网络结构设计

供应链网络结构设计主要包括物流网络设计、信息网络设计、组织结构与流程设计三个基本方面。

1. 物流网络设计

物流网络设计是供应链网络设计的基础，也是最重要的内容，是实现货物快速、高效转移的前提。物流网络设计的目标是寻找最佳物流管理模式，使整个供应链上的物流能够快速准确地响应各种需求（包括来自客户的需求和来自其他合作伙伴的需求等），真正体现出物流是"第三利润源泉"的本质。物流网络设计主要包括物流节点设计（包括节点数量的确定、位置的选择、容量的规划、服务市场分配等）和物流线路设计（主要包括运输网络类型的确定、运输方式的选择、运输线路的优化等）。因此，在构建供应链时，要充分应用各种支持物流管理决策的技术与方法。

2．信息网络设计

对供应链的管理离不开信息技术的支持，因此，在设计供应链时，一定要注意如何将信息技术融入整个系统中。供应链信息网络设计主要包括网络技术的选择、设施设备的配置、不同成员企业间沟通协议的确定等内容。供应链管理强调"端到端"的信息透明，必须具有良好的可视化水平，这样才能使供应链管理者随时掌握供应链的运作状况，从而对可能产生的问题做出及时响应和处理。

3．组织结构与流程设计

供应链的构建必须同时考虑本企业和合作伙伴之间的管理关系，形成合理的组织关系，以支持整个供应链的业务流程。因此，在进行供应链设计时，首先要处理好供应链上各企业的主客体关系。根据核心企业在供应链中的作用，明确主客体的责任、义务及利益。其次，针对核心企业和合作伙伴，要建立恰当的供应链组织体系，设计适应供应链运作管理的部门，划分供应链管理部门与其他管理职能部门的边界，以支持供应链整体的协调运作。

（三）供应链运行基本规则

供应链上节点企业之间的合作是以信任为基础的。信任关系的建立和维系除了需要各个节点企业相互信任之外，还必须有一个共同平台，即供应链运行基本规则。其主要内容包括协调机制、信息开放与交互方式、物流计划与控制体系、库存的总体布局、资金结算方式、争议解决机制等。

二、供应链设计的原则

在供应链的设计过程中，应遵循一些基本原则，以保证供应链的设计和重建能满足供应链管理思想得以实施和贯彻的要求。

供应链设计的原则

1．自顶向下和自底向上相结合的设计原则

自顶向下和自底向上是系统设计的常用方法。自顶向下的方法是从全局走向局部的方法，体现了系统分解的过程。例如，供应链的战略目标和方向由企业高层主管部门和人员设计，再交由各下层部门围绕企业战略制定本部门战略和具体的实施方案，并组织实施。自底向上的方法是从局部走向全局的方法，体现了系统集成的过程。例如，企业高层主管做出战略规划与决策时，其规划与决策的依据来自市场需求和企业的实际发展情况，这些信息都需要由下层部门收集、汇总，再结合各部门具体情况制定企业的战略规划。综上所述，供应链的系统设计必须遵循自顶向下和自底向上相结合的原则。

2．简洁性原则

供应链的结构是复杂的，链上涉及的企业数量众多、类型各异，在合作中需要秉持快速响应市场的原则，实现供应链的高效运作。因此，供应链的节点不宜过多，应尽可能简洁。比如，在供应商的选择上，很多制造企业选择单一供应源的策略（即一种零部件仅由一家供应商供货），以增强企业间的合力，减少采购成本，推动实施准时化采购和准时化生产；在

物流服务商的选择上，越来越多的企业希望由少数优质物流服务商提供全程、一体化的物流服务，以缩短物流时间，实现对客户需求的快速响应。因此，简洁性原则是供应链设计的一个重要原则。

3. 集优原则（互补性原则）

企业对合作伙伴的选择标准之一是"少而精"。其中，"少"是简洁性原则的体现，"精"则是指集优原则，即合作伙伴在数量上应尽量少一些，但其各方面的综合实力要强，最好选择能够与本企业实现资源互补优势的企业进行合作，强强联合，使供应链上的每个节点企业集中精力致力于自己的核心业务，而将其他业务交由供应链上的其他节点企业来完成，达到资源外用的目的，从而提高企业竞争力，实现供应链的整体目标。供应链上的每个节点企业应具有自我组织、自我优化、面向目标、动态运行和充满活力的特点，能够实现供应链业务的快速重组。

4. 协调性原则

供应链的业绩好坏很大程度上取决于供应链合作伙伴关系是否和谐，因此，建立战略伙伴关系是实现供应链最佳效能的保证。在选择和建立供应链战略伙伴关系时，要考虑合作伙伴间的协调性，包括主观意愿和客观条件。如果一个企业的合作意愿不高，这样的企业很难成为理想的合作伙伴；如果一个企业的合作意愿很高，但自身能力不足，在合作过程中也会出现各种问题，影响整条供应链的运行效率，这样的企业也不是理想的合作伙伴。所以，进行供应链设计时要考虑成员企业间的协调性。

5. 动态性（不确定性）原则

由于供应链处于动态的市场环境中，因此不确定性在供应链中随处可见，如需求的不确定、运输的不确定等，许多学者在研究供应链运作效率时都提到过不确定性问题。不确定性的存在容易干扰供应链的正常运作，造成供应链中断等问题，因此，在构建供应链系统时，要预见各种不确定性因素对供应链运作的影响，尽可能降低不确定性因素对供应链整体运行绩效的影响。例如，要求供应链上的节点企业具有柔性，能够对市场需求的变化做出快速反应；要求增加信息的透明性，减少不必要的中间环节，减少信息传递过程中的信息延迟和失真等。

6. 创新性原则

创新性原则是供应链设计的一项重要原则，没有创新思维，就不可能有创新的管理模式。要产生一个创新的系统，就要敢于打破各种陈旧的思维框框，从新的角度、新的视野审视原有的管理模式和体系，进行大胆的创新设计。进行创新设计要注意几点：①创新必须在企业总体目标和战略的指导下进行，并与战略目标保持一致；②要从市场需求的角度出发，综合发挥企业的能力和优势；③发挥企业各类人员的创造性，集思广益，并与其他企业共同协作，发挥供应链的整体优势；④建立科学的供应链和项目评价体系及组织管理系统，进行技术、经济分析和可行性论证。

7. 战略性原则

供应链设计应有战略性观点，通过战略性观点考虑减少不确定性的影响。从供应链的战略管理的角度考虑，供应链设计的战略性原则还体现在供应链发展的长远规划和预见性，供应链的系统结构发展应与企业的战略规划保持一致，并在企业战略的指导下进行。

启智增慧 用科学思维方法构建高效供应链

习近平总书记在党的二十大报告中明确提出："必须坚持系统观念。……我们要善于通过历史看现实、透过现象看本质，把握好全局和局部、当前和长远、宏观和微观、主要矛盾和次要矛盾、特殊和一般的关系，不断提高战略思维、历史思维、辩证思维、系统思维、创新思维、法治思维、底线思维能力，为前瞻性思考、全局性谋划、整体性推进党和国家各项事业提供科学思想方法。"

在学习贯彻党的二十大精神的实践中，我们要自觉运用系统观念、战略思维、创新思维等科学思维方法分析问题、指导工作。

供应链管理是对传统管理理念和管理思维的创新。解决当前供应链问题、实现供应链协调运作的首要前提，是我们要先改变固有思维和认知，进而打造创新型供应链管理模式，运用新的管理策略和技术方法实现供应链系统的有效管理。

供应链管理的主要目标是实现供应链整体利益的最大化。所以，企业必须从战略发展的角度将供应链各参与方（如供应商、客户、政府、银行等）整合起来，充分考虑各方的需求和利益，决定如何构造供应链，决定供应链的配置，以及供应链的每个环节所应执行的流程。

请思考：企业应如何运用供应链思维打造具有竞争力的供应链？

三、供应链设计的步骤

供应链设计的步骤如图 5-10 所示。

供应链设计的步骤

图 5-10　供应链设计的步骤

1. 分析市场竞争环境（产品需求）

要"知彼"，明确针对哪些产品市场开发供应链才有效，为此，必须知道现在的产品需求是什么，产品的类型和特征是什么。分析市场竞争环境时，要向卖主、用户和竞争者进行调查，提出诸如用户想要什么，他们在市场中的地位如何之类的问题，以确认用户的需求和因卖主、用户、竞争者产生的压力。这一步骤的输出结果是每一产品按重要性排列的市场特征。同时，要有对市场不确定性的分析和评价。

2．分析企业现状（现有供应链分析）

要"知己"，主要分析企业供需管理的现状（如果企业已经有供应链管理，则分析供应链的现状）。这一步骤的目的不在于评价供应链设计策略的重要性和适合性，而是着重研究供应链开发的方向，找到、分析、总结企业存在的问题，以及影响供应链设计的阻力等因素。

3．提出供应链设计项目（分析必要性）

在知己知彼的基础上，针对存在的问题，围绕着供应链的"可靠性"和"经济性"两大核心要求，提出供应链设计项目，确定进行供应链设计或者重组的必要性。

4．建立供应链设计目标

根据供应链设计项目策略提出供应链设计的目标。供应链设计的主要目标在于获得高用户服务水平与低库存投资、低单位成本两个目标之间的平衡（这两个目标往往有冲突）。同时还应包括以下目标：①进入新市场；②开发新产品；③开发新分销渠道；④改善售后服务水平；⑤提高用户满意程度；⑥降低成本；⑦通过降低库存提高工作效率等。

5．分析供应链组成

供应链组成分析主要包括对供应商、制造商、分销商、零售商、用户以及物流商等成员企业的选择及定位，还包括确定选择与评价的标准，包括质量、价格、准时交货、柔性、提前期（L/T）和批量（MOQ）、服务、管理水平等指标。

6．分析和评价技术可行性

这不仅仅是某种策略或改善技术的推荐清单，也是实施供应链的第一步。在可行性分析的基础上，结合本企业的实际情况为设计供应链提出技术选择建议和支持。这也是一个决策的过程：如果认为方案可行，则结合企业本身和供应链联盟内（如设计公司、外发厂）资源的情况进行可行性分析，并提出建议和支持；如果认为不可行，则需要重新设计供应链，调整节点企业或建议客户更新产品设计。

7．设计供应链

设计供应链主要解决以下几方面的问题：

（1）供应链的成员组成（包括供应商、设备、工厂、分销中心的选择、定位、计划与控制等问题）。

（2）原材料的来源（包括供应商、流量、价格、运输等问题）。

（3）生产设计（包括需求预测、生产什么产品、生产能力、供应给哪些分销中心、价格、生产计划、生产作业计划和跟踪控制、库存管理等问题）。

（4）分销任务与能力设计（包括产品服务于哪些市场、如何运输、价格等问题）。

（5）信息管理系统设计。

（6）物流管理系统设计。

在供应链设计中，要广泛地应用许多工具和技术，包括归纳法、集体解决问题、流程图、模拟和设计软件等。

8．检验供应链

供应链设计完成以后，应通过一定的方法、技术进行测试检验或试运行，如不行，返回第

4 步重新进行设计；如果没有问题，就可实施供应链了。

9．实施供应链

供应链实施过程中需要核心企业的协调、控制和信息系统的支持，通过核心企业从工业设计到批量生产、物流等全方位的供应链控制和协调，使整个供应链成为一个整体。

单元三　供应链战略管理

一、供应链战略管理概述

（一）供应链战略管理的概念

供应链战略管理是指从企业整体发展战略的高度考虑供应链管理事关全局的核心问题，形成对商流、物流、信息流、资金流的科学统一管理。例如，实施战略的制定问题、运作方式的选择问题、信息支持系统的建立问题等。供应链战略管理关注的重点不是企业向客户提供的产品或服务本身给企业增加的竞争优势，而是产品或服务在企业内部和整个供应链中运动的流程所创造的市场价值给企业增加的竞争优势。

（二）供应链战略管理的流程

供应链战略管理遵循企业战略管理的一般流程，包含以下九个步骤，如图 5-11 所示。

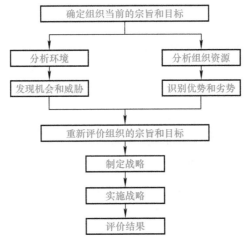

图 5-11　供应链战略管理的流程

1．确定组织当前的宗旨和目标

组织的宗旨规定了组织的目的，表明组织是干什么的，或者应该干什么。定义组织的宗旨可以促使管理者合理确定企业的产品和范围。

目标或各项具体目标是在宗旨指导下提出的，它具体规定了组织及其各个部门的经营管理活动在一定时期达到的具体成果。先确定目标，然后分解目标，直到最终形成一个目标网络。

2．分析环境

环境分析是战略管理过程的关键步骤，因为组织的环境在很大程度上决定了管理者可能的选择，成功的战略大多是那些与环境相适应的战略。

组织环境可以分为一般外部环境和产业环境。一般外部环境主要包括政治环境、经济环境、技术环境、社会文化环境、自然环境等。按照五力分析模型，产业环境可以从供应商、现有竞争对手、潜在进入者、用户、替代产品生产商五个方面进行分析。每个管理者都需要分析企业所处的环境，准确把握环境变化和发展趋势及其对组织的重要影响。

启智增慧 波特的五力分析模型

五力分析模型由迈克尔·波特（Michael Porter）于20世纪80年代初提出，是用于分析一个行业基本竞争态势及竞争战略的理论体系。波特认为行业中存在着决定竞争规模和程度的五种力量，这五种力量综合起来影响着产业的吸引力以及现有企业的竞争战略决策。五力分别是供应商的讨价还价能力、购买者的讨价还价能力、潜在竞争者进入的能力、替代品的替代能力、行业内竞争者现在的竞争能力。

根据五力分析模型，企业可以尽可能地将自身的经营与这五种竞争力量隔绝开来，努力从自身利益需要出发采取相应的策略和手段来应对这五种竞争力量，以增强自己的市场地位与竞争实力。

3．发现机会和威胁

分析了环境之后，管理者需要评估哪些机会可以利用，以及组织可能面临哪些威胁，进而捕捉良机，做出正确决策。但是，值得注意的是，即使处于同样的环境中，由于组织控制的资源不同，可能对某个组织来说是机会，而对另一组织来说却是威胁。

4．分析组织资源

组织资源是指组织内部的资源，即组织的人员拥有什么样的技巧和能力、组织的资金状况、公众对组织的看法等。

5．识别优势和劣势

分析组织的资源目的是使管理者认识到本组织在资源方面的限制条件，并能识别出组织与众不同的能力，即决定作为组织竞争的武器的独特技能和资源。

6．重新评价组织的宗旨和目标

将步骤3和步骤5合并在一起，形成对组织的评价，这一方法通常称为SWOT分析法。它把组织优势（Strengths）、劣势（Weaknesses）、机会（Opportunities）、威胁（Threats）结合在一起，重新评价组织的宗旨和目标。

7．制定战略

高层管理者需要在公司层、事业层、职能层三个层次上分别开发和评价不同的战略，然后选定一组符合三个层次要求的战略，使这三个层次的战略能够形成很好的一体化网络，最大限度地利用组织的资源和充分利用环境的机会。

8．实施战略

将制定的三个层次的战略在组织中进行恰当的实施。为了顺利地实施战略，应该保证组织结构与战略之间的匹配，还要注意分析高层管理者的领导能力等因素对实施战略的影响。

9. 评价结果

在实施战略之后，应该评价战略实施的效果以及进行相应的调整。

二、供应链战略管理的内容

（一）战略分析

战略分析即明确"企业目前状况"，评估影响企业今后发展的关键因素，主要包括三个方面：确定供应链战略的使命和目标、外部环境分析（包括宏观环境和微观环境）、内部条件分析（包括自身地位、资源及战略能力）。

（二）战略选择

战略选择即明确"企业走向何处"，主要考虑四个驱动因素：库存、运输、设施和信息。四个驱动因素的联合作用决定了整个供应链的效率和响应水平。

1. 库存

库存是一个重要的供应链驱动因素，对供应链效率和响应时间有着重要的影响。如果一个企业的竞争策略要求很高的响应水平，那么企业可以通过使大量库存靠近用户来取得这种响应水平；相反，企业也可以利用库存使自己变得更有效率，例如通过集中存货来减少库存。这种策略支持低成本制造商的竞争战略。库存决策就是要在增加库存提高响应和减少库存提高效率之间做出选择。供应链管理者能够利用库存作为驱动来取得竞争策略所瞄准的效率和响应水平。

库存决策因素包括周期性库存、安全库存和季节性库存。周期性库存的大小是大批量物料生产或采购的结果。企业大批量生产或采购是为了实现生产、运输或采购流程中的规模经济。安全库存主要是考虑需求中的不确定性。在供应链中需要保持多少安全库存是一个关键决策，人们必须在库存过多造成的成本和库存不足造成的脱销成本之间做出取舍。季节性库存是考虑可预测的季节性需求变化而保持的库存。

2. 运输

运输选择对供应链效率和响应有很大影响。运输的一个基本决策就是要在运送指定产品的成本（效率）和产品运输的速度（响应）之间做出选择。更快的运输方式（即各种运输模式和不同的运输数量）使供应链响应更快，但降低了效率。如果企业的竞争策略是瞄准具有快速响应要求的客户，且客户也愿为这种快速响应支付一些额外费用，那么企业可以利用运输作为驱动器，使供应链能够更快地响应；反之，如果企业的竞争策略定位于以价格考虑为主的客户，那么企业可以利用运输来降低产品成本（以牺牲响应为代价）。企业也可以同时利用库存和运输来提高供应链效率和响应水平，这时的最优决策通常意味着在两者之间找到正确的平衡。

运输决策因素包括运输方式的选择、运输路径和网络的选择以及自营与外包的选择。运输方式有六种：航空运输（最昂贵但最快的模式）、公路运输（比较快又不太昂贵的模式，有很高的灵活性）、铁路运输（用于大量运输，不太昂贵），水路运输（最慢的模式，是海外大量运输最经济的选择）、管道运输（基本上用于传输石油和煤气）、电子运输（最新的"运输"

模式，通过互联网传送音乐、资料等产品）。运输路径是指运输产品经过的途径；网络是指运输产品经过的地点和路径的集合。企业在供应链设计阶段要做一些关于运输路径的决策。关于自营或外包，过去，许多运输职能是由企业自己完成的；现在强调的是企业核心能力，因此许多运输任务（甚至整个物流系统）都是由外包（第三方物流）完成的。

3．设施

设施是指供应链网络中库存存放、装配或制造的地方，工厂和仓库是两种主要的设施类型。无论哪种类型的设施，有关定位、能力以及设施柔性的决策对供应链性能都有很大影响。设施及其相应的执行能力是提高供应链效率和响应水平的关键驱动器。例如，当一个产品只在一个地方制造或存放，企业就可以获得规模经济。集中提高了效率，然而，这种集中带来的成本减少是以牺牲响应水平为代价的，尤其当企业的许多客户位于远离生产设施的时候。反之，把设施建在靠近客户的地方将增加必要的设施数量，提高了响应水平，但降低了效率。设施决策能帮助企业调整供应链吻合其竞争策略目标。

设施决策因素包括设施选址决策、设施能力、制造方法和仓储方式。企业的设施选址决策占供应链设计的大部分工作。这里的一个基本选择是，把设施集中获得规模经济还是把设施分散以接近客户从而获得更快的响应。设施能力对供应链响应和效率也有影响，过剩的能力具有柔性但效率低。因此，企业必须正确决定每个设施的能力。企业必须决定其制造方法是生产还是装配，或既生产又装配；企业也必须决定制造设施的柔性能力和专用能力之间的相对水平。仓储方式包括：SKU（Stock-Keeping Unit）库存（把同一种类型的产品存放在一起）、工作批量库存（把所有用于完成专门工作或满足特殊客户需求的不同类型的产品存放在一起）、接驳方法（Cross Docking）（产品实际上并不在仓储设施中存放，当不同供应商的货车把产品运到仓储设施时，产品在那被分成更小的批量，然后被迅速重新装车，运往各零售商店）。

4．信息

信息包含了整个供应链中有关库存、运输、设施和客户的所有数据。由于信息能直接影响其他因素的驱动效果，所以它是供应链性能改进的最大的潜在驱动器也为企业取得响应更快、效率更高的供应链提供了机会。事实上，信息对供应链中的每个环节都有深层次的影响。信息作为供应链各组织之间的连接，允许各组织协同运作，从而获得最大的供应链效率。信息对供应链各组织内部的日常运营也至关重要，例如，生产计划系统使用有关需求的信息来制订计划，保证工厂以有效的方式生产正确的产品；仓库管理系统为管理人员提供仓库的库存信息，这些信息可用来决定是否填充新的订单。与其他驱动因素一样，企业也必须对信息做出效率和响应的选择。有关信息的另一个关键决策是确定在供应链中对减少成本和改进响应最有价值的信息。这一决策会因供应链结构和所服务的市场不同而不同。

信息决策因素有供应链流程设计、供应链协调与信息共享、需求预测与集合计划以及使能技术工具。①供应链流程设计。在设计供应链流程时，必须决定这些流程是推式还是拉式的供应链流程，在这里强调的是不同类型供应链流程的系统需要不同类型的信息。例如，推式供应链流程的 MRP 系统中的信息需要将生产计划作为输入，加上物料清单和实际库存量，计算出包括零件类型、数量和发货日期的供应商物料需求计划。拉式供应链流程的 JIT 系统则需要有关实际需求的信息，使其在整个供应链上迅速传递，以便零件和产品的生产与分销能准确反映实际需求。②供应链协调和信息共享。当供应链上各组织都朝着最大化总盈利的目标运作时，供应链协作就出现了，缺少协作可能导致供应链盈利的显著损失。供应链中不同组织之间的协作要求每个组织与其他组织共享适当的信息。③需求预测和集合计划。需求预测是根据现有的信息对未来需求和情况进行计划的方法，获得预测信息通常意味着使用复杂的技术来估计将来的需求和市场状况。集合计划把预测信息变成满足计划需求的活动计划。这里的关键决策是怎样在供应链组织的管理层和整个供应链中使用集合计划。④使能技术工具。有许多技术可用来共享和分析供应链中的信息，供应链管理者必须决定使用什么技术，以及如何集成这些技术到自己的公司及伙伴公司。随着这些技术能力的增强，这种决策的结果也变得越来越重要。这些使能技术包括 EDI、互联网、ERP 系统、SCM 和 CRM 软件。

（三）战略实施

战略实施即明确"企业如何走"，是指将战略转化为行动，主要关注的问题有资源获取与分配、组织结构调整、具体业务运作、企业文化管理等。

（四）战略评价

战略评价即评价"企业走得怎么样"，是指通过业绩评价，审视战略的科学性和有效性，参照实际运营状况和新机遇、新理念、新技术、新方法，及时对所制定的战略进行调整，以保证战略对企业经营管理进行指导的有效性。

三、供应链战略管理模式

（一）基于产品类型的供应链战略

基于产品的
供应链设计策略

1. 产品类型

产品通常分为两种，分别是功能型产品和创新型产品（见表 5-1）。

表 5-1　两种不同类型的产品比较（从需求上）

需求特征	功能型产品	创新型产品
产品生命周期	>2 年	3 个月～1 年
边际贡献（%）	5～20	20～60
产品多样性	低	高
预测的平均边际错误率（%）	10	40～100
平均缺货率（%）	1～2	10～40
季末降价率（%）	0	10～25
按订单生产的提前期	6 个月～1 年	1 天～2 周

从需求端来看，功能型产品需求具有稳定性、可预测性。这类产品的生命周期较长，但它们的边际利润较低，无法承受高成本。功能型产品一般用于满足客户的基本要求，如生活用品、家电、粮食等，其特点是变化很少。功能型产品的供应链设计应尽量减少链中物理功能的成本。

创新型产品的需求一般难以预测，生命周期较短，但利润高。这类产品是按订单制造的，如计算机、流行音乐、时装等。生产这种产品的企业在没接到订单之前不知道干什么，接到订单就要快速制造。创新型产品供应链设计应少关注成本而多关注客户的产品需求，重视客户需求并对此做出快速反应，因此特别强调速度和灵活性。

2．供应链类型

从供应端来看，供应链也有两种类型：一种是相对稳定的有效性供应链，另一种是变化的反应性供应链。

有效性供应链能够以最低成本将原材料转化成零部件、半成品、成品，以及在供应链中的储运等。反应性供应链强调快速对需求做出反应。二者的比较如表 5-2 所示。

表 5-2　有效性供应链和反应性供应链的比较

比较项目	有效性供应链	反应性供应链
追求目标	低成本满足需求	快速响应客户需求
供应链战略	在成本与质量上进行权衡	在速度、弹性和质量的基础上进行选择
产品设计	以最低生产成本取得最大销售业绩	创建调节系统，允许产品差异化发生
库存战略	降低整个供应链的库存	部署缓冲库存，应对不稳定的需求
生产战略	提高设备利用率，形成规模效益，降低成本	维持边际生产能力的弹性，满足非预期需求
定价战略	边际收益较低，价格是吸引客户的主要因素	边际收益较高，价格不是吸引客户的主要因素
提前期	在保持稳定的情况下尽可能缩短提前期	大量投资以缩短提前期
供应商选择	以成本和质量为核心	以速度、柔性、质量为核心

3．基于产品类型的供应链战略匹配

企业在确定了自己的产品在需求和供应两端各属于哪一种类型之后，就能够制定适合自身的供应链战略了（见图 5-12）。

	功能型产品	创新型产品
有效性供应链	匹配	不匹配
反应性供应链	不匹配	匹配

图 5-12　产品类型与供应链战略匹配矩阵

（1）若用有效性供应链来提供功能型产品，可采取如下措施：

1）削减企业内部成本。

2）不断加强企业与供应商、分销商之间的协作，从而有效降低整条供应链上的成本。

3）降低销售价格。这是建立在有效控制成本的基础之上的，但一般不轻易采用，需要根据市场竞争情况而定。

（2）用反应性供应链来提供创新型产品时，应采用如下策略：

1）通过不同产品拥有尽可能多的通用件来增强某些模块的可预测性，从而减少需求的不确定性。

2）通过缩短提前期与增加供应链的柔性，企业就能按照订单生产，及时响应市场需求，在尽可能短的时间内提供客户所需要的个性化的产品。

3）当需求的不确定性已被尽可能地降低或避免后，可以用安全库存或充足的生产能力来规避其剩余的不确定性。这样当市场需求旺盛时，企业就能尽快地提供创新型产品，从而减少缺货损失。

供应链设计中还存在着不匹配的情况，其中企业有效性供应链提供创新型产品的情况很常见。由于创新型产品具有可观的边际利润，因此尽管竞争日益激烈，还是有越来越多的企业从生产功能型产品转向生产创新型产品，但其供应链并未发生变化。

（二）基于驱动方式的供应链战略

供应链战略有两种基本的驱动方式：一种称为推动式，另一种称为拉动式，如图5-13所示。两种驱动方式的供应链流程各不相同。

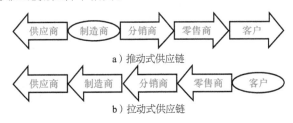

图5-13　供应链的驱动方式

1. 推动式供应链战略

推动式供应链战略以制造商为驱动源，生产和分销决策都是根据长期预测的结果做出的，通过尽可能提高运作效率，降低单件产品成本而获得利润。以服装行业为例，采用推动式供应链的运作方式下，以成衣制造商为核心。成衣制造商并不是根据客户的实际需求来进行生产的，而是依据经验或者分析市场数据后预测客户需求，生产出来成衣后从分销商逐级推向客户，分销商和零售商处于被动接受的地位。因此，这种战略存在如下缺陷：

推动式供应链

（1）不能满足变化了的市场需求。

（2）当某些产品的需求消失时，供应链会产生大量的过时库存。

（3）企业间集成度低、缺乏合作。

虽然推动式供应链战略存在着诸多的不足，尤其是难以适应快速变化的市场需求，但是在生产组织和发挥规模经济生产方面仍具有一定的优势。

2. 拉动式供应链战略

拉动式供应链战略以消费端的客户需求为中心，以零售商为驱动源，生产和分销是由需求驱动的，通过尽可能实现生产和需求的协调一致性，来减少供应链上的库存积压，从而降低单件产品成本而获利。因此，采用拉动式供应链战略的优点在于：

拉动式供应链

（1）通过更好地预测零售商订单的到达情况，可以缩短提前期。

（2）由于提前期缩短，零售商的库存可以相应减少。

（3）由于提前期缩短，系统的变动性减小，尤其是制造商面临的变动性减小了。

（4）由于变动性减小，制造商的库存水平将降低。

虽然拉动式供应链战略整体绩效表现出色，但对供应链上企业的要求较高，对供应链运作的技术基础要求也较高，无法发挥规模经济生产的优势。推动式供应链战略和拉动式供应链战略的比较如表5-3所示。

表5-3　推动式供应链战略和拉动式供应链战略的比较

比较项目	推动式供应链战略	拉动式供应链战略
反应能力	较差	较好
库存过时的风险	较大	较小
库存水平	较大	较小
提前期	一般较大	一般较小
服务水平	一般较低	一般较高
对提前期长的产品支持	好	差
运输和制造的经济规模	较高	较低

3. 推-拉式供应链战略

由于推动式供应链战略和拉动式供应链战略均有各自的优缺点，因此越来越多的企业采用了推-拉式供应链战略，即在供应链的某些层次（如最初的几层）以推动的方式经营，同时其余的层次采用拉动式战略。推动层和拉动层的接口处被称为推拉边界。

模块小结

供应链设计是一项复杂而艰巨的工作，也是供应链管理的重要环节。首先，需要了解供应链的结构模型，主要有链状结构模型和网状结构模型；其次，需要掌握供应链设计的主要内容，包括供应链成员及合作伙伴选择、供应链网络结构设计和供应链运行基本规则的设计；最后，结合供应链设计原则和设计步骤完成供应链整体设计。

企业需要根据自身的战略目标和市场需求特征打造适合自己的供应链战略。基于产品的供应链战略决策提出了用有效性供应链满足功能型产品的需求，用反应性供应链满足创新型产品的需求。基于驱动方式的供应链战略，分别分析了推动式和拉动式供应链的优缺点，并从动态变化的市场需求角度提出了推-拉结合的供应链战略选择。

增值性评价活动

知识测评

一、单项选择题

1. 推动式的供应链战略的驱动力产生于（　　）。
　　A. 制造商　　　　B. 最终用户　　　　C. 供应商　　　　D. 经销商

2. 拉动式的供应链战略的驱动力产生于（　　）。
　　A. 核心企业　　　B. 最终用户　　　　C. 供应商　　　　D. 经销商

3. （　　）是以制造企业的生产为中心，以制造商为驱动源点，通过尽可能提高运作效率，来降低单件产品成本而获得利润。
　　A. 拉动式供应链战略　　　　　　　　B. 精细化供应链战略
　　C. 推动式供应链战略　　　　　　　　D. 定制式供应链战略

4. 拉动式供应链战略以（　　）驱动源，关注客户需求的变化，并根据客户需求组织生产活动。

    A. 客户　　　　　　B. 销售商　　　　　C. 制造商　　　　　D. 供应商

5. 在推 - 拉式供应链战略中，将推动阶段和拉动阶段之间的接口处称为（　　　　）切入点。

    A. 生产计划　　　　B. 推拉边界　　　　C. 顾客需求　　　　D. 战略合作

二、多项选择题

1. 从节点企业与节点企业之间关系的角度来考查，供应链网络结构主要包括（　　　　）两种。

    A. 直线结构　　　B. 链状结构　　　C. 网状结构　　　D. 交叉结构

2. 战略层面的供应链设计的主要内容包括（　　　　）。

    A. 供应链的成员及合作伙伴选择　　　B. 设计网络结构

    C. 物流信息系统选择　　　　　　　　D. 设计供应链基本规则

3. 供应链设计的具体目标有多个，但最重要的是处理好（　　　　）两者的平衡。

    A. 高客户服务水平　　　　　　　　　B. 高生产效率

    C. 低库存投资　　　　　　　　　　　D. 低物流成本

4. 供应链设计的影响因素包含（　　　　）。

    A. 战略因素　　　B. 技术因素　　　C. 经济因素　　　D. 基础设施因素

5. 供应链网络构建主要包括（　　　　）等三个基本方面。

    A. 物流网络设计　　　　　　　　　　B. 信息网络设计

    C. 组织结构与流程设计　　　　　　　D. 成员构成设计

6. 功能性产品是指（　　　　）的产品。

    A. 边际收益较低　　　　　　　　　　B. 满足基本需求

    C. 生命周期长　　　　　　　　　　　D. 可以准确预测需求

7. 创新性产品的特征包括（　　　　）。

    A. 边际收益较高　　　　　　　　　　B. 满足个性化需求

    C. 生命周期短　　　　　　　　　　　D. 难以预测需求

8. 拉动式供应链战略具有（　　　　）特征。

    A. 供应链集成度高　　　　　　　　　B. 供应链库存水平低

    C. 反应能力较好　　　　　　　　　　D. 单个产品成本低

三、思考题

1. 供应链的结构模型有哪几种？各有什么特点？

2. 供应链构建的设计原则是什么？如何理解这些原则？

3. 根据产品类型，如何选择合适的供应链战略？试举例说明。

4. 供应链战略管理模式有哪些？基于驱动方式如何选择供应链战略？

四、案例分析

京东供应链布局

    京东智能配送站在武汉、长沙、贵阳、呼和浩特等城市持续通过配送机器人为周边社区服务，向消费者供应米面粮油、肉蛋菜奶等生活用品。遇到紧急情况，京东供应链能够灵活寻找最优库存供给，调整物流网络结构，保障地区供应链的持续运转。

京东供应链的快速反应，体现了京东高标准仓网结构的重要作用。有别于顺丰和"四通一达"主要通过高效能的分拨中心与庞大的运力来实现快速配送，京东物流主要是通过多级仓网，把货提前铺到距离用户更近的区位，以缩短货物与用户的配送时效。通过"云仓—RDC—FDC—配送站"的模式，实现不同节点城市的科学铺货，提升服务质量和周转效率。

截至2021年，京东在全国布局了八大物流枢纽、43座"亚洲一号"大型智能物流园区、1300个运营仓库、210个分拣中心、2400万平方米仓储面积、1700个云仓（包括第三方仓库），配备了1.8万辆卡车及其他车辆，拥有1000条航空货运航线（其中国内全货机条线10条）、20万名京东一线配送员和超过7200个终端配送站。依赖如此庞大的供应链体系，京东可以根据市场不同情况，启用不同的供应链预案，结合算法给出的优化建议，联动多部门进行运营调度，以确保供应链的顺畅，让商品以最短的时间和最低的成本送到消费者手里。

思考：

1. 京东的供应链布局是从哪些方面着手的？
2. 京东的供应链结构体系有哪些优势？

技能测评

实训任务：××企业供应链网络调研与设计。

实训要求：调研一家本地企业，包括企业产品特点、市场竞争环境、供应商管理、信息系统、物流系统等内容，找出问题，确定供应链设计目标，完成供应链网络设计。

实训步骤：

1. 每4～6名学生为一组，进行分工，明确成员任务。
2. 详细调研企业有关自身情况和市场情况，完成调研报告。
3. 在调研的基础上，分析企业供应链现有的问题，重新确定供应链设计目标，并完成供应链网络设计。

实训评价：实训评价的内容如表5-4所示。

表5-4　××企业供应链网络调研与设计实训评价表

评价项目	考评点	分值	得分
成员表现（20%）	分工合理，态度端正	20	
调研报告（30%）	内外部环境分析恰当	10	
	现有供应商组成、关系等分析详尽	10	
	问题及原因总结到位	10	
供应链设计（50%）	设计目标明确	10	
	供应链组成分析合理	10	
	业务流程、信息系统、物流系统等设计完整	20	
	设计思路新颖，有创意	10	
合　计		100	

模块六

供应链中的采购与供应商管理

◉ 学习目标

知识目标：

- 了解采购与采购管理的含义及作用。
- 熟悉供应链需求预测的程序与方法。
- 理解供应链采购与传统采购的区别。
- 掌握供应链采购的作业流程和特点。
- 掌握供应商关系管理的含义和供应商关系的类型。

能力目标：

- 能够进行供应链环境下的需求预测。
- 能够根据企业战略制定供应链采购策略。
- 能够设计供应商评估指标和激励措施。
- 能够依据标准选择出合适的供应商。

素质目标：

- 培养诚实守信的精神，具备法治意识。
- 培养团队协作意识，具备良好的沟通协调能力。
- 培养数据思维，具备严谨务实的工作作风。

案例导入

奇瑞汽车供应链采购战略调整，实现"链变聚合"

在海外市场，中国品牌接受度不断提升，奇瑞汽车连续多年出口第一。在供应链新生态下，商业的创造模式也在发生转变，更加注重以用户为中心、以价值为导向，汽车企业之间的竞争由品牌竞争扩展为用户生态的竞争。用户生态未来将是汽车企业构建核心竞争力的重中之重。

奇瑞汽车致力于打破传统供应链，构建聚合产业链，从价值采购和战略采购上实现变革，最终迈向共赢生态圈。

公司战略靠产品战略实现，产品战略靠零部件战略支撑，零部件战略靠采购战略指引，采购战略靠供应链战略落地。因此，为实现供应链转型，奇瑞汽车必须从采购战略和采购理念上进行创新。采购理念创新涉及的广度和深度比较大，从成本、质量、交期、数量的采购，转变到采购"未来"、采购"场景"、采购"情报"。采购"未来"就是要采购高科技、新技术；采购"场景"就是要从采购单一零部件向采购整套场景转变；采购"情报"就是要采购有价值、有前瞻性的信息。只有做到理念转变，才有赢得未来的可能。

在合作模式上，奇瑞汽车通过构建战略合作联盟，打造数字化采购平台，确保供应链的信息端具有良好的可视性，实现与供应商、制造工厂、经销商、用户的互联互通，提升运营效率。

在采购策略上，奇瑞汽车借鉴行业领先实践，基于产品定位和零部件发展趋势，制定差异化的采购策略：对常规零部件，夯实品类策略采购，深挖成本潜力；对新兴的零部件，革新品类采购策略，在保障品质稳定的基础上再进行技术革新；对关键技术的采购，做到补短板、铸长板。对于新兴领域，重视与合作伙伴形成创业联盟，做好关键技术的应对预案和前瞻储备；对于垄断领域，企业分批实施国产化。采购策略不是一成不变的，应当与时俱进、动态调整。

案例思考：奇瑞汽车面临供应链环境的挑战，有哪些采购战略和理念的调整？

单元一　采购与采购管理认知

一、采购及其分类

（一）采购的概念及特点

1. 采购的概念

采购是指政府、企事业单位、家庭或个人为了生产、销售、消费等目的，从资源市场购买产品或服务的交易活动。采购与购买都是为了满足需求而进行的交易活动，但采购比购买的内涵更丰富，外延更宽泛。

狭义的采购就是指购买。对企业这种经济组织而言，采购就是企业根据需求提出采购计划、审核计划、选择供应商，通过谈判商定价格以及交货的时间、地点、方式等条件，双方签约并按合同条款收货和付款的过程。广义的采购除了指以购买方式获取物品之外，还包括通过租赁、借贷、交换等途径取得物品的使用权，以达到满足需求的目的的过程。

2. 采购的特点

采购是以购买、租赁、借贷、交换等方式取得物品及劳务的使用权或所有权，以达到满足需求的目的。采购具有以下特点：

（1）采购的基本功能就是帮助企业从资源市场获取它们所需要的各种资源。

（2）采购不仅是采购员或采购部门的工作，而且是企业供应链管理的重要组成部分，是商流和物流的统一。

（3）采购是一种经济活动，追求经济效益的最大化，不断降低采购成本。科学采购是实现企业经济效益最大化的源泉。

> **🧠 想一想**
>
> 请说出你印象最深的一次采购经历，谈谈你的采购目的和过程。

（二）采购的分类

依据不同的分类标准，采购有不同的分类及内涵，如表 6-1 所示。采购方式各有利弊，企业应针对实际情境对各种采购方式进行互补，取长补短，灵活选用。只有分析各种采购方式的特点和运作模式，才能科学地选择采购方式，最终实现降低采购成本、保证交付进度、提高采购质量的采购目标。

表 6-1　采购分类及内涵

分类标准	分类	内涵
按采购主体分类	个人采购	为满足家庭或个人需要而进行的采购
	企业采购	企业为实现经营目标而进行的采购。生产企业以采购生产资料为主，流通企业以采购产成品为主
	政府采购	各级政府及其所属组织为了开展日常的政务活动以及为公众提供社会公共产品和公共服务，以法定方式和程序购买所需产品和服务的行为
按采购制度分类	集中采购	企业建立专门的采购机构，统一组织企业所需物品的采购业务
	分散采购	企业授权各分支机构或部门自行采购本机构或本部门所需物品的采购业务
	混合采购	公司总部保留较大的采购权，各分机构或部门保留部分采购权的采购业务
按采购方式分类	招标采购	通过招标的方式，邀请所有或一定范围内的潜在供应商参与投标，根据事先确定的标准从所有投标者中评选出中标供应商，并与之签订合同
	询价采购	采购人员向有关供应商发出询价单让其报价，在报价基础上进行比较并确定最优供应商
	比价采购	在市场环境中，在选择至少两家供应商的基础上，由供应商公开报价，最后选出合适的供应商
	议价采购	采购人员与厂家谈判，商定价格后决定购货

培根铸魂

药品集采惠民生

解决人民群众"看病贵""药价贵"的问题，一直是党和国家高度重视的问题。

2019 年 1 月，《国务院办公厅关于印发国家组织药品集中采购和使用试点方案的通知》发布，选择北京、天津、上海等 11 个城市开展药品集中采购和使用试点。

2019 年 9 月，国家医疗保障局等 9 部门联合发布了《关于国家组织药品集中采购和使用试点扩大区域范围的实施意见》，明确在全国范围内推广国家组织药品集中采购和使用试点集中带量采购模式。

2021 年年初，国务院常务会议部署药品集中带量采购常态化制度化。

集采的核心是带量采购，在某种意义上是国家"团购"，通过以量换价，挤压药价虚高"水分"，减轻患者负担。另外，带量采购是建立在公平竞争基础上的：企业自主决定是否参与，有公平、公开、公正的规则，谈判结果自然是多方共赢。与此同时，带量采购挤掉了流通过程中的灰色费用空间，也促进了医药企业将更多的精力投到产品研发、提高质量上。

二、采购的战略地位

随着市场经济的发展、技术的进步、竞争的日益激烈，采购已由单纯的商品买卖发展为一种可以为企业节约成本、增加利润、获取服务和资源的职能。近年来，企业逐渐意识到采购活动的战略意义，将其由战术地位提高到战略地位。

1．采购的价值地位

采购的价值地位即采购的成本控制功能。采购是企业管理中"最有价值"的部分，采购成本是企业成本管理中的主体和核心部分。在现实中，许多企业在控制成本时，会将大量的时间和精力放在占比不到40%的管理费用及工资和福利上，反而忽视其主体部分采购成本，最终导致效果甚微。

2．采购的供应地位

采购的供应地位即采购的供应控制功能。从供应的角度来说，采购是整个供应链管理中"上游控制"的主导力量。为了满足最终客户的需求，企业力求以最低的成本将高质量的产品以最快的速度供应到市场上，以获取最大的利润。这就必须依靠采购的力量，充分发挥供应商的作用。供应商提高其供应可靠性及灵活性、缩短交货周期、加快送货频率，可以大幅降低供应链运营成本，提高供应链运作效率。

3．采购的质量地位

采购的质量地位即采购的质量控制功能。采购物料涉及的不只是价格问题，更多的是质量水平、质量保证能力、售后服务、产品服务水平等一系列问题。通常来讲在产品中占总价值很大一部分的原材料是由供应商提供的，因此不仅要在企业内部控制产品质量，更多地应在供应商处控制，这也是"上游质量控制"的体现。上游质量控制得好，不仅能为下游质量控制打好基础，还可以减少进货检验费。可见，通过采购将质量管理延伸到供应商，是提高企业自身质量水平的基本保证。另外，采购管理不仅能有效地控制物料及产品价格，还能为企业创造价值，如支持企业的战略、改善库存管理，稳步推进与主要供应商的关系，密切了解供应市场的趋势等。因此，加强采购管理对提升企业核心竞争力至关重要。

三、采购管理概述

（一）采购管理的概念

采购管理是指对整个企业采购活动的计划、组织、指挥、协调和控制，以较低的采购成本与费用采购到正确的商品和物资，确保企业生产和经营的正常进行。采购管理的主要内容包括建立采购组织、选择采购制度、制订采购计划、对外实施采购、加强合同管理等。

（二）采购管理的目标

采购管理的总体目标是以最低的总成本为企业提供满足其需要的货物和服务。采购管理作为供应链管理的开端，遵循"7R"目标，包括适当质量、适当数量、适当价格、适当商品、适当地点和适当客户。

总体目标的实现不仅仅是采购部门的事情，还需要整个企业的共同努力。但在某一时期，企业可能专注于一个具体目标。采购的具体目标有以下方面：

（1）不间断供应，保证企业生产的连续性。

（2）力争最低的库存成本。

（3）保持并提高采购物品质量。

（4）供应商开发。

（5）采购物品尽可能标准化或多元化。

（6）以最低总成本获得需要的物资和服务。

（7）采购部门和其他职能部门之间建立和谐并富有成效的采购团队。

（8）以较低管理成本实现采购目标。

（9）提高企业的竞争地位。

四、采购管理流程

采购管理流程是为实现采购管理目标，将采购管理的一系列内容构建成价值链，为采购管理者提供系统科学的管理思路，规范采购管理行为，具体如图 6-1 所示。

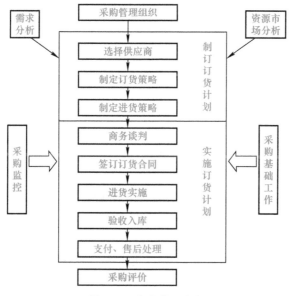

图 6-1　采购管理流程

单元二　需求预测

一、需求预测的概念和意义

需求预测是指企业根据历史销售记录和其他调研信息，对未来一段时期内的客户需求进行评估分析的过程。一般来说，需求预测会根据历史数据和其他分析数据，运用一定的预测方法和手段，对未来市场需求的变化趋势和影响因素做出估计和推断。

采购数量和时间的决策将影响企业的库存水平和正常的生产安排。若采购数量过多，采购时间过早，会导致库存积压，从而引发成本上升、资金占用等一系列问题；若采购数量过少，采购时间延迟，会导致库存不足，从而影响生产、延迟交货。因此，科学合理地进行需求预测对于做好采购管理具有重要的意义。

二、需求预测的影响因素

降低市场风险和不确定性是企业进行需求预测的主要目的。需求预测的影响因素主要包括外部影响因素和内部影响因素。

（一）外部影响因素

1. 政治与政策、经济、技术因素

（1）政治与政策因素。国际政治局势变化、国际贸易政策、区域经济整合、地方性政策等都会对产品的需求产生影响。例如，国家对某类进口商品征收高额关税，会使进口商品成本上升，消费者就会转而购买本土产品，从而使本土产品的需求增加。

（2）经济因素。宏观经济变化趋势、居民收入水平、通胀等都会对需求产生影响。通常情况下，当经济呈上升趋势时，居民收入水平不断上升，消费者的购买意愿和购买能力就会增加，产品的需求也会有所上升。

（3）技术因素。科技发展使产品推陈出新的速度不断加快，新技术、新产品给人们的生活带来了更多的便利，消费者购买新产品的需求越来越大。

2. 季节性因素

有些原材料和产品具有明显的季节性波动特点，如空调、羽绒服等，其淡旺季的需求变化非常明显。因此，在需求预测时，要充分考虑季节变化的因素。

3. 市场因素

（1）需求变化。需求相对稳定的市场，需求预测准确度高，预测较容易；而需求变化快、不确定性强的市场，需求预测准确度低，预测难度大。

（2）消费习惯。不同地区的消费者有着不同的消费习惯，故同一产品在不同市场的需求情况可能是不同的。因此，在进行需求预测时，还要结合当地消费者的消费习惯等资料进行分析评估。

（3）市场库存情况。市场库存的饱和度会影响市场的最大承受能力，如果市场现有产品库存较多，会影响其进一步的投放。因此，在进行市场需求预测时，要考虑现有市场的库存。

（二）内部影响因素

1. 提前期因素

当发出采购请求之后，上游供应商需要有一定的作业时间来完成交货，且有供应延误等风险，因此采购企业一般会预留一定的提前期以保证供应。但如果提前期过长，采购企业需要提前更多时间来进行预测，从而影响预测的可靠性。

2. 营销策略

不同的营销策略会带来市场需求的变化。例如，促销力度大，需求可能会在短时间内急剧

上升；促销期结束，需求会大幅回落。

三、需求预测的程序

需求预测的程序如图 6-2 所示。

图 6-2　需求预测的程序

（1）确定预测目标。企业在开展需求预测之前，需要明确说明需求预测的主要目标。这是企业运营管理最基本的管理流程。

（2）制订预测计划。计划内容包括需求预测的组织规划、进度安排、经费预算等。

（3）收集分析数据。收集与市场需求相关的数据，包括历史销售数据、市场调研数据、竞争对手的信息、消费者行为等。这些数据可以通过市场调研、问卷调查等方式获取。获取数据之后进行数据分析。

（4）选定预测方法。根据收集到的数据和数据分析的结果，可以制定适当的预测方法。预测方法可以是定量分析方法，如时间序列分析、回归分析等，也可以是定性分析方法，如专家判断、市场调研结果等。选择合适的方法可以节省时间和成本，提高预测的可靠性。

（5）预测需求。利用一定的预测方法进行市场需求预测，可以预测未来一段时间内的市场需求量、市场份额等指标，并以直观的图表等形式呈现。

（6）检验和修正。将预测结果与实际销售数据进行比较，评估预测的准确性，并根据实际情况进行必要的修正。

需求预测是一个复杂的过程，不同行业和产品可能需要使用不同的方法和工具。同时，预测的准确性也受到市场环境的影响，因此预测结果需要不断迭代和调整。

四、需求预测的方法

需求预测程序中最重要的步骤之一就是选择适当的需求预测方法。通常预测方法可以分为定性预测方法和定量预测方法。

（一）定性预测方法

定性预测方法主要是指根据人的主观判断做出预测，如决策者的认知偏好、主观感受等，这些因素难以被量化。运用定性预测方法得出的结果有很强的主观性，与预测者对事物的熟悉程度、经验丰富程度以及分析判断能力等有密切关系。定性预测方法主要有用户调查法、销售人员意见法、德尔菲法等。

1. 用户调查法

用户调查法通常用于对新产品或缺乏记录的产品的需求预测，是指销售人员通过信函、电话或者面访等方式对现有用户或潜在用户进行调查，了解他们对本企业相关产品及其特征的期望，并结合本企业的市场占有率等信息进行综合整理，从而得出所需要的预测结果。此种方法一般采取问卷的形式。

用户调查法的优点是：①预测值来源于用户期望，可以较好地了解市场需求情况；②可以直接了解用户对产品优缺点的看法，也可以了解用户购买或不购买产品的真实原因，有利于企业对产品及其营销策略做出及时调整。

其缺点是：①调查费时费力，需要对足够多的目标用户进行调查；②需要用户花费一定的时间回答调研问题，用户的配合度不高；③用户期望不等于实际购买，而且其期望容易发生变化。

2. 销售人员意见法

销售人员意见法是指企业依据销售人员对其负责区域内的销售量或顾客未来需求量的估计进行预测的方法。销售人员是最接近消费者和用户的，对产品的畅销、滞销情况，以及产品花色、品种、规格、式样的需求等都比较了解。所以，许多企业都通过听取销售人员的意见来预测市场需求。企业可以根据各区域销售人员的意见做出该区域的需求预测结果，也可以将区域销售需求预测汇总，综合处理，从而得出企业的总体需求预测结果。

销售人员意见法的优点是：①比较简单明了，容易进行；②预测值可靠性较强，风险较小；③适用范围广，各类产品预测都可采用；④销售人员直接参与企业的产品需求预测，有助于销售量的完成；⑤有助于企业按产品、区域、用户或销售人员来划分各种销售预测值。

其缺点是：①销售人员可能对宏观经济形势及企业的总体规划缺乏了解；②销售人员受知识、能力或兴趣影响，其判断总会有某种偏差，有时受情绪的影响，对需求的估计可能过于乐观或过于悲观；③有些销售人员为了能超额完成下一年度的销售配额指标，获得奖励或升迁机会，可能会故意压低预测数字。

3. 德尔菲法

德尔菲法（Delphi Method）也称专家调查法，是在专家会议的基础上发展起来的一种需求预测方法。其本质上是一种反馈匿名函询法，大致流程是：①成立预测工作组；②确定预测问题；③选择预测专家；④设计并发放调查表；⑤回收调查表并汇总；⑥确认是否达成一致意见，若达成一致意见，则整理形成预测结果，若未达成一致意见，则进入下一步；⑦对专家意见进行整理、归纳、统计，并将整理后的专家意见再匿名反馈给各专家，再次征求意见，通过多轮的预测，最终得到一致的意见；⑧整理形成预测结果。

德尔菲法的优点是：①所有专家匿名参加预测交流，不直接见面，只是通过函件交流，可以消除权威的影响；②所有专家的意见都会被采集汇总，并反馈给其他专家，能充分发挥各位专家的作用，集思广益，准确性高。

其缺点是：①预测结果受到专家水平的影响，如果整体专家水平不高，容易产生较大的偏差；②需要经过多轮采集和反馈才能得到相对一致的结果，所以需要花费的时间较长。

（二）定量预测方法

定量预测方法主要是指预测人员通过对数据资料的分析，结合数学模型以及相关统计分析方法，进行准确预测的方法。定量预测方法逻辑性较强、预测结果较准确。常见的定量预测方法主要有移动平均法、指数平滑法、季节指数预测法和回归分析预测法等。

1. 移动平均法

移动平均法是指根据过去几期的实际数据的平均值作为未来需求的预测值的预测方法。它又分为简单移动平均法和加权移动平均法。

（1）简单移动平均法。简单移动平均法是把前几期的实际值加总，除以时期数，得到平

均值为其预测值。其公式为

$$F_t = \frac{\sum\limits_{i=t-n}^{t-1} A_i}{n}$$

式中，F_t 为第 t 期的预测值；A_i 为第 i 期的实际值；n 为预测的时期数。

例 6-1 某公司过去 6 个月的产品销售数据如表 6-2 所示，试采用简单移动平均法预测该公司 7 月份的销售量。

表 6-2 某公司过去 6 个月产品销售数据（一）

月份	1	2	3	4	5	6
实际销量（件）	720	750	720	820	660	680

解：当选择预测周期 $n=5$ 时，预测 7 月份的销售量为

$$F_7 = \frac{750 + 720 + 820 + 660 + 680}{5} = 726 \text{（件）}$$

当选择预测周期 $n=6$ 时，预测 7 月份的销售量为

$$F_7 = \frac{720 + 750 + 720 + 820 + 660 + 680}{6} = 725 \text{（件）}$$

（2）加权移动平均法。加权移动平均法是对观察期内的实际值分别给予不同的权重，按不同权重求得移动平均值，并以最后的移动平均值为基础，确定预测值的方法。一般认为，距离预测期较近的观察值对预测值影响越大，它更能反映近期市场变化的趋势，距离预测期较远的观察值对预测值影响越小。所以，对于近期观察值给予较大权重，对于远期观察值则相应给予较小的权重，以不同的权重调节各观察值对预测值所起的作用，使预测值能够更近似地反映市场未来的发展趋势。其公式为

$$F_t = \alpha_1 A_{t-1} + \alpha_2 A_{t-2} + \cdots + \alpha_n A_{t-n}$$

式中，F_t 为第 t 期的预测值；n 为预测的时期数；α_n 为第 $t-n$ 期实际值的权重（各期权重的和为 1）；A_{t-1} 为第 $t-1$ 期的实际值。

例 6-2 某公司过去 6 个月的产品销售数据如表 6-3 所示，试采用加权移动平均法预测该公司 7 月份的销售量。

表 6-3 某公司过去 6 个月产品销售数据（二）

月份	1	2	3	4	5	6
实际销量（件）	50	80	100	90	110	130

解：选择预测的时期数 $n=6$，给各期赋权重，如表 6-4 所示。

表 6-4 某公司过去 6 个月产品销售数据和权重分配

月份	1	2	3	4	5	6
实际销量（件）	50	80	100	90	110	130
权重	0.1	0.1	0.1	0.2	0.2	0.3

预测 7 月份销售量为

$$F_7=0.1×50+0.1×80+0.1×100+0.2×90+0.2×110+0.3×130=102（件）$$

2. 指数平滑法

指数平滑法是指根据历史资料的上期实际值和预测值，用指数加权的办法进行预测。这是一种更精确的加权平均法，也是移动平均法中的一种方法。根据平滑次数不同，指数平滑法可分为一次指数平滑法、二次指数平滑法和三次指数平滑法等。指数平滑法多用于短期预测。

当时间数列无明显的趋势变化，可用一次指数平滑法预测。其计算公式为

$$F_t = \alpha A_{t-1} +(1-\alpha) F_{t-1}$$

式中，F_t 为第 t 期的预测值；A_{t-1} 为第 $t-1$ 期实际值；F_{t-1} 为第 $t-1$ 期预测值；α 为平滑系数，即偏差百分数。

采用指数平滑法的关键是确定 α 的值。一般情况下，α 的大小与数据波动状况有关。

（1）当时间序列数据呈稳定的变化趋势时，α 应取较小值，如 0.1 ~ 0.3。

（2）当时间序列数据的波动较大时，α 应取中间值，如 0.3 ~ 0.5。

（3）当时间序列数据具有明显的上升或下降趋势时，α 应取较大值，如 0.6 ~ 0.8。

在实际运用中，可取若干个 α 值进行试算比较，选择预测误差最小的 α 值。

例 6-3 某公司 2022 年某产品的实际销售量为 20 万件，预测销售量为 22 万件，假设平滑系数为 0.1，试利用指数平滑法预测公司 2023 年的销售量。

解：预测 2023 年的销售量为

$$F_{2023} = 0.1× 20 +(1-0.1)× 22=21.8（万件）$$

3. 季节指数预测法

某些市场需求由于受自然环境、生产条件、生活习惯等因素影响，在一定时期内会产生季节性变动，如电扇、冷饮、羽绒服等商品的销售量呈季节性变动。季节指数预测法是指根据各年按季（或月）编制的时间序列资料，以统计方法测定反映季节性变动规律的季节指数，并利用季节指数进行预测的一种方法。

季节指数预测法的计算过程如下：

（1）收集历年（一般至少三年）每月或每季的统计数据（观测值），求每年同月或同季观察值的平均值（用 a 表示）。

（2）求历年所有月份或季度的平均值（用 b 表示）。计算月度或季度季节指数，即 $c=a/b$。

（3）根据未来一年的年度趋势预测值，得到各月或季度的平均趋势预测值，再乘以对应的季节指数，得到未来一年各月、各季度包括季节变化的预测值。

例 6-4 某公司过去四年各季度的产品销售数据如表 6-5 所示，假设第五年全年计划销售量为 200 件，试采用季节指数预测法预测该公司第五年各季度的销售量。

表 6-5 某公司过去四年各季度的产品销售数据

年度	第一年				第二年				第三年				第四年			
季度	1	2	3	4	1	2	3	4	1	2	3	4	1	2	3	4
实际销量（件）	18	20	60	66	20	28	70	90	22	20	80	92	20	25	80	98

解：（1）先求出每年同季观察值的平均值。

第一季度平均值：（18+20+22+20）÷4＝20（件）

第二季度平均值：（20+28+20+25）÷4＝23.25（件）

第三季度平均值：（60+70+80+80）÷4＝72.50（件）

第四季度平均值：（66+90+92+98）÷4＝86.50（件）

（2）求历年所有季度的平均值。

$$（20+23.25+72.50+86.50）÷4≈50.56（件）$$

计算季度季节指数。

第一季度季节指数：20÷50.56＝0.40

第二季度季节指数：23.25÷50.56＝0.46

第三季度季节指数：72.5÷50.56＝1.43

第四季度季节指数：86.5÷50.56＝1.71

（3）根据第五年全年预测值求第五年各季度平均值。

$$200÷4＝50（件）$$

求第五年各季度预测值。

第五年第一季度预测值：50×0.40＝20（件）

第五年第二季度预测值：50×0.46＝23（件）

第五年第三季度预测值：50×1.43≈72（件）

第五年第四季度预测值：50×1.71≈86（件）

4．回归分析预测法

回归分析预测法是指在分析市场现象自变量和因变量之间相关关系的基础上，建立变量之间的回归方程，并将回归方程作为预测模型，根据自变量在预测期的数量变化来预测因变量的方法。回归分析预测法是一种重要的市场预测方法，当企业在对市场现象未来发展状况和发展水平进行预测时，如果能找到影响市场预测对象的主要因素，并且能够取得其数量资料，就可以采用回归分析预测法进行预测。它是一种具体的、行之有效的、实用价值很高的常用市场预测方法。其预测步骤如下：

（1）根据预测目标，确定自变量和因变量。

（2）建立回归分析预测模型。

（3）进行相关性分析。

（4）检验回归分析预测模型，计算预测误差。

（5）计算并确定预测值。

单元三 供应链采购流程及特点

一、采购的一般流程

采购作业常常会因采购货物来源、采购方式以及采购对象等不同，在具体细节上存在若干差异或不同，但其基本流程大同小异。采购的一般流程如图 6-3 所示。

采购的一般流程

图 6-3　采购的一般流程

（1）采购申请。采购申请由货物控制部门根据货物分析表计算出货物需求量，填写请购单，依据签核流程，送交不同审核主管批准（请购单必须登记编号，以便未来查询和确认，可以减少和防止随意性和盲目性）。

（2）选择供应商。在采购许可的范围内，列出尽可能多的供应商，采用比较和评估的科学方法挑选合适的供应商。

（3）确定价格。进行价格谈判。价格是最敏感、最棘手的一个问题，买卖双方都会设法降低或提高价格来维护自身利益。

（4）签约或签发采购订单。货物的采购协议或订单是具有法律效力的书面文件。其内容主要有：采购货物的具体体品名、品质、数量及其他要求；包装要求及运输方式；采购验收标准；交货时间和地点；付款方法；不可抗拒因素的处理；违约责任等。

（5）跟踪协议或订单。为了保证准时交货，必须对订单进行督促和稽核。这一过程是整个采购过程的核心，必须予以充分重视。

（6）接收货物。供应商采用不同运输方式将货物送至采购方指定地点，采购方对货物进行认真验收。验收的内容一般有：确定验收时间或日期；验收工作按照合约的内容进行，以确认是否满足要求；确认验收人员和负责人员；验收中发现有问题的货物，应该及时与供应商联系并处理；验收单据由验收人员签署，并负全部责任。验收单据被签署后，可作为采购方付款的凭证之一。

（7）确认支付发票与结案。支付货款前，必须核对支付发票与验收的货物清单或单据是否一致，确认后连同验收单据，开出保票向财务部门申请付款，财务部门经会计业务处理后通知银行正式付款。此时，采购方与供应商之间的业务事宜结束。

二、供应链采购及其特点

（一）供应链采购与传统采购的区别

供应链采购是指供应链内部企业之间的采购，它是供应链内部的需求企业向供应商企业采购订货，供应商企业将货物供应给需求企业的过程。在供应链管理环境下，采购工作要做到五个恰当：恰当的数量、恰当的时间、恰当的地点、恰当的价格和恰当的来源。

传统采购

与传统采购相比，供应链采购的物资供需关系没有改变，但由于供应链各企业间是战略伙伴关系，所以采购的观念和操作都发生了很大变化。在供应链管理环境下，企业的采购方式与传统采购方式有所不同，如表 6-6 所示。

表 6-6　供应链采购与传统采购的区别

比较项目	传统采购	供应链采购
基本性质	基于库存的采购，是一种对抗型采购	基于需求的采购，是一种外部资源管理
考虑因素	价格、质量、交货期等，价格为主要因素	价格不是主要因素，质量是最重要的因素

（续）

比较项目	传统采购	供应链采购
与供应商的关系	竞争多于合作	战略伙伴关系
谈判重点	价格	建立战略联盟
响应能力	对客户需求的响应迟钝	即时化订单驱动模式
信息沟通方式	非信息对称的博弈过程	准确和实时信息共享
货检工作	严格检查	基本免检
采购批量	大批量、少频次	小批量、多频次
库存关系	库存水平较高	实现零库存
供应商数量	采用较多的供应商	采用较少的供应商

（二）供应链采购的特点

1. 本质是以订单驱动需求的采购

传统采购是为库存而采购的，采购宗旨主要是保障标准化产品生产的顺利进行和充分供应，使规模生产不断延续，因此，传统采购大多是成批、标准化采购，采购部门并不关心企业的生产过程，也不了解生产的进度和产品需求的变化，因此采购过程缺乏主动性，采购部门制订的采购计划很难适应制造需求的变化。

在供应链管理环境下，采购活动是以订单驱动方式进行的。在客户需求订单的驱动下产生制造订单，然后，制造订单驱动采购订单，采购订单再驱动销售订单，其业务流程如图 6-4 所示。

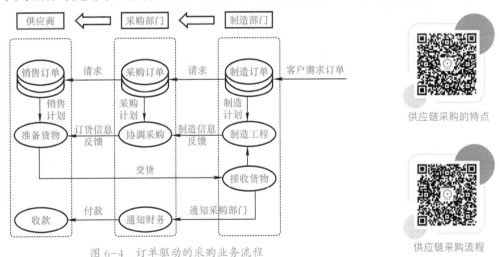

图 6-4 订单驱动的采购业务流程

供应链采购的特点

供应链采购流程

这种订单驱动的采购业务流程使供应链系统能够及时响应客户需求，从而降低库存成本，提高物流的速度和库存周转率。订单驱动的采购方式有如下特点：

（1）由于供应商与制造商建立了战略合作伙伴关系，签订供应合同的手续大大简化，不再需要双方询盘和报盘的反复协商，因此交易成本大为降低。

（2）在同步化供应链计划的协调下，制造计划、采购计划、供应计划能够并行，缩短了客户响应时间，实现了供应链的同步化运作。采购与供应的重点在于协调各种计划的执行。

（3）采购物资直接进入制造部门，减少了采购部门的工作压力和非增值的活动过程，实现了供应链精细化运作。

（4）信息传递方式发生了变化。在传统采购模式中，供应商对制造过程的信息不了解，也无须关心制造商的生产活动。但在供应链管理环境下，供应商能共享制造部门的信息，提高了应变能力，减少了信息失真；同时，在订货过程中不断进行信息反馈，修正订货计划，使订货与需求保持同步。

（5）实现了面向过程的作业管理模式的转变。订单驱动的采购方式简化了采购业务流程。采购部门的作用主要是沟通供应与制造部门之间的联系，协调供应与制造的关系，为实现精细采购提供基础保障。

2. 从采购管理向外部资源管理转变

传统采购管理的不足之处在于与供应商之间缺乏合作，缺乏柔性和对需求快速响应的能力。准时制（Just in Time，JIT）思想出现以后，对企业的物流管理提出了严峻的挑战，需要改变传统的单纯为库存而采购的管理模式，提高采购的柔性和市场响应能力，增加与供应商的信息联系和合作，建立新的供需合作模式。一方面，在传统采购模式中，供应商对采购部门的要求不能得到实时响应；另一方面，对于产品的质量只能进行事后控制，不能进行实时控制。这些缺陷使供应链企业无法实现同步化运作。为此，供应链采购的第二个特点就是实施有效的外部资源管理。

（1）与供应商建立长期的、互惠互利的合作关系。这种合作关系保证了供需双方能够有合作的诚意和共同解决问题的积极性。

（2）通过提供信息反馈和教育培训支持，促进供应商改进和保证质量。传统采购管理的不足在于没有给予供应商在有关产品质量保证方面的技术支持和信息反馈。在强调客户需求的今天，产品的质量是由客户的需求决定的，而不是简单地通过事后把关所能解决的。因此，在这样的情况下，需要下游企业提供相关质量要求的同时，把供应商的产品质量问题及时反馈给供应商，以便其及时改进。对个性化的产品质量要提供有关技术培训，使供应商能够按照要求提供合格的产品和服务。

（3）参与供应商的产品设计和产品质量控制过程。同步化运营是供应链管理的一个重要思想。通过同步化的供应链计划使供应链各企业在响应需求方面取得一致性的行动，增加供应链的敏捷性。实现同步化运营的措施是实施并行工程，即制造商企业应该参与供应商的产品设计和质量控制过程，共同制定有关产品质量标准等，使需求信息能很好地在供应商的业务活动中体现出来。

（4）协调供应商的计划。一个供应商有可能同时参与多条供应链的业务活动，在资源有限的情况下，必然会造成多方需求争夺供应商资源的局面。在这种情况下，下游企业的采购部门应主动参与协调供应商的计划。在资源共享的前提下，保证供应商不至于因为资源分配不公或出现供应商"抬杠"的矛盾，进而保证供应链的正常供应关系，维护企业的利益。

（5）建立有不同层次的供应商网络，并通过逐步减少供应商的数量，致力于与供应商建立合作伙伴关系。在供应商的数量方面，一般而言，供应商越少越有利于双方的合作。但是，企业的产品对零部件或原材料的需求是多样的，因此，不同企业的供应商数量不同，企业应该根据自己的情况选择适当数量的供应商，建立供应商网络，并逐步减少供应商的数量，致力于与少数供应商建立战略伙伴关系。

外部资源管理并不是采购一方（下游企业）单方面努力就能取得成效的，需要供应商的配合与支持。为此，供应商也应该从以下几个方面提供协作：

（1）帮助拓展下游企业的战略。

（2）保证高质量的售后服务。

（3）对下游企业的问题做出快速反应。

（4）及时报告所发现的可能影响下游企业服务的内部问题。

（5）基于下游企业的需求，不断改进产品和服务质量。

（6）在满足自己的能力需求的前提下，提供一部分能力给下游企业。

3．从一般买卖关系向战略协作伙伴关系转变

供应链管理模式下采购管理的第三个特点是供需双方的关系从简单的买卖关系向双方建立战略合作伙伴关系转变。在传统采购模式中，供应商与需求企业之间是一种简单的买卖关系，因此无法解决一些涉及全局性、战略性的供应链问题，而基于战略伙伴关系的采购模式为解决这些问题创造了条件。这些问题包括：

（1）库存问题。在传统的采购模式下，供应链的各级企业都无法共享库存信息，各级节点企业都独立地采用订货点技术进行库存决策，不可避免地产生需求信息的扭曲现象，因此供应链的整体效率得不到充分提高。但在供应链管理模式下，通过双方的合作伙伴关系，供需双方可以共享库存数据，因此采购的决策过程变得更透明，减少了需求信息的失真现象。

（2）风险问题。供需双方通过战略性合作关系，可以降低由于不可预测的需求变化带来的风险，比如运输过程的风险、信用的风险、产品质量的风险等。

（3）合作伙伴关系可以为双方共同解决问题提供便利的条件。通过合作伙伴关系，双方可以为制订战略性的采购供应计划共同协商，而不必为日常琐事消耗时间与精力。

（4）降低采购成本问题。通过合作伙伴关系，供需双方都从降低交易成本中获得好处，既避免了许多不必要的手续和谈判过程，也避免了信息不对称决策可能造成的成本损失。

（5）战略性的伙伴关系消除了供应过程的组织障碍，为实现准时制采购创造了条件。

启智增慧 准时制（JIT）采购

供应链管理环境下的采购模式强调及时、可靠和科学性。准时制采购就是这样一种先进的采购模式。它的优点是能最大限度地消除浪费、降低库存、实现零库存。其基本思想是在恰当的时间、恰当的地点、以恰当的数量、恰当的质量提供恰当的物品。准时制采购是从准时制生产发展而来的。要进行准时制生产，必须有准时的供应，因此准时制采购是准时制生产管理模式的必然要求。它与传统采购模式在质量控制、供需关系、供应商的选择、交货期的管理等方面有许多不同，其中供应商的选择和质量控制是其核心内容。准时制采购包括供应商的支持与合作，以及制造过程、货物运输系统等一系列内容。准时制采购不仅可以减少库存，还具有加快库存周转、缩短提前期、提高购物质量、获得满意交货等效果。

准时制采购主要体现在以下几个方面：

（1）采用较少的供应商，甚至单源供应。从理论上讲，采用单源供应比多源供应好：一方面，管理供应商比较方便，也有利于降低采购成本；另一方面，有利于供需之间建立

长期稳定的合作关系，质量上比较有保证。但是，采用单源供应也有风险，比如供应商可能因意外中断交货，以及供应商缺乏竞争意识等。

（2）对供应商的选择标准严格。在准时制采购模式中，由于供应商和客户是长期合作关系，供应商的合作能力将影响企业的长期经济利益，因此对供应商的要求比较高。在选择供应商时，企业需要对其进行综合的评估。在评估供应商时，价格不是主要的因素，质量是主要的因素。这种质量不单指产品质量，还包括工作质量、交货质量、技术质量等多方面内容。高质量的供应商有利于企业建立长期合作关系。

（3）要求准时交货。准时制采购的一个重要特点是要求交货准时，这是实施精益生产的前提条件。交货准时取决于供应商的生产与运输条件。供应商要保证交货准时性，可从两方面着手：一方面，不断改进企业的生产条件，提高生产的可靠性和稳定性，减少延迟交货或误点现象。作为准时制采购的一部分，供应商同样应该采用准时制生产模式，以提高生产过程的准时性。另一方面，为了提高交货准时性，运输问题不可忽视。在物流管理中，运输问题是一个很重要的问题，它决定了准时交货的可能性。特别是在全球的供应链系统中，运输过程长，而且可能要先后采用不同的运输工具，需要中转运输等，因此要进行有效的运输计划与管理，使运输过程准确无误。

（4）信息高度共享。准时制采购要求供求双方加强信息交流，保证供应与需求信息的准确性和实时性。由于双方的战略合作关系，企业在生产计划、库存、质量等各方面的信息都可以及时进行交流，以便出现问题时能够及时处理。

（5）小批量采购。在准时制采购模式下，需要减少生产批量，直至实现"一个流生产"，因此采购的物资也应采用小批量办法。当然，小批量采购增加了运输次数和成本，对供应商来说，这是很为难的事情。特别是供应商距离远的情形下，实施准时制采购的难度更大。解决的办法是采用混合运输、代理运输，或尽量使供应商靠近客户等。

单元四　供应链环境下的供应商管理

供应商管理是指对供应商的调研、选择、开发、使用和控制的综合性管理工作。它是供应链采购管理中一个很重要的环节，也是实现准时化采购的重要保障。做好供应商管理，可以缩短交货周期，提高产品质量，降低成本，提升企业在市场竞争中的应变能力。供应商管理主要包括供应商选择、供应商评价、供应商关系管理等内容。

一、供应商选择

狭义的供应商选择是指企业在研究完所有的供应商方案、建议书和报价之后，选出一个或几个供应商的过程，强调的是决策过程。广义的供应商选择则包括企业从确定需求到最终确定供应商以及评价供应商的不断循环的过程，强调的是管理过程。

（一）供应商选择的影响因素

供应链管理是一个开放系统，供应商属于该系统的一部分。供应商选择除受到政治、经济等外界宏观因素的影响外，还受到以下具体因素的影响：

1. 价格因素

价格因素主要是指供应商供给的原材料、初级产品（如零部件）或消费品组成部分的价格。供应商的产品价格决定了消费品的价格和整条供应链的投入产出比，对生产商和销售商的利润率产生一定的影响。

2. 质量因素

质量因素主要是指供应商供给的原材料、初级产品或消费品组成部分的质量。原材料、零部件、半成品的质量决定了产品的质量。产品的使用价值是以产品质量为基础的，如果产品的质量低劣，该产品将会缺乏市场竞争力，并很快退出市场。供应商所提供原材料的质量是产品质量的关键。

3. 交货周期因素

对企业或供应链来说，市场是外在系统，它的变化或波动都会引起企业或供应链的变化或波动。市场的不稳定性会导致供应链各级库存的波动，由于交货提前期的存在，必然造成供应链各级库存变化的滞后性和库存的逐级放大效应。交货提前期越短，库存量的波动越小；企业对市场的反应速度越快，对市场反应的灵敏度越高。

4. 交货可靠性因素

交货可靠性是指供应商按照订货方所要求的时间和地点，将指定产品准时送到指定地点的能力。如果供应商的交货可靠性较低，必定会影响生产商的生产计划和销售商的销售计划及时机。这样一来，就会引起整个供应链的连锁反应，造成大量的资源浪费并导致成本上升，甚至会致使供应链解体。

5. 品种柔性因素

在全球竞争加剧、产品需求日新月异的环境下，企业生产的产品必须多样化，以适应消费者的需求，达到占有市场和获取利润的目的。因此，为提高产品的市场竞争力，企业须发展柔性生产能力。而企业的柔性生产能力是以供应商的品种柔性为基础的，供应商的品种柔性决定了消费品的种类。

6. 研发能力因素

供应链的集成是未来企业管理的发展方向。产品的更新是企业进入市场的动力。产品的研发和设计不仅仅是生产商分内之事，集成化供应链要求供应商也应承担部分研发和设计工作。因此，供应商的研发和设计能力也属于供应商选择的考虑范畴。

7. 特殊加工工艺能力因素

每种产品都具有其独特性，没有独特性的产品在市场中的生存能力较差。产品的独特性要求特殊的生产工艺，所以，供应商的特殊加工工艺能力也是影响供应商选择的因素之一。

8. 其他影响因素

供应商选择的影响因素还包括项目管理能力、供应商的地理位置、供应商的库存水平等。

（二）供应商选择的步骤

供应链管理环境下，企业与供应商应构建合作伙伴关系。供应链合作伙伴关系的选择是一个复杂的过程，不仅是企业结构上的变化，而且在观念上也必须有相应的改变。所以，必须一丝不苟地选择合作伙伴，以确保真正实现供应链合作利益。企业必须确定各个步骤的开始时间，每一个步骤对企业来说都是动态的（企业可自行决定先后顺序和开始时间），并且每一个步骤对企业来说都是一次改善业务的过程。供应链合作伙伴选择步骤如图 6-5 所示。

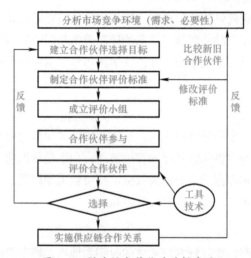

图 6-5　供应链合作伙伴选择步骤

1. 分析市场竞争环境（需求、必要性）

市场需求是企业一切活动的驱动源。建立基于信任、合作、开放性交流的供应链长期合作关系，首先必须分析市场竞争环境。因此，企业必须知道现在的产品需求是什么，产品的类型和特征是什么，以确认客户的需求，进而确认是否有建立供应链合作关系的必要；如果已建立供应链合作关系，则根据需求的变化确认供应链合作关系变化的必要性，从而确认合作伙伴选择的必要性。同时，分析现有合作伙伴的现状，以及总结合作中存在的问题。

2. 建立合作伙伴选择目标

企业须确定合作伙伴评价程序如何实施、信息流程如何运作、谁负责，而且必须建立实质性的目标。合作伙伴的评价和选择并不是一个简单的过程，而是企业自身和企业与企业之间的一次业务流程重构过程。

3. 制定合作伙伴评价标准

合作伙伴综合评价的指标体系是企业对合作伙伴进行综合评价、选择的依据和标准，是反映企业本身和环境所构成的复杂系统不同属性的指标，是按隶属关系、层次结构有序组成的集合。根据系统全面性、简明科学性、稳定可比性、灵活可操作性的原则，建立集成化供应链管理环境下合作伙伴的综合评价指标体系。虽然不同行业、企业的合作伙伴选择是不一样的，但都会涉及合作伙伴的业绩、设备管理、人力资源开发、质量控制、成本控制、技术开发、用户满意度、交货协议等可能影响供应链合作关系的方面。

4. 成立评价小组

企业须建立一个小组以控制和实施合作伙伴评价。组员以来自采购、质量、生产、工程等与供应链合作关系密切的部门的人员为主。组员必须有团队合作精神，具有一定的专业技能。评价小组必须同时得到本企业和合作伙伴企业最高领导层的支持。

5. 合作伙伴参与

一旦企业决定进行合作伙伴评价，评价小组必须与初步选定的合作伙伴取得联系，以确认它们是否愿意与企业建立供应链合作关系，是否有获得更高业绩水平的愿望。企业应尽可能早地让合作伙伴参与评价的设计过程。然而，由于企业的力量和资源有限，只能与少数关键的合作伙伴保持紧密合作关系，因此参与的合作伙伴不能太多。

6. 评价合作伙伴

评价合作伙伴的一个主要工作是调查、收集有关合作伙伴的生产运作等全方位的信息。在收集合作伙伴信息的基础上，可以利用一定的工具和技术方法进行合作伙伴评价。值得注意的是，在供应链中，不同的合作伙伴有着不同的特点，同时在供应链中起着不同的作用，因此无论采取哪种评价与选择方法，其评价指标还是应该根据合作伙伴在供应链中的角色而进行具体选择。

在评价之后有一个决策点，可根据一定的技术方法选择合作伙伴。如果选择成功，则可开始实施供应链合作关系；如果没有合适合作伙伴可选，则返回步骤2重新确立合作伙伴选择目标。

7. 实施供应链合作关系

在实施供应链合作关系的过程中，市场需求会不断变化，可以根据实际情况的需要及时修改合作伙伴评价标准，或重新开始合作伙伴评价选择。在重新选择合作伙伴的时候，应给予旧合作伙伴足够的时间以适应变化。

（三）供应商选择的方法

供应商选择的方法有很多，常见的有以下几种：

1. 直观判断法

直观判断法是根据征询和调查所得的资料并结合人的分析判断，对合作伙伴进行分析、评价的一种方法。这种方法主要是倾听和采纳有经验的采购人员的意见，或者直接由采购人员凭经验做出判断，常用于选择企业非主要原材料来源的合作伙伴。

2. 招标法

招标可以是公开招标，也可以是指定竞标。公开招标对投标者的资格不予限制；指定竞标则由企业预先选择若干个可能的合作伙伴，再进行竞标和决标。招标法的竞争性强，企业能在更广泛的范围内选择适当的合作伙伴，以获得供应条件有利的、价低而适用的物资。

当订购数量大、合作伙伴竞争激烈时，可通过招标来选择适当的合作伙伴。具体操作是由企业提出招标条件，各招标合作伙伴进行竞标，然后由企业决标，与提出最有利条件的合作伙伴签订合同或协议。

招标手续较繁杂、时间长，不能适应紧急订购的需要。同时，招标法的订购机动性差，有时订购者对投标者了解不够，双方未能充分协商，会造成货不对路或不能按时到货。

3．协商选择法

协商选择法是由企业先选出供应条件较为有利的几个合作伙伴，同它们分别进行协商，再确定适当的合作伙伴。与招标法相比，协商选择法由于供需双方能充分协商，因此在物资质量、交货日期和售后服务等方面较有保证。但由于选择范围有限，因此不一定能得到价格最合理、供应条件最有利的供应来源。当采购时间紧迫、投标单位少、竞争程度低、订购物资规格和技术条件复杂时，协商选择法比招标法更为适用。

4．采购成本比较法

对质量和交货期都能满足要求的合作伙伴，则需要通过计算采购成本来进行比较分析。采购成本一般包括售价、采购费用、运输费用等各项支出的总和。采购成本比较法是通过计算分析针对各个不同合作伙伴的采购成本，选择采购成本较低的合作伙伴的一种方法。

5．ABC 成本法

基于活动的成本分析法（Activity Based Costing Approach），简称 ABC 成本法，又称作业成本分析法，主要用于对现有流程的描述和成本分析。这种方法首先将现有的业务进行分解，找出基本活动，再着重分析各个活动的成本，特别是活动中所消耗的人工、资源等，通过计算合作伙伴的总成本来选择合作伙伴。

6．层次分析法

层次分析法的基本原理是根据具有递阶结构的目标、准则、约束条件、部门等来评价方案，采用两两比较的方法确定判断矩阵，然后把判断矩阵的最大特征相对应的特征向量的分量作为相应的系数，最后综合给出各方案的权重（优先程度）。由于该方法要求评价者对照相对重要性函数表，给出因素两两比较的重要性等级，因此可靠性高、误差小。其不足之处是当遇到因素众多、规模较大的问题时，该方法容易出现问题，如判断矩阵难以满足一致性要求，往往难于进一步对其分组。

7．人工神经网络

人工神经网络（Artificial Neural Network，ANN）是 20 世纪 80 年代以来人工智能领域兴起的研究热点。ANN 可以模拟人脑的某些智能行为，如知觉、灵感和形象思维等，具有自学习、自适应和非线性动态处理等特征。

将 ANN 应用于供应链管理环境下合作伙伴的综合评价选择，旨在建立更接近人类思维模式的定性与定量相结合的综合评价选择模型。它通过对给定样本模式的学习，获取评价专家的知识、经验、主观判断及对目标重要性的倾向。当对合作伙伴做出综合评价时，该方法可再现评价专家的经验、知识和直觉思维，从而实现定性分析与定量分析的有效结合，也可以较好地保证合作伙伴综合评价结果的客观性。

二、供应商评价

供应商评价是供应商管理的一项重要工作，是发展供应商的重要一步。它主要是通过对供应商的调查，了解供应商的整体状况，采用一定的技术与工具对供应商的资质、产品、价格、供货能力、服务水平、质量体系、财务状况等方面的完善程度与执行的充分性进行考核评价，以确定是否与其合作。

（一）供应商评价指标体系的设置原则

1. 完整全面性原则

评价指标体系必须全面反映合作企业目前的综合水平，并包括企业发展前景各方面的指标。

2. 简明科学性原则

评价指标体系的大小必须适宜。如果指标体系过大，指标层次过多，指标过细，势必将评价者的注意力吸引到细小的问题上；而指标体系过小，指标层次过少，指标过粗，又不能充分反映供应商的水平。

3. 稳定可比性原则

设置评价指标体系时还应参考国内、国外或行业的指标体系。

4. 灵活可操作性原则

评价指标体系应具有足够的灵活性，使企业能根据自己的特点和实际情况对指标灵活运用。核心企业在供应链中所处的位置不同，其选择合作伙伴的指标也不同。

（二）评价指标体系的结构

为了有效评价合作伙伴，可以构建包含三个层次的综合评价指标体系：第一层次是目标层，第二层次是四个具体因素，第三层次是细分因素，如图 6-6 所示。

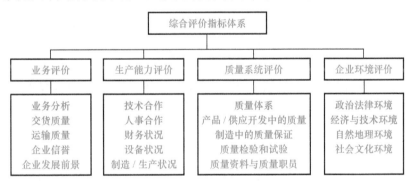

图 6-6　综合评价指标体系

三、供应商关系管理

供应商是企业的重要资源，优秀的供应商对企业发展至关重要。企业与供应商的关系已由传统的竞争性、交易性关系转变为供应链管理环境下的合作共赢关系。

供应商关系管理（Supplier Relationship Management，SRM）是企业供应链上的一个基本环节，用来改善企业与供应链上游供应商的关系。它建立在企业对供应商（包括原料供应商、其他资源供应商、服务供应商等）以及

供应链合作伙伴
关系的分类

与供应相关信息进行完整有效的管理与运用的基础上，致力于实现企业与供应商建立和维持长久、紧密的伙伴关系。

（一）供应商合作伙伴关系类型

在集成化供应链管理环境下，供应商合作伙伴关系的一个重要特征是减少供应商的数量。但是这并不意味着单源供应商，供应商合作伙伴可以分为两个层次：重要合作伙伴和次要合作伙伴。重要合作伙伴是少而精的、关系密切的合作伙伴；次要合作伙伴是相对多的、关系不是很密切的合作伙伴。根据在供应链中的增值性和竞争力，供应商可以分为四类：战略性供应商、有影响力的供应商、竞争性或技术性供应商、普通供应商，如图6-7所示。

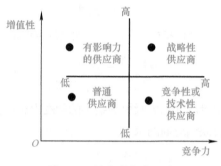

图6-7　供应商分类矩阵

1．战略性供应商

对于企业而言，合作的增值性大且竞争力强的供应商是最理想的供应商，需要考虑合作的持久性，建立战略性供应商关系，实现"强 - 强"联合。

2．有影响力的供应商

对于企业而言，合作的增值性大但竞争力不强的供应商属于较理想的供应商，称为有影响力的供应商，这类合作属于"强 - 弱"联合。

3．竞争性或技术性供应商

竞争性或技术性供应商自身的竞争力较强，但合作的增值性并不大，因此，既可能成为企业的理想供应商，也有可能成为竞争对手。如果供应商没有纵向一体化扩张的野心，且它们的管理和技术都很好，在合作过程中，可以从它们那里学到很多有益的技术和经验，获得技术支持服务，这类供应商属于理想的供应商，称为技术性供应商。但如果供应商倾向于纵向一体化扩张，更多地体现竞争性关系，合作关系的紧密程度就大大降低，称为竞争性供应商。在与竞争性或技术性供应商合作的过程中要尤其重视合作风险。

4．普通供应商

对于企业而言，还有一部分供应商，其合作的增值性较小且自身的竞争力不强，称为普通供应商。对于普通供应商，企业只需要与它们保持供货交易关系，基于物流作业层面进行低层次往来，不必将其列为企业发展的合作伙伴，并希望有更多的这类伙伴参与投标，从而选择价位上最有利的一家保持交易关系。

在实际运作中，企业应根据不同的战略目标、价值取向选择不同类型的供应商。比如，对于长期合作需求而言，应选择战略性供应商；对于短期或某一短暂市场需求而言，只需选择普通供应商即可；而对于中期需求，则要根据竞争力和增值作用，针对供应链的重要程度，相应地选择有影响力的供应商以及竞争性或技术性的供应商。

（二）双赢关系管理

双赢关系是供应链企业之间合作的典范。这种合作的供需关系强调在合作的供应商和生产商之间共同分享信息、建立供应商的激励和管理机制，通过合作和协商协调相互的行为。

1．信息交流与共享机制

信息交流有助于减少投机行为，促进重要生产信息的自由流动。为加强供应商与企业之间的信息交流，可以从以下几个方面着手：

（1）让供应商了解企业的生产程序和生产能力，能够清楚地知道企业需要的产品或原材料的期限、质量和数量。

（2）向供应商提供自己的经营计划、经营策略及相应的措施，使供应商明确企业的目标，以使自己能随时达到企业要求的目标。

（3）实施并行工程。制造商在产品设计阶段让供应商参与进来，这样供应商可以在原材料和零部件的性能与功能方面为制造商提供有关信息，为实施 QFD 的产品开发方法创造条件，把用户的价值需求及时转化为对供应商的原材料和零部件的质量与功能要求。

（4）建立联合任务小组解决双方共同关心的问题。在供应商与制造商之间应建立一种基于团队的工作小组，由双方的有关人员共同组成，解决供应过程以及制造过程中遇到的各种问题。

（5）与供应商互访。供应商与企业应经常性地互访，及时发现和解决各自在合作活动过程中存在的困难与出现的问题，便于营造良好的合作气氛。

（6）使用 EDI 和互联网技术进行快速的数据传输。

2．供应商的激励机制

要保持长期的双赢关系，对供应商的激励是非常重要的，没有有效的激励机制，就不可能维持良好的供应关系。在激励机制的设计上，要体现公平、一致的原则。通过给予供应商价格折扣和柔性合同以及赠送股权等，使供应商能够与企业共同获利，同时也使供应商从合作中体会到双赢的好处。

3．合理的供应商评价方法和手段

要对供应商进行激励，就必须对供应商进行评价，使其不断改进。如果没有合理的评价方法和手段，就不可能对供应商的合作效果进行正确评价，这将大大挫伤供应商的合作积极性和稳定性。对供应商的评价要抓住主要指标或问题，比如交货质量是否改善了、提前期是否缩短了、交货的准时率是否提高了等。企业进行评价后，把结果反馈给供应商，与供应商共同探讨问题产生的根源，并采取相应的措施予以改进。

4．与供应商的长期契约的制定

传统采购管理的过程控制是企业通过监督并以合同为考核标准进行控制的。这种控制过程需要在每次采购之前签订一个购销合同，此合同必须尽量考虑到过程中会发生的任何情况，但这是很难做到的。而基于供应链的采购管理的过程控制是通过长期契约来进行的。这种长期契约与传统合同所起到的约束功能不同，它是维持供应链的一条"纽带"，是企业与供应商合作的基础。

与供应商的长期契约提供了一个行为规范，这个规范需要供应链节点企业共同遵守。具体包含以下内容：

（1）损害合作的判定标准及其惩罚规定。企业与供应商的长期合作是实现基于供应链的采购管理的基础。任何有损于合作的行为都是有害的，不论这种行为是供应商引起的还是企业自身引起的。因此，对这种行为的判定和惩罚是长期契约的必要组成部分。

（2）激励条款。对供应商的激励是使供应商参与供应链的一个重要条件。为供应商提供只有参与此供应链才能得到的利益是激励条款必须体现的。此外，激励条款应包括激励供应商提高质量控制水平、供货准时水平和供货成本水平等业务水平的内容。供应商业务水平的提高意味着采购过程更加稳定可靠，而费用也会随之降低。

（3）质量控制条款。在供应链采购管理中，质量控制主要是由供应商进行的，企业只在必要时对质量进行抽查。因此，关于质量控制的条款应明确质量职责，还应激励供应商提高其质量控制水平。对供应商实行免检是对供应商质量控制水平的最高评价。长期契约中应指出实行免检的标准和对免检供应商的额外奖励，以激励供应商提高其质量控制水平。

（4）信息交流的规定。供应链企业之间任何有意隐瞒信息的行为都是有害的，充分的信息交流是供应链采购管理良好运作的保证。长期契约应对信息交流提出保障措施，如规定双方互派通信员和规定每月举行信息交流会议等，防止信息交流出现问题。

还应该强调的是，长期契约应是合作双方共同制定的，双方在制定契约时处于平等的地位。长期契约在实行一段时间后应考虑进行修改，因为实际环境会不断变化，而且长期契约在制定初期也会有不合适的地方，进行一定的修改和增减是必要的。

模块小结

采购管理是供应链管理的重要组成部分，采购活动对实现企业生产和销售的目标具有战略意义，有效的采购管理能够实现降低成本、提高产品质量、保障物资供应等目标。面对复杂多变的市场需求，做好需求预测，提高预测精度，有利于提高供应链系统的运作效率。需求预测方法主要有定性预测方法和定量预测方法。定性预测方法主要有用户调查法、销售人员意见法、德尔菲法等，定量预测方法主要有移动平均法、指数平滑法、季节指数预测法和回归分析预测法等。

在供应链管理环境下，虽然采购的基本流程是一致的，但基于供应链的采购模式与传统采购模式存在很大的差别。供应链采购模式是基于订单需求的采购，强调从采购职能管理向外部资源管理的转变，强调从一般买卖关系向战略合作伙伴关系的转变。供应链管理目标的实现，离不开良好的供应商合作。供应链管理环境下，企业注重供应商的选择、评价和关系管理，通过与供应商构建合作共赢的伙伴关系，实现供应链采购管理的目标。

增值性评价活动

知识测评

一、单项选择题

1. 狭义的采购是指通过（　　）方式获取物品，以达到满足需求的目的的过程。

    A. 购买   B. 租赁   C. 借贷   D. 交换

2. 按照采购制度分，（　　　）是指企业建立专门的采购机构，统一组织企业所需物品的采购业务。

    A. 集中采购   B. 分散采购   C. 招标采购   D. 议价采购

3. （　　　）是指在市场环境下，在选择至少两家供应商的基础上，由供应商公开报价，最后选出合适的供应商。

    A. 比价采购   B. 定价采购   C. 招标采购   D. 议价采购

4. （　　　）是指企业根据历史销售记录和其他调研信息，对未来一段时期内的客户需求进行评估分析的过程。

    A. 生产计划   B. 需求预测   C. 客户预测   D. 调研

5. （　　　）也称专家调查法，是在专家会议的基础上发展起来的一种需求预测方法。

    A. 定性预测方法   B. 定量预测方法

    C. 德尔菲法   D. 销售人员意见法

6. （　　　）是根据历史资料的上期实际值和预测值，用指数加权的办法进行预测。

    A. 加权移动平均法   B. 指数平滑法

    C. 季节指数预测法   D. 回归分析预测法

7. 以下（　　　）不是供应链环境下采购的角色定位。

    A. 为库存而采购

    B. 对外部资源进行管理

    C. 与供应商保持战略协作伙伴关系

    D. 采购人员从战术角色向战略角色转变

8. 以下关于采购决策的说法错误的是（　　　）。

    A. 一般情况下单次采购量越大，在价格上得到的优惠越多，同时因采购次数减少，采购费用会相对降低；但一次进货数量过大容易造成积压，占压资金，且增加了利息支出和仓储管理费用

    B. 如果一次采购量过小，那么在价格上得不到优惠，同时因采购次数的增多而加大采购费用的支出，并且增加了因供应不及时而造成停产待料的风险

    C. 采购（包含订购）工作要做到五个恰当：恰当的数量、恰当的时间、恰当的地点、恰当的质量、恰当的价格

    D. 采购最终的目标是通过比较不同供应商的价格，选择最便宜的，从而实现企业的原材料支出最小化

9. 在许多情况下，企业会与其供应商结成某种关系，使得两者能采取统一行动。这种关系被称为（　　　）。

    A. 供应商保证   B. 供应商协作

    C. 供应商整合   D. 供应商伙伴关系

10. 采购的一般流程的第一步是（　　　）。

    A. 供应商选择   B. 采购申请

    C. 需求确定   D. 发出订单

二、多项选择题

1. 关于传统采购以下说法错误的是（　　　　）。

　　A. 传统采购的重点是重视交易过程的供应商的价格比较，通过供应商的多头竞争，从中选择最低的价格

　　B. 在传统的采购方式下，质量、交货期等都是通过事前把关的办法进行控制的

　　C. 传统采购的供需关系是临时的或短时期的合作关系，合作多于竞争

　　D. 传统采购具有迅速响应客户需求的能力

2. 下列（　　　　）是供应链管理环境下采购的特点。

　　A. 本质是以订单驱动需求的采购

　　B. 从采购管理向外部资源管理转变

　　C. 为库存而采购

　　D. 从一般买卖关系向战略协作伙伴关系转变

三、思考题

1. 传统采购与供应链采购的区别有哪些？

2. 订单驱动的采购模式有什么特点？

3. 试简要说明采购的战略地位。

4. 如何建立供应商合作伙伴关系？

四、计算题

某电视机生产企业的北京销售网点去年 6 个月的销售数据如表 6-7 所示，请分别采用加权移动平均法和指数平滑法预测其下一年度 1 月份的市场需求（假设平滑指数为 0.8）。

表 6-7　某电视机生产企业的北京销售网点去年 6 个月销售数据　（单位：台）

销售网点	货物	去年 7 月销量	去年 8 月销量	去年 9 月销量	去年 10 月销量	去年 11 月销量	去年 12 月销量
北京总经销	液晶电视	7101	9478	9763	13 572	19 822	20 700

技能测评

实训任务：生产企业采购模式调研。

实训要求：调研一家生产企业，了解生产企业的采购策略和供应商管理策略，掌握新形势下生产企业的采购创新模式。

实训步骤：

1. 每 4 ～ 6 名学生为一组，进行分工，明确成员任务。

2. 详细调研企业有关采购方面的内容，包含但不仅限于采购的物资品类、采购的方法、供应商名称、供应商分类、供应商关系等。

3. 完成调研与分析报告。

实训评价：实训评价内容如表 6-8 所示。

表 6-8　生产企业采购模式调研实训评价表

评价项目	考评点	分值	得分
成员表现（20%）	分工合理，态度端正	20	
调研报告（80%）	文体格式规范美观，层次、段落清晰，语言通顺，无错别字	20	
	调研目的明确，围绕主题展开调研，清晰陈述调研时间、地点与企业基本概况	20	
	调研内容充实，详细介绍企业采购的物资品类、采购的方法、供应商名称、供应商分类、供应商关系等调查内容	20	
	采购模式及供应商关系分析透彻，具有数字思维和创新思维	20	
合　计		100	

学习目标

知识目标：

● 了解企业的生产组织形式以及相应的物流业务特征。

● 熟悉主生产计划、物流需求计划以及制造资源计划的基本内容。

● 熟悉生产计划编制基本流程和常用方法。

能力目标：

● 能利用滚动方法为不同类型生产企业编制生产计划。

● 能依据主生产计划和物料清单制订物料需求计划。

素质目标：

● 培育学生细致耐心的工匠精神与系统管理理念。

● 培养学生的创新分析能力和工程管理能力。

案例导入

上汽数智之旅：上汽通用凯迪拉克数字化工厂

上汽通用凯迪拉克数字化工厂位于上海浦东金桥，是一座集柔性、智能、科技于一体的世界级绿色豪华车制造工厂，也是上海市首批20家智能制造示范工厂之一（见图7-1）。

进入上汽通用凯迪拉克数字化工厂，其车身车间拥有821台机器人，油漆车间拥有142台机器人，自动化程度相当高，平均每70秒就能生产出一辆车。不仅如此，诸多检查、防错工作也由机器人代替人工完成，大大降低了漏检、错检的概率。目前共有8款车型在此共线柔性生产，8款车型中，每款车型有20多种配置，算下来就有160多种不同的配件、6900余种搭配方案。但由于工厂采用视觉机器人扫描订单，一车一单，扫描完成后，无人叉车会根据订单自动前往货架选料，并将相应的配件送到工位旁，与人工操作相比，准确性和效率都大大提高。更值得一提的是，在上汽通用凯迪拉克数字化工厂，每一辆车的零部件在进厂前，其参数就已经与整车数据进行了虚拟匹配，包括油漆质量情况、磨合数据等，以确保一次性装配成功。

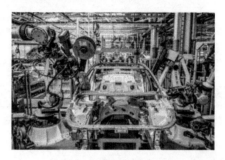

图 7-1　上汽通用凯迪拉克数字化工厂

除此之外，上汽通用凯迪拉克数字化工厂更是拥有众多智能制造"黑科技"，如"铝激光钎焊"ALB 技术、全以太技术（ETHER）、SPR"自冲铆接技术"等，实现了严苛的车身刚性和连接强度要求。涂装车间应用了薄膜前处理、高泳透力电泳、二道色漆、有色清漆等全球领先的涂装工艺，能满足消费者对豪华车外观品质的严苛要求。总装车间则具备世界级数字化装配体系，通过智能物联网系统可以追溯每一个关键紧固点的扭矩信息。

进入测试环节，在采用 GM 全球统一标准的雨淋室，通过 360 多个喷头对整车进行全方位无死角的强力冲击测试，可以模拟出比世界上最大降雨还大 4 倍的降雨量；在坏路跑道，可以测试颠簸路、绳索路、条形路、比利时路、扭曲路等恶劣路况上对车辆的影响；上汽通用汽车还拥有有"金耳朵"之称的异响工程室，能捕捉到车上极其细微的异响……

高科技的智能工厂正用科技创造出美好的未来，也让用户切身感受到创新先进的"智造"技术带来的品质保障。

案例思考：上汽通用凯迪拉克数字化工厂如何运用智能物流技术提升生产管理效率？

单元一　生产管理与生产物流

一、生产管理概述

（一）生产管理的过程

一切社会组织将其输入转化为输出的过程称为生产（见表 7-1）。生产管理是对企业生产系统的设置和运行的各项管理工作的总称，又称生产控制。生产管理的目的在于达到投入少、产出多，取得最佳经济效益。生产管理的主要模块包括计划管理、采购管理、制造管理、品质管理、效率管理、设备管理、库存管理、士气管理及精益生产管理等九大模块。

表 7-1　典型生产过程

社会组织	主要输入	主要变换功能	主要输出
运输企业	供应地产品	空间移动	需求地产品
家电企业	钢板、零配件	加工装配	家电成品
电商企业	线上客户	展示商品详情	客户订单
大学	高中毕业生	教学活动	专业人才
仓储公司	流通货物	时间移动	客户货物

随着信息化技术的发展及管理水平的不断提升，信息化生产管理成为制造企业生产管理的重要手段。企业通过信息化技术掌握生产速度、质量及生产工人的工作绩效，可以大大提升制造企业的生产管理水平。而且，在生产现场应用更多自动化设备可以大大提升生产效率、降低生产成本及保证产品质量稳定。

典型的生产管理系统有企业资源管理系统（ERP）的生产管理模块、物料需求计划（MRP）、制造企业生产过程管理系统（MES）、生产设备和工位智能化联网管理系统（DNC）、生产数据及设备状态信息采集分析管理系统（MDC）、制造过程数据文档管理系统（PDM）等。

生产企业提升生产效率常用的三个管理方法如下：

1．标准化

生产企业里有各种各样的规范，如规程、规定、规则、标准、要领等等，这些规范形成文字化的内容统称为标准（或称标准书）。制定标准，而后依据标准付诸行动则称为标准化。只是编制或制定了标准还不能称为标准化，只有经过指导、训练才能算实施了标准化。

2．目视管理

目视管理就是通过视觉导致人的意识变化的一种管理方法。目视管理有三个要点：无论是谁都能判明是好是坏（异常）；能迅速判断，精度高；判断结果不会因人而异。

据统计，人的行动的60%是从视觉的感知开始的。因此在企业管理中，强调各种管理状态、管理方法清楚明了，达到"一目了然"，从而容易明白、易于遵守，让员工自主理解、接受、执行各项工作，这将会给管理带来极大的好处。

3．管理看板

管理看板是管理可视化的一种表现形式，即对数据、情报等状况一目了然地呈现出来，主要是对管理项目，特别是情报进行的透明化管理活动。它通过各种形式（如标语、白板、图表、电子屏等）把文件上、大脑中或现场等隐藏的情报揭示出来，以便使任何人都可以及时掌握管理现状和必要的情报，从而能够快速制定并实施应对措施。因此，管理看板是发现问题、解决问题的非常有效且直观的手段，是优秀的现场管理必不可少的工具之一。

管理看板有助于实现车间生产现场管理透明化，一般包括生产看板、异常看板等。生产看板是将计划部门的排程规划以生产指示的形式分发到各车间，明确各车间的生产任务及生产进度。通过将生产任务以电子牌（电子看板）形式显示到各生产线，生产人员根据电子看板的内容明确生产任务，从而使各个生产人员的职责更加清晰，避免生产人员凭感觉判断任务先后顺序。异常看板的作用是当车间生产现场发生异常状况，如缺料、未按计划开工或完工时，协助车间生产管理人员及时处理，确保生产稳定进行。异常看板可以记录异常呼叫时间点、异常开始处理时间点、异常处理结束时间点，能够统计异常处理时间、异常发生率、异常发生率趋势等数据。

（二）生产管理的内容

生产管理的目标是对客户产品交付异常情况进行及时有效的处理。具体管理内容包括：

1．生产运作系统的设计

生产运作系统设计的具体工作内容包括产品或服务的选择和设计、生产运作设施的地点选择、生产运作设施的布置、服务交付系统设计、工作设计等。

2．生产运作系统的运行

（1）生产计划：解决生产什么、生产多少和何时出产的问题。生产计划的具体工作内容包括编制生产计划、生产技术准备计划和生产作业计划等。

（2）生产组织：解决如何合理组织生产，使有限的资源得到充分而合理的利用问题。生产组织的具体工作内容包括选择厂址、布置工厂、组织生产线、实行劳动定额和劳动组织、设置生产管理系统等。

（3）生产控制：解决如何保证按计划完成任务的问题。生产控制的具体工作内容包括控制生产进度、生产库存、生产质量和生产成本等。

3．生产运作系统的维护

生产运作系统的维护的具体工作内容包括设施的维修和管理、质量的保证、整个生产运作系统的不断改进等。

古为今用

古代的"浮海大船"是如何建造、下水、修理的

我国古代造船工场在漫长的发展过程中，实现了造船设备从无到有、从缺到全、从简陋到优良的发展历程。劳动人民的创造不胜枚举，作为船厂主要设备的船台和船坞就是其中的两个范例。

船在陆上建造完成以后，如何让它下水，乃是重要的一环。较小的船，人们肩扛手推就可下水。大一点的船，可通过在泥地上挖两条穴道，并进行洒水润滑，从船底纵向绑扎两根方木，将船放置在穴道中滑行下水；也可利用秋冬的枯水期，在江、河、湖边的沙滩上造船，待来年夏季汛期到来自动将船浮起。

随着木船建造规模的加大和造船数量的急剧增加，如果仅用这些简易的或受季节限制的方法下水，容易遇到很多困难：泥地承压能力小，支持不了高大的船体，而且随着对船只需求的增加，不能总在特定季节造船，因为有的大船不一定能在旱季完工，难以满足船只需求。通过不断的实践，我国古代劳动人民发明了较为坚固基础、专供造船用的场地"船台"，以及供船只下水用的滑道。

怎么将船由水里拖到陆上来修理呢？小船固然可以拖上岸，大船就要另想办法。我国古代劳动人民，在世界上最先解决了这个问题，即发明了一种叫"船坞"的设备。最简单的船坞是在河边挖一个大坑，如坑里的水与河水相连的就叫"湿船坞"；把船引到坑内后，在坑的出口和河道交界处筑一道坝，隔断水流，再抽干坑里的水，就成了"干船坞"。干船坞不仅可用于修船，也可以在坞内造大船。

船坞的发明，不仅对我国，而且对世界造船事业都是一个巨大贡献。在西方，直到公元1495年英国才建立起欧洲第一个船坞，比我国晚了500多年。

二、生产物流概述

（一）生产物流的过程

生产物流是指生产企业内部进行的涉及原材料、在制品、半成品、产成品等的物流活动〔《物流术语》（GB/T 18354—2021）〕。生产物流的起点是原材料、外购件的投入，终点是产成品仓库，中间的不同环节上涉及加工、搬运、仓储等活动。

生产物流与生产过程密切联系。在对生产过程的管理中采用什么样的管理技术，就要求有相应的物流手段与之对应。

生产物流既包括物料在空间上的布局，也包括时间上的组织，是生产用物料在空间和时间上的运动过程，是生产系统的动态表现。

（二）生产物流的主要业务环节

（1）工厂布置：包括工厂范围内各生产手段的位置确定、各生产手段之间的衔接，以及实现这些生产手段的方式。

（2）工艺流程：产品的技术加工过程。

（3）装卸搬运：生产物流过程中发生频率最高的物流活动。

（4）仓库作业：用于生产过程中半成品、在制品短暂停留的场所。

（三）生产物流的主要影响因素

（1）生产类型：不同类型的生产企业，其物流活动的表现不同。这是影响企业生产物流的关键因素，它影响生产物流的构成和比例。

（2）生产规模：一般而言，生产规模越大，生产过程的构成越齐全、物流量越大。生产规模影响物流量大小。

（3）企业的专业化与协作水平：影响生产物流的构成与管理。企业的专业化与协作水平提高，则生产物流趋于简化，物流流程进一步缩短。

（四）生产物流合理化的基本要求

（1）物流过程的连续性：为保证生产的连续性，物流过程必须有序、连续进行，使物料能顺畅、最快地走完各个工序，直到完成产品的生产。

（2）物流过程的平行性：物料在生产过程中要实行平行交叉作业，使各个支流能平行流动。

（3）物流过程的节奏性：从投料到最后完成入库，保证按计划有节奏或均衡进行，避免出现忙闲不均现象。

（4）物流过程的比例性：考虑各工序内的质量合格率，以及装卸搬运过程中的可能损失，零部件数量在各工序间有一定的比例，形成了物流过程的比例性。

（5）物流过程的适应性：企业生产组织向多品种、少批量方向发展，要求生产过程具有较强的应变能力，物流过程同时具备相应的应变能力。

（五）生产物流系统的设计原则

（1）功耗最小原则：物流距离要尽量短，搬运量要尽量小。

（2）流动性原则：流动顺畅，避免逆向、交错流动。

（3）高活性指数原则：物流过程中货物易于移动。

（六）生产物流的组织

生产物流的组织和生产过程的组织是同步进行的。由于生产过程存在空间组织和时间组织，生产物流也存在空间组织和时间组织。

1. 生产物流的空间组织

生产物流的空间组织是指企业内部各生产阶段或生产单位的组织及其空间位置的安排，目标是缩短物流在工艺流程中的移动距离。组织形式包括工艺专业化组织形式、对象专业化组织形式和成组工艺组织形式。

（1）工艺专业化组织形式。工艺专业化组织形式也称工艺原则、功能生产物流体系，是将同类设备和人员集中在一起对企业生产的各种产品进行相同工艺加工的生产物流组织形式，即使用同类型的设备、同工种的工人、同样加工方法完成产品某一工艺过程加工。它适用于企业生产规模不大、生产专业化程度低、产品品种不稳定的单件小批量生产。

（2）对象专业化组织形式。对象专业化组织形式也称产品专业化原则、流水线，是按加工产品为对象划分生产单位，通过固定制造某种部件或某种产品的封闭车间，将其设备、人员按加工或装配的工艺过程顺序布置，形成一定的生产线来完成物料流动，如汽车制造厂、发动机分厂、电机车间等的生产物流都是这种组织形式。

（3）成组工艺组织形式。结合上述两种形式的特点，按成组技术原理，把完成一组相似零件的所有或极大部分加工工序的多种机床组成机器群，以此为一个单元，并根据其加工路线在其周围配置其他必要设备进行加工的生产物流组织方式。

2. 生产物流的时间组织

生产物流的时间组织是指一批加工对象在生产过程中各生产单位、各道工序之间在时间上的衔接和结合方式。同一批加工对象一般有三种典型的移动组织方式：

（1）顺序移动方式：当一批生产加工对象在上道工序完成全部加工后，整批转到下道工序生产加工。

（2）平行移动方式：每个产品或零件在上道工序加工完后，立即转到下道工序加工，使各个零件或产品在各道工序上的加工平行地进行。

（3）平行顺序移动：一批零件或产品既保持每道工序的平行性，又保持连续性的作业移动方式。

（七）生产类型与生产物流

生产类型是指生产的产品产量、品种和专业化程度在企业技术、组织和经济上的综合反映和表现。它是影响生产管理过程的主要因素，有多种划分形式。

1. 按接受生产任务的方式划分为订货型生产与备货型生产

订货型生产：企业根据客户在产品结构及性能等方面的要求，以合同的方式确定产品的品种、性能、数量及交货期来组织生产。如锅炉、船舶等产品的生产，属于订货型生产。

备货型生产：企业根据市场需求（现实需求和潜在需求），有计划地进行产品开发和生产，生产出的产品不断补充成品库存，随时满足客户的需求。如轴承、紧固件、小型电机等产品的生产，属于备货型生产。

订货型生产与备货型生产的生产物流具有以下特征：

订货型生产具有重复性、稳定性差、交货期要求严格等特征，需要按工艺专业化的空间组织方式来组织物流活动。

备货型生产具有重复性、稳定性强、有稳定的生产计划等特征，不仅需要按对象专业化的空间组织方式来组织物流活动，还需要加强市场需求的预测工作。

2．按生产工艺特征划分为连续型生产和离散型生产

连续型生产：生产过程中，物料均匀、连续地按一定工艺顺序运动，生产流程具有连续性的特点和要求，故又称为流程式生产。如化工（塑料、药品、肥料等）、炼油、冶金、食品、造纸等的生产过程。

离散型生产：企业的产品是由离散的零部件装配而成的，零部件以各自的工艺过程通过各个生产环节，物料运动呈离散状态，因此称为离散型生产。因为这类产品都是先加工出零件，再将零件装配成产品，所以又将其称为加工 - 装配式生产，如轧钢和汽车制造。

连续型生产和离散型生产的生产物流具有以下特征：

连续型生产组织形式下，生产出的产品和使用的设备、工艺流程都是固定且标准化的，工序之间几乎没有在制品储存。因此，连续型生产物流管理的重点是保证连续供应物料和确保每一个生产环节的正常运行。由于工艺相对稳定，因此有条件采用自动化装置实现对生产过程的实时监控。

离散型生产组织形式下，制成的零件通过部件装配和总装配最后成为产品，整个产品的生产工艺是离散的，各个生产环节之间要求有一定的在制品储备。因此，离散型生产物流管理的重点是在保证及时供料，在零件、部件的加工质量基础上，准确控制零部件的生产进度，缩短生产周期，既要减少在制品积压，又要保证生产的成套性。

3．按产品生产的重复程度划分为大量生产、成批生产、单件生产和项目型生产

大量生产：生产过程中产品设计和零件制造标准化、通用化、集中化；较高的零件互换性和装配的简单化使生产效率极大地提高，生产成本低，产品质量稳定；产品品种数相对单一，但产量相当大，生产的重复度非常高且适合进行大批量配送。

成批生产：生产过程中产品设计系列化，零部件制造标准化、通用化；工艺过程采用成组技术；运用柔性制造系统使生产系统能适应不同的产品或零件的加工要求，并能减少加工不同零部件之间的换模时间；生产的产品品种繁多，且每一品种有一定的生产数量，但产量有限，生产的重复度中等。

单件生产：生产过程中工人以"师傅带徒弟"的方式进行培养，个人具有高超技术；生产的组织分散；产品设计和零件制造分散；设备使用通用机器；需要生产的产品品种多但每一品种生产的数量很少，生产重复度低。

项目型生产：当生产系统需要的物料进入生产场地后，几乎处于停止的"凝固"状态，或者说在生产过程中物料流动性不强。其生产过程的特点是物料凝固、物料投入大、产品生产周期长、一次性生产、生产的适应性强，如大型设备制造、造船厂、飞机制造厂等。

大量生产、成批生产、单件生产和项目型生产具有以下特征：

大量生产组织形式下，由于该生产类型的企业物料被加工的重复度高，从而物料需求的外部独立性和内部相关性易于计划和控制。产品设计和工艺设计相对标准和稳定，从而使物料的消耗定额容易并适宜准确计算。生产品种的单一性使得制造过程中物料采购的供应固定，外部物流相对而言较容易控制。为达到物流自动化和效率化，强调在采购、生产、销售物流各功能的系统化方面，引入运输、保管、配送、装卸、包装等物流作业中各种先进技术的有机配合。

成批生产组织形式下，物料生产的重复度介于单件生产和大量生产之间，一般是制定生产频率，采用混流生产。以 MRP（物料需求计划）实现物料的外部独立需求与内部的相关需求之间的平衡。以 JIT（准时生产制）实现客户个性化特征对生产过程中物料、零部件、成品的拉动需求。产品设计和工艺设计采用并行工程处理，物料的消耗定额容易准确计算，从而使产品成本降低。生产品种的多样性对制造过程中物料的供应商有较强的选择要求，从而计算外部物流较难控制。

单件生产组织形式下，生产重复程度低，物料需求与具体产品制造存在一一对应的相关需求。产品设计和工艺设计重复性较低，导致物料的消耗定额不容易或不适宜准确计算。生产品种的多样性使得制造过程中采购物料所需的供应商多变，外部物流较难控制。

项目型生产组织形式下，物料采购量大、供应商多、外部物流较难控制。生产过程中原材料、在制品占用大，无产成品占用。物流在加工场地的方向不确定，加工路线变化极大，工序之间物流联系不规律。物料需求与具体产品存在一一对应的相关需求。因此，项目型生产物流管理的重点是按照项目的生产周期对每阶段所需的物料在质量、费用以及时间进度等方面进行严格的计划和控制。

💡 **想一想**

> 你所购买的商品采用了哪种生产组织形式？它们的生产物流特征是什么？

启智增慧 C919 "带飞" 的生产物流管理

2023 年 5 月 28 日 12 时 31 分，经过 1 小时 59 分钟飞行，由 C919 大型客机执飞的东方航空 MU9191 航班平稳降落在北京首都国际机场，穿过象征民航最高礼仪的 "水门"，迎来了它的 "成人礼"。

国产大飞机 "展翅"，翻开了我国民用航空产业的崭新一页，不仅标志着我国民用航空工业，甚至整个工业体系已进入世界前列，同时也将 "生产物流管理" 引入了大众视野。

众所周知，飞机制造业产业链长且复杂，一架飞机的零部件数量是以百万个计算的，相关零部件的生产与销售遍布全球。世界上 200 多个国家和地区，具备大飞机制造能力的却不超过 10 个。

换言之，大飞机制造并不是把所有能够组装的零部件组装在一起就完成了。我国之所以能够迈出挑战波音与空客双头垄断的第一步，背后离不开极高的生产物流管理水平。

这次商业首飞，绝不只是 C919 的起飞，而是一个万亿大飞机市场的起飞，是我国一整套高利润、高技术产业的起飞。

C919 采用主流客机制造国际通行的 "主制造商—供应商" 模式。据统计，国内有 22 个省市、200 多家企业、36 所高校、数十万名产业人员参与了 C919 大型客机研制。

其中 C919 的机体结构主要包括机头、前机身、中机身 - 中央翼、中后机身、后机身、外翼盒段、副翼、垂尾、平尾等部段，由中国商用飞机有限责任公司（简称 "中国商飞"）自主设计，成飞、洪都集团、上飞、西飞、沈飞、航天 306 所等单位共同制造，并由中国商飞负责总装，如图 7-2 所示。

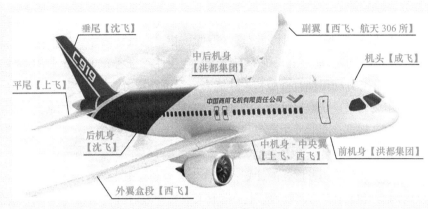

图 7-2　C919 机体结构

　　C919 飞机装配线项目中包含联合设计、分批发货、投产前验收、首件检验验收、最终验收等多个里程碑节点，面临着技术复杂、协调环节多、建设周期紧等多方压力。中航供应链拟定全新版本采购合同，采用新的项目管理方法，组织了专业的商务及法律项目团队，防控风险，保障项目节点的按时完成。

　　C919 的名字含义深重，它寓意天长地久，也包含着我国人民对国产大飞机的一种期盼、一种自豪。

单元二　企业生产计划与生产模式

　　企业生产计划是指企业在计划期内应达到的产品品种、质量、产量和产值等生产方面的指标、生产进度及相应的布置。企业生产计划是指导企业计划期内生产活动的纲领性方案，它是根据需求和企业生产作业能力，对一个生产运作系统的产出品种、产出速度、产出时间、劳动力和设备配置以及库存等问题所预先进行的考虑和安排。

生产计划该
如何制定

一、企业生产计划的类型

　　编制生产计划是企业生产管理的一项基础工作，一般可分为长期生产计划、中期生产计划以及短期生产计划。

1. 长期生产计划

　　长期生产计划是企业战略计划的重要组成部分，是由企业最高决策层制订的计划，计划期一般为 3 年以上。长期生产计划没有明确的计划形式，主要内容包含在企业战略计划、经营计划、资源计划等计划中。其任务主要涉及产品决策、生产发展规模、技术发展水平、新生产设施的建造等。长期生产计划要与同时期的营销计划、市场预测、财务计划、资源计划等相协调。

2. 中期生产计划

中期生产计划是战术计划，其计划周期一般为 1 年，也被称为年度生产计划。其主要任务是在正确预测市场需求的基础上，统筹安排企业年度生产任务，规定企业的品种、质量、数量、进度等指标，充分利用现有资源和生产能力，尽可能均衡地组织生产活动，合理控制库存水平，以满足市场需求，获取尽可能多的利润。中期生产计划目标就是如何充分利用生产能力，满足预测的客户需求，同时使生产率尽可能均衡稳定，并控制库存水平，同时使总生产成本尽可能低。

中期生产计划主要包括两种形式的计划：综合生产计划与主生产计划。

综合生产计划，也称生产大纲，是对企业未来很长一段时间内资源与需求平衡的总体构想，是根据企业的生产能力和需求预测，对企业未来很长一段时间内的产出内容、产出量、劳动水平和库存水平的决策、规划和初步安排。

主生产计划（MPS）要确定每个具体的最终产品在每个具体时间段内的生产数量。它是综合生产计划的具体化。最终产品是指对于企业来说最终完成，要出厂的具有独立需求特征（面向市场）的整机、部件或零件。最终产品可以是直接用于消费的成品，也可以是作为其他企业生产的部件或配件。具体时间段通常是以周为单位，也可能是日、旬、月。

综合生产计划与主生产计划的区别在于：综合生产计划的对象是产品系列，而不是某一具体产品，计划时间单位是月；主生产计划的对象是每个具体产品，计划时间单位是周。因此，综合生产计划是对未来一段较长时间内企业的不同产品系列所做的概括性安排，它不是一种用来具体操作的实施计划，而主生产计划正是把综合计划具体化为可操作的实施计划。

3. 短期生产计划

短期生产计划属于作业层计划，计划周期在 6 个月以内，一般是月度或跨月度计划，是年度生产计划的具体实施方案。短期生产计划的计划类型主要包括物料需求计划（MRP）和生产作业计划。

物料需求计划（MRP）是将 MPS 分解为构成产品的各种物料的需要数量和需要时间的计划，以及这些物料投入生产或提出采购申请的时间计划。

生产作业计划是把年度生产计划规定的任务，一项一项地具体分配到每个生产单位、每个工作中心和每个操作工人，规定他们在月、周、日以至每个班次的具体任务。其内容包括作业任务分配、作业排序、进度控制等。

不同的企业会根据产品生产和需求特性的不同选择不同的计划期。对于品种少、生产批量大、产品更新换代慢的企业，往往选择以月或周为单位制订生产计划；对于品种多、生产批量小且产品更新换代速度快的企业，往往选择以周或日为单位制订生产计划。企业生产计划管理流程如图 7-3 所示。

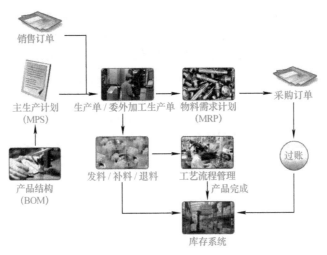

图 7-3　企业生产计划管理流程

二、生产计划的编制方法

（一）滚动计划法

1. 滚动计划法概述

滚动计划法也称滑动计划法，是一种定期修订未来计划的方法。它是按照"近细远粗"的原则制订一定时期内的计划，然后按照计划的执行情况和环境变化，调整和修订未来的计划，并逐期向前移动，把短期计划和中期计划结合起来的一种计划方法。

滚动计划法不是等一项计划全部执行完之后再重新编制下一时期的计划，而是在每次编制或调整计划时，均将计划按时间顺序向前推进一个计划期，即向前滚动一次，按照制订的项目计划进行施工，对保证项目的顺利完成具有十分重要的意义。但是，由于各种原因，在项目进行过程中经常出现偏离计划的情况，因此要跟踪计划的执行过程，以发现存在的问题。此外，跟踪计划还可以监督过程执行中的费用支出情况，跟踪计划的结果通常还可以作为向承包商进行支付的依据。

2. 滚动计划法的实施流程

滚动计划法的总体思路为：在已编制计划的基础上，每经过一段固定的时期（例如一年或一个季度，这段固定的时期被称为滚动期）便根据变化了的环境条件和计划的实际执行情况，从确保实现计划目标出发对原计划进行调整。每次调整时，保持原计划期限不变，而将计划期顺序向前推进一个滚动期。

滚动计划法的具体实施流程为：依据一定时期内计划的执行情况，考虑企业内外部环境条件的变化，调整和修订计划，并相应地将计划期顺延一个时期，把近期计划和长期计划结合起来。在编制计划过程中，尤其是编制长期计划时，为了能准确地预测影响计划执行的各种因素，可以采取"近细远粗"的办法，将近期计划订得较细、较具体，远期计划订得较粗、较宽泛。在一个计划期结束时，根据上期计划执行的结果、环境条件以及市场需求的变化，对原计划进行必要的调整和修订，并将计划期顺序向前推进一期，如此不断滚动、不断延伸。例如，某企业在 2020 年年底制订了 2021—2025 年的五年计划，如采用滚动计划法，到 2021 年年底，根据当年计划完成的实际情况和客观条件的变化，对原订的五年计划进行必要的调整，在此基础上再编制 2022—2026 年的五年计划，其后依此类推，如图 7-4 所示。

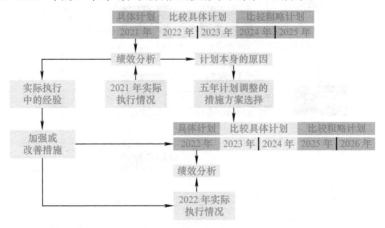

图 7-4　某企业的滚动计划法实施流程

3. 滚动计划法的应用条件

滚动计划法能够根据变化了的组织环境及时调整和修正组织计划，体现了计划的动态适应性。而且，它可以使中长期计划与年度计划紧密地衔接起来，既可用于编制长期计划，也可用于编制年度、季度生产计划和月度生产作业计划。不同计划的滚动期不一样，一般长期计划按年滚动，年度计划按季滚动，月度计划按旬滚动等。

滚动计划法的优势主要体现在以下三个方面：

（1）把计划期内各阶段以及下一个时期的预先安排有机地衔接起来，并定期调整、补充，从而从方法上解决了各阶段计划的衔接和符合实际的问题。

（2）较好地解决了计划的相对稳定性和实际情况的多变性这一矛盾，使计划能更好地发挥其指导生产活动的作用。

（3）采用滚动计划法，使企业的生产活动能够灵活地适应市场需求，把供产销密切结合起来，从而有利于实现企业预期的目标。

需要指出的是，滚动间隔期的选择要适应企业的具体情况，如果滚动间隔期偏短，则计划调整较频繁，虽然有利于保证计划符合实际，但削弱了计划的严肃性。一般情况是，生产比较稳定的大量大批生产企业宜采用较长的滚动间隔期，生产不太稳定的单件小批生产企业则可考虑采用较短的滚动间隔期。

采用滚动计划法，可以根据环境条件变化和实际完成情况，定期地对计划进行修订，使组织始终有一个较为切合实际的长期计划作指导，并使长期计划能够始终与短期计划紧密地衔接在一起。

（二）目标管理法

1. 目标管理法概述

目标管理（MBO）法是以目标为导向、以人为中心、以成果为标准，使组织和个人取得最佳业绩的现代管理方法。目标管理又称"成果管理"，俗称责任制。目标管理法是指在企个体员工的积极参与下，自上而下地确定工作目标，并在工作中实行"自我控制"，自下而上地保证目标实现的一种管理办法。

目标管理法是通过目标的激励来调动广大员工的积极性，从而保证总目标实现，其核心就是明确和重视成果的评定，提倡个人能力的自我提高。其特征就是以目标作为各项管理活动的指南，并以实现目标的成果来评定其贡献大小。

目标管理法的基本内容是动员全体员工参加制定目标并保证目标实现，即由组织中的上级与下级一起商定组织的共同目标，并把其推行至组织各个部门、各个层次、各个成员。与组织内每个单位、部门、层次和成员的责任和成果相互密切联系，在目标执行过程中要根据目标决定上下级责任范围，上级权限下放，下级实现自我管理。在成果评定过程中，严格以这些目标作为评价和奖励标准，实行自我评定和上级评定相结合。以此最终组织形成一个全方位、全过程、多层次的目标管理体系，提高上级领导能力，激发下级积极性，保证目标实现。

2. 目标管理法的实施流程

实施目标管理法可分为三个阶段：第一阶段为目标的设置，第二阶段为实现目标过程的管理，第三阶段为测定与评价成果。

3. 目标设置

目标设置是实施目标管理法的最重要的阶段，可以细分为四个步骤：

（1）上级预定目标。这是一个暂时的、可以改变的目标预案，既可以由上级提出，再同下级讨论，也可以由下级提出，上级批准。无论采用哪种方式，必须由上下级共同商量决定。同时，上级必须根据企业的使命和长远战略，估计客观环境带来的机会和挑战，对本企业的优劣势有清醒的认识，对组织应该和能够完成的目标心中有数。

（2）重新审议组织结构和职责分工。目标管理法要求每一个分目标都有确定的责任主体。因此预定目标之后，需要重新审查现有组织结构，根据新的目标分解要求进行调整，明确目标责任者和协调关系。

（3）确立下级的目标。首先让下级明确组织的规划和目标，然后商定下级的分目标。在讨论中上级要尊重下级，平等待人，耐心倾听下级的意见，帮助下级发展一致性和支持性目标。分目标要具体量化，便于考核；分清轻重缓急，以免顾此失彼；既要有挑战性，又要有实现可能。每个员工和部门的分目标要与其他分目标协调一致，支持本企业和组织目标的实现。

（4）上级和下级就实现各项目标所需的条件以及实现目标后的奖惩事宜达成协议。分目标制定后，要授予下级相应的资源配置的权力，实现权责利的统一。由下级写成书面协议，编制目标记录卡片，组织汇总所有资料后绘制出目标图。

4. 实现目标过程的管理

目标管理法重视结果，强调自主、自治和自觉，但并不等于领导者可以放手不管。相反，由于形成了目标体系，一环失误，就会牵动全局。因此，领导者在目标实施过程中的管理是不可缺少的。首先要进行定期检查，可以利用双方经常接触的机会和信息反馈渠道自然地进行；其次要向下级通报进度，便于互相协调；最后要帮助下级解决工作中出现的困难问题，当出现意外、不可预测事件严重影响组织目标实现时，也可以通过一定的手续，修改原定的目标。

5．测定与评价成果

达到预定的期限后，下级首先进行自我评估，提交书面报告；然后上下级一起考核目标完成情况，决定奖惩；同时讨论下一阶段目标，开始新循环。如果目标没有完成，应分析原因总结教训，切忌相互指责，以保持相互信任的气氛。

（三）网络计划技术法

1．网络计划技术法概述

网络计划技术是指以网络图为基础的计划模型，其最基本的优点就是能直观地反映工作项目之间的相互关系，使一项计划构成一个系统的整体，为实现计划的定量分析奠定了基础。同时，它运用数学最优化原理，揭示整个计划的关键工作，以及巧妙地安排计划中的各项工作，从而使计划管理人员依照执行的情况信息，科学地对未来做出预测，使计划自始至终在监督和控制之中，使用尽可能短的工期、尽可能少的资源、尽可能好的流程、尽可能低的成本来完成所控制的项目。

2．网络计划技术法的实施流程

网络计划技术包括计划评审技术（PERT）与关键线路法（CPM），一般简称为 PERT/CPM。用 PERT/CPM 制订计划的作用有如下几点：

（1）用 PERT/CPM 制订计划，是利用网络图的形式表达某项工程计划的各种要素，例如工作项目、工作先后顺序，时间进度以及所需费用、资源等的全貌，从而使各有关方面做到胸中有全局，便于配合和协调，有利于均衡生产。

（2）对实现工程计划的各项作业的顺序、所需时间、费用和资源等，可以预先规定和设计，并可制订若干替代方案进行分析比较，从中选出最优计划方案，付诸实施。

（3）在计划执行过程中，可以及时地获得有关执行进度的信息，并能测算执行过程中的主要矛盾，以便采取措施，保证计划顺利进行。

（4）当生产条件发生变化需调整计划时，只需进行局部调整，从而使因计划调整而造成的损失最小化。

（5）改进了计划的制订、管理、决策，可对决策进行模拟，使计划的决策由局部最优达到总体最优。

（四）甘特图法

1．甘特图法概述

甘特图（Gantt Chart）法又称线条图法或进度表法，是用线条图来安排和控制生产和工程进度的一种方法，由美国管理专家亨利·甘特首创。甘特图的最大优点是非常直观、一目了然，故在计划管理工作中被广泛应用。甘特图的基本设计要求是功能明确、流程清楚、简明清晰。

一般而言，甘特图中的横轴表示时间，纵轴表示要安排的活动，线条表示在整个任务实施期间计划的和实际的活动完成情况，如图 7-5 所示。甘特图可以直观地表明任务计划在什么时候进行，以及能对实际进展与计划要求进行对比。

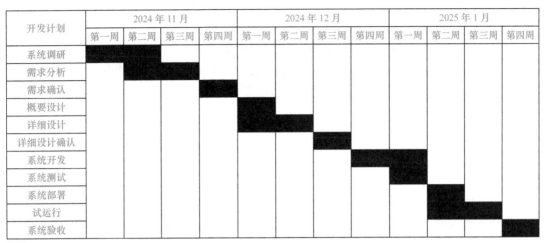

开发计划	2024 年 11 月				2024 年 12 月				2025 年 1 月			
	第一周	第二周	第三周	第四周	第一周	第二周	第三周	第四周	第一周	第二周	第三周	第四周
系统调研												
需求分析												
需求确认												
概要设计												
详细设计												
详细设计确认												
系统开发												
系统测试												
系统部署												
试运行												
系统验收												

图 7-5　任务实施甘特图

甘特图是对简单项目进行计划与排序的一种常用工具。它在解决负荷和排序问题时较为直观，能使管理者首先为项目各项活动做好进度安排，然后随着时间的推移，对比计划进度与实际进度，进行监控工作。它能使管理者将注意力调整到最需要加快速度的地方，使整个项目按期完成。

甘特图基于作业排序的目的，将活动与时间联系起来，能帮助企业描述诸如工作中心、超时工作等资源的使用情况。在工作负荷环节，甘特图可以显示多个部门、机器或设备的运行和闲置情况，以及工作负荷状况，这样可使管理人员了解何种调整是恰当的。例如，当某一工作中心处于超负荷状态时，则低负荷工作中心的员工可临时转移到该工作中心以增加其劳动力，或者在制品存货可在不同工作中心进行加工，则高负荷工作中心的部分工作可移到低负荷工作中心完成，多功能的设备也可在各中心之间转移。但甘特图也有一定的局限性，如它不能解释生产变动，如意料不到的机器故障及人工错误所形成的返工等。甘特图可用于检查工作完成进度，能表明哪件工作如期完成、哪件工作提前完成或延期完成。

2．运用甘特图法编制生产计划的步骤

（1）明确计划和控制的工程或产品对象，确定图表的功能和目标。

（2）收集有关资料，如工程的作业内容及其相互关系、工程的实施条件等。

（3）根据各项作业之间的相互关系，确定作业流程。

（4）计算并确定各项作业的工作量和需要延续的时间。

（5）确定图表格式。

（6）用线条在图表上标明各项作业的起止时间和延续过程。

三、生产作业计划的编制方法

生产作业计划用于生产计划工作的实施阶段，是企业年度生产计划的具体执行计划。它根据年度生产计划规定的产品品种、数量及大致的交货期要求对每个生产单位在每个具体时期内（季度、周、日、时）的生产任务做出详细规定，使年度生产计划得到落实。它是协调企业日常生产活动的中心环节。生产作业计划的编制方法主要有在制品定额法、提前期法和生产周期法三种。

（一）在制品定额法

在制品定额法也称连锁计算法，是指运用在制品定额，结合在制品实际结存量的变化，按产品反工艺顺序，从产品出产的最后一个车间开始，逐个往前推算各车间的投入、出产任务。在制品定额法用在制品定额作为调节生产任务量的标准，以保证各车间之间的衔接。

1. 某车间出产量计算

某车间出产量 = 后车间的投入量 + 本车间半成品计划外销量 +（中间库半成品定额 – 中间库半成品期初预计存量）

2. 某车间投入量计算

某车间投入量 = 本车间的出产量 + 本车间计划允许废品数量 +（本车间在制品定额 – 本车间在制品期初预计存量）

这种编制生产作业计划的方法主要适用于大批大量生产类型企业的生产作业计划编制。在这类企业中，产品的品种比较单一、产量较大，工艺和各车间的分工协作关系比较稳定，因而各个生产环节所占用的在制品经常保持在一个稳定的水平。按照在制品数量经常保持在定额水平上的要求，计算各生产环节的投入和生产任务，以保证生产过程连续协调进行。

（二）提前期法

提前期是指某一工作的工作时间周期，即从工作开始到工作结束的时间。例如，采购提前期即采购订单下达到物料采购入库的全部时间；而加工提前期则是指每道工序生产加工投入开始到批量交付给下道工序的全部时间，由准备时间、加工时间、等待时间和传送时间构成。

1. 提前期类型

提前期一般分为四个层次：从签订销售订单到完成交货的时间，称为"总提前期"；从开始采购到产品生产完工入库的时间，称为"累计提前期"；从开始投料生产到产品生产完工入库的时间，称为"加工提前期"；而从采购订单下达开始到外购件完成检验入库手续，称为"采购提前期"。

2. 生产提前期计算

生产提前期是指毛坯、零件或部件在各个工艺阶段出产的日期比产品出产的日期应提前的时间长度。生产提前期分为投入提前期和出产提前期，计算生产提前期的一般公式为：

某车间出产提前期 = 后续车间投入提前期 + 保险期

某车间投入提前期 = 该车间出产提前期 + 该车间生产周期

当不同的工艺阶段的批量不同时，出产提前期计算公式为：

某车间出产提前期 = 后续车间投入提前期 + 保险期 +（本车间生产间隔期 – 后车间生产间隔期）

提前期法适用于成批生产类型企业的生产作业计划编制，是成批生产作业计划重要的期量标准之一。

（三）生产周期法

1. 生产周期法概述

生产周期法是根据每项订货编制的生产周期图表和交货期要求，用反工艺顺序依次确定产品或部件在各生产阶段投入和产出时间的生产作业计划方法。

单件小批生产的企业，其生产作业计划的编制方法既不同于大量生产的企业，也不同于成批生产企业。由于这种生产企业不重复生产或不经常重复生产，因而不规定在制品占用额。并且，单件小批生产的企业不必规定编号，因而不宜采用在制品定额法或提前期法编制生产作业计划。这类企业组织生产时，各种产品的任务数量是接受订货的数量，不需进行调整。生产周期法适用于单件小批生产企业的生产作业计划编制。

2. 生产周期法的实施流程

企业使用生产周期法编制生产作业计划，一般包括以下三个步骤：

（1）根据接受客户订货的情况，分别安排生产技术准备工作。

（2）根据合同规定的交货期，采用网络计划技术及相关技术，为每一项订货编制生产周期进度表。它是单件小批生产企业的主要期量标准。并且，根据合同规定的交货期和生产周期进度表，为每一项产品制定一项生产说明书，详细规定该产品在某一车间投入和出产的时间。

（3）进一步调整平衡后，编制日作业计划，正式确定各车间的生产任务。

> **拓展阅读**

供应链环境下的企业生产计划

传统的企业生产计划是以某个企业的物料需求为中心展开的，在计划的制订过程中仅考虑本企业的资源和能力，缺乏与供应商的协调，也没有考虑供应商及分销商的实际情况，不确定性对库存和服务水平影响较大，库存控制策略也难以发挥作用。供应链上任何一个企业的生产和库存决策都会影响供应链上其他企业的决策。因此，一个企业的生产计划与库存优化控制不仅要考虑某企业内部的业务流程，更要从供应链整体出发，进行全面的优化控制，跳出以某个企业物料需求为中心的生产管理界限，充分了解客户需求，并与供应商在经营上协调一致，实现信息的共享与集成，以客户化的需求驱动客户化的生产计划，获得柔性敏捷的市场响应能力。

供应链管理思想对企业的生产计划与控制模式提出了巨大挑战，因为其要求企业决策者进行思维方式的转变，即从传统的、封闭的纵向思维方式转为横向的、开放的思维方式。企业的经营活动是以客户需求为驱动、以生产计划与控制活动为中心而展开的，只有通过建立面向供应链管理的生产计划与控制系统，企业才能真正从传统的管理模式转向供应链管理模式。探讨现行生产计划和控制模式与供应链管理思想的差距，目的就是要找出现行生产计划和控制模式与供应链管理思想不适应的地方，从而提出新的适应供应链管理的生产计划与控制模式，为供应链管理运行机制的建立提供保证。

四、企业典型生产管理模式

（一）MRP、MRPⅡ与ERP

从18世纪起，制造业在西方一些国家得到迅猛发展，并逐渐发展成为人类社会经济的主导产业。随着计算机的商业化应用，为了解决库存积压与短缺问题、降低成本，第一套物料需求计划（MRP）系统面世，并被应用于企业物料管理工作中。美国生产与库存控制协会（APICS）对物料需求计划的定义为：物料需求计划就是依据主生产计划（MPS）、物料清单、库存记录和已订未交订单等资料，经由计算而得到各种相关需求物料的需求状况，同时提出各种新订单补充的建议，以及修正各种已开出订单的一种实用技术。

1. MRP

MRP主要对生产企业的产品构成进行管理，借助计算机的运算能力及系统对客户订单、在库物料、产品构成的管理能力，依据客户订单、产品结构清单展开并计算物料需求计划，以实现减少库存、降低成本的管理目标。其主要内容包括客户需求管理、产品生产计划、原材料计划以及库存记录。其中，客户需求管理包括客户订单管理及销售预测，将实际的客户订单数与科学的客户需求预测相结合，即能得出客户需要什么以及需要多少。

MRP的基本原理是将企业产品中的各种物料分为独立物料和相关物料，并按时间段确定不同时期的物料需求，同时基于产品结构的物料需求组织生产，根据产品完工日期和产品结构规定生产计划，从而解决库存物料订货与组织生产问题。MRP以物料为中心的组织生产模式体现了为客户服务、按需定产的宗旨，计划统一且可行，并且借助计算机系统实现对生产的闭环控制，因此也被称为闭环MRP。

MRP系统具有以下特点：

（1）需求的相关性。在流通企业中，各种需求往往是独立的。而在生产系统中，需求具有相关性。例如，根据订单确定了所需产品的数量之后，由新产品结构文件BOM即可推算出各种零部件和原材料的数量。这种根据逻辑关系推算出来的物料数量称为相关需求。不但品种、数量有相关性，需求时间与生产工艺过程的决定也是相关的。

（2）需求的确定性。MRP的需求都是根据主生产进度计划、产品结构文件和库存文件精确计算出来的，品种、数量和需求时间都有严格要求，不可改变。

（3）计划的复杂性。MRP要根据主产品的生产计划、产品结构文件、库存文件、生产时间和采购时间，把主产品所有零部件需要的数量、时间、先后关系等准确计算出来。当产品结构复杂、零部件数量特别多时，其计算工作量非常庞大，人力不能胜任，必须依靠计算机完成这项工作。

MRP系统可实现如下目标：及时取得生产所需的原材料及零部件，保证按时供应用户所需产品；保证尽可能低的库存水平；计划企业的生产活动与采购活动，使各部门生产的零部件、采购的外购件与装配的要求在时间和数量上精确衔接。

2. MRPⅡ

MRPⅡ是对MRP的扩充和发展，称为企业资源计划，也称开环MRP。它在MRP的基础上增加了财务信息，进一步从市场预测、生产计划、物料需求、库存控制、车间控制延伸到产品销售的整个生产经营活动以及与之相关的所有财务活动中。

在 MRPⅡ 中，人工、物料、设备、能源、市场、资金、技术、空间、时间等制造资源都被考虑进来。MRPⅡ 的基本思想是：基于企业经营目标制订生产计划，围绕物料转化组织制造资源，实现按需要按时进行生产。MRPⅡ 主要环节包括：经营规划、销售与运作计划、主生产计划、物料清单与物料需求计划、能力需求计划、车间作业管理、物料管理（库存管理与采购管理）、产品成本管理、财务管理等。从一定意义上讲，MRPⅡ 系统实现了物流、信息流与资金流在企业管理方面的集成。MRPⅡ 系统能为企业生产经营提供一个完整而详尽的计划，可使企业内各部门的活动协调一致，形成一个整体，从而提高企业的整体效益。

MRPⅡ 可以使企业产生如下效益：

（1）可以改善企业经营决策，提高企业的应变能力及所处的竞争地位。企业领导者可以随时了解企业的生产、销售、库存等方面的运作情况和财务状况。

（2）实行规范管理，促进企业工作与生产效率的提高。

（3）降低库存。据有关资料统计，在实施 MRPⅡ 的企业中，库存资金的占用一般可降低 15%～40%，资金的周转次数可提高 50%～200%。

（4）合理利用资源，缩短生产周期，提高劳动生产率，进一步降低成本、增加利润。

（5）与财务系统集成，可以大大减少对财务收支上的差错与延误，减少经济损失；同时还可以使领导者及时了解生产成本，辅助财务管理业务的运行。

3. ERP

企业资源计划（ERP）的基本思想是对企业的所有资源进行管理。ERP 针对的是企业所有资源与经营管理活动，是一种新型的企业管理模式。它把客户需求、企业内部制造活动和供应商的制造资源结合，并把企业的业务流程看作是一条紧密联结的供需链。

ERP 将企业内部划分成几个相互协同作业的支持子系统，如财务、市场营销、生产制造、质量控制、服务维护、工程技术等，并形成以财务管理为核心的软件体系。

ERP 是对 MRPⅡ 的扩充和发展。MRPⅡ /ERP 的思想和方法在世界各国已得到广泛应用，并取得了显著的经济效益。随着网络技术的飞速发展和成熟，企业面临的竞争越发激烈，逐渐要求计算机系统能够管理经营机构、经营过程的快速重组，为客户提供更好的服务和更加客户化的产品等，逐步衍生出来的系统包括敏捷 ERP 系统、BPR（经营过程重组）系统、CSRP（客户同步资源计划）系统、SAP R/3 系统等。

与 MRPⅡ 相比，ERP 除了包括 MRPⅡ 的各项功能之外，更加面向全球市场，功能更为强大，所管理的企业资源更多，支持混合式生产方式，管理覆盖面更广，并涉及了企业供应链管理，从企业全局角度进行经营与生产计划，是制造企业的综合的集成经营系统。ERP 所采用的计算机技术也更加先进，形成了集成化的企业管理软件系统。

（二）准时生产方式

准时生产方式（Just In Time，JIT）是日本丰田汽车公司在多品种小批量混合生产条件下实行的高质量、低消耗的生产方式，又称为无库存生产方式。JIT 生产方式是指将必要的零件以必要的数量在必要的时间送到生产线，并且只将所需要的零件、只以所需要的数量、只在正好需要的时间送到生产线。这是一种适应需求多样化和个性化而建立的一种生产体系及为此生产体系服务的物流体系。

在 JIT 生产方式产生以前，世界汽车生产企业包括丰田在内，均采取福特式的"总动员生产方式"，即一半时间人员和设备、流水线等待零件，另一半时间等零件一运到，全体人员总动员，紧急生产产品。这种方式造成了生产过程中的物流不合理现象，尤以库存积压和短缺为特征，生产线或者不开机，或者开机后就大量生产，进而导致了严重的资源浪费。丰田的 JIT 生产方式采取的是多品种、少批量、短周期的生产方式，实现了消除库存、优化生产物流、减少浪费的目的。

JIT 生产方式的基本思想可概括为"在需要的时间，按需要的量生产所需的产品"，也就是通过生产的计划和控制及库存的管理。其核心是追求一种无库存的生产系统，或使库存达到最小的生产系统。为此，开发了包括"看板"在内的一系列具体方法，并逐渐形成了一套独具特色的生产经营体系。

JIT 生产方式以准时生产为出发点。在生产现场控制技术方面，JIT 的基本原则是在正确的时间，生产正确数量的零件或产品，即时生产。它将传统生产过程中前道工序向后道工序送货，改为后道工序根据"看板"向前道工序取货。"看板"是 JIT 的核心，但 JIT 不仅仅是看板管理。JIT 生产方式对生产管理模式的创新主要体现在以下几个方面：

1．生产流程化

按生产产品所需的工序从最后一道工序开始往前推，确定前面一道工序的类别，并依次恰当安排生产流程，根据生产流程与每个环节所需库存数量和时间先后来安排库存和组织物流。尽量减少物资在生产现场的停滞与搬运，让物资在生产流程中毫无阻碍地流动。对于企业来说，各种产品的产量必须能够灵活地适应市场需求的变动。

为了实现适时适量生产，首先需要致力于生产的同步化，即工序间不设置仓库，前一道工序的加工结束后，立即转到下一道工序去，装配线与机械加工几乎平行进行。对必须成批生产的工序，则通过尽量缩短作业更换时间来尽量缩小生产批量。生产的同步化通过"后道工序领取"的方法来实现。"后工序只在需要的时间到前工序领取所需的加工品；前道工序中按照被领取的数量和品种进行生产。"这样，制造工序的最后一道工序即总装配线成为生产的出发点，生产计划只下达给总装配线。以装配为起点，在需要的时候，向前道工序领取必要的加工品，而前道工序提供该加工品后，为了补充生产被领走的量，必须向再前一道工序领取物料，这样把各道工序都连接起来，实现同步化生产。

2．生产均衡化

生产均衡化是实现适时适量生产的前提条件。所谓生产均衡化，是指总装配线在向前道工序领取零部件时应均衡地使用各种零部件，生产各种产品。为此，在制订生产计划时就必须对生产均衡化加以考虑，然后将其体现于产品的生产顺序计划之中。在制造阶段，生产均衡化通过专用设备通用化和制定标准作业来实现。所谓专用设备通用化，是指通过在专用设备上增加一些工具的方法，使之能够加工多种不同的产品。标准作业是指将作业节拍内一个作业人员所应担当的一系列作业内容标准化。

生产中，将一周或一日的生产量按分秒时间进行平均，所有生产流程都按此来组织生产，这样流水线上每个作业环节的单位时间必须完成多少种作业就有了标准定额，所在环节都按标准定额组织生产，也要按此生产定额均衡地组织物质的供应、安排物品的流动。因为 JIT 生产方式中的生产是按周或按日平均，所以与传统的大生产、按批量生产的方式不同，JIT 的均衡化生产中无批次生产的概念。

3．资源配置合理化

资源配置合理化是实现降低成本目标的最终途径，具体是指在生产线内外，所有的设备、人员和零部件都得到最合理的调配和分派，在最需要的时候以最及时的方式到位。

对设备而言，它包括相关模具实现快速装换调整。例如，丰田发明并采用的设备快速装换调整的方法是 SMED 法。丰田所有大中型设备的装换调整操作均能够在 10 分钟之内完成，这为多品种、小批量的均衡化生产奠定了基础。

但是，这种频繁领取制品的方式必然增加运输作业量和运输成本，特别是如果运输不便，将会影响准时化生产的顺利进行。合理布置设备可以大大简化运输作业，使单位时间内零件制品运输次数增加，但运输费用并不增加或增加很少，为小批量频繁运输和单件生产单件传送打下了基础。

（三）延迟制造模式

随着客户化竞争的加剧，将传统的供应链结构重构为客户化的供应链结构，已经成为制造业形成强大竞争优势的基本条件。延迟制造模式作为客户化供应链管理的重要手段，成为企业进行客户化生产的一个核心特征。其核心思想是尽量延长产品的标准化生产，最终的产品工艺和制造活动延迟到接受客户订单之后。在这一过程中，通过采用通用模块装配个性化产品来实现定制化，从而减小预估风险提升生产效率。

延迟制造

基于客户化供应链延迟制造模式将产品整个生产制造过程分为前段制程（推动阶段）和后段制程（拉动阶段）两个阶段。前段制程为供应链通用化过程，是以长期视角预测组织生产和运送基本功能单元，从事通用模块或通用部件的生产、装配、包装的过程，以推动方式经营为主，采用大规模生产；后段制程则是按订单生产和总装，从事产品差异化生产，对产品定制单元进行生产、装配、包装及运送，以拉动方式经营为主，采用定制生产。该模式的基本思路是通过对产品构造差异点进行分析，将产品构成单元分为固定部分（通用的）和变动部分（定制的），延迟产品差异点部分的生产（成型延迟）和延迟在制品向第二阶段的移动（物流延迟），直到获得市场足够的需求信息才向下游移动，并加以制造出产成品。通过运用延迟生产来进行产品最后的生产和集中装配，将定制产品生产问题转化或部分转化为批量生产问题。

企业要选择适合自己的基于客户化供应链的延迟生产模式，必须针对客户需求和产品特点来选择。在整条供应链中推（Push）和拉（Pull）相交的节点称为配置点，即客户订单分离点（CODP）。根据配置点的不同，可以将供应链策略划分成按订单销售（STO）、按库存生产（MTS）、按订单装配（ATO）、按订单生产（MTO）和按订单设计（ETO）。

实行客户化供应链延迟制造模式不但解决了市场不确定性问题，在品种和批量上实现了柔性化，降低了生产成本和运作的复杂性，而且缩短了订货周期，提高了客户需求响应速度，实现了即时客户化定制。延迟制造模式在生产过程中降低库存和减少交货提前期的价值主要体现在：

（1）有效减少库存。延迟制造模式将客户订单分离点往供应链的上游移动，企业通过按订单装配、按订单生产、按订单设计等方式，可以在收到订单之后再组织生产或设计，对一些原料和中间品的采购也可以在收到订单之后进行，做到按需订购，有效地减少了库存。延迟制造模式把客户需求考虑进了生产过程，减少了生产的盲目性。通过针对性的生产和针对性的采购计划，企业可以把原材料库存和半成品和成品库存控制在最低限度。

（2）缩短反应时间。客户化供应链延迟制造模式虽然将客户订单分离点往供应链的上游移动（如按订单销售、按订单生产等），与客户直接接触；同时尽量延长了通用化、模块化标准件生产的时间，减少了因预测与实际需求的脱离而带来的风险。因为当接到客户个性化需求订单的时候，企业能够迅速调整资源和能力以适应需求，甚至能够在客户未明确提出产品要求之前就能够观察到客户需求趋势，提前做好准备。这将使企业直接面对市场，缩短了企业跟市场的距离，减少因零售商、批发商对需求的逐级放大导致的"牛鞭效应"。虽然客户化供应链延迟制造模式缩短了企业与客户之间距离，但同时也使企业对客户的产品交货提前期也相对减少，而减少的时间可以通过需求信息在供应商和最终装配制造企业之间的充分共享，转变成零部件制造工厂的提前期，即通过压缩整个供应链上的时间，使整个交付时间缩短。

🧠 **想一想**

请打开你感兴趣的制造企业网站，搜索其生产管理创新模式，描述企业的生产新流程与新工艺，分析传统生产管理模式与新生产管理模式的差异，以及如何提升自己的岗位适应能力。

匠人匠心

从"灯塔工厂"看中国新质生产力：先进制造大有潜力

2023年9月，习近平总书记在黑龙江考察调研期间提到一个新词——"新质生产力"。习近平总书记指出，要整合科技创新资源，引领发展战略性新兴产业和未来产业，加快形成新质生产力。

创新这个"第一生产力"，已让我国众多的传统制造业企业焕发新活力，成为先进制造的典型，我国制造业也正从"中国制造"向"中国创造"迈进。以被誉为"世界上最先进的工厂"的"灯塔工厂"为例，我国已成为全世界拥有"灯塔工厂"最多的国家，在全球132家"灯塔工厂"中，有50家位于我国，凸显了我国从"制造大国"向"制造强国"迈进的坚实底气和强大实力。

"灯塔工厂"的概念最早由世界经济论坛联合麦肯锡咨询公司于2018年提出，旨在选出具有榜样标杆意义的"数字化制造"与"全球工业4.0"示范者。"灯塔工厂"代表着当今全球制造业领域智能制造和数字化、绿色化的最高水平。自2018年启动遴选以来，我国已连续多年在"灯塔工厂"入选数量上蝉联第一。截至2023年1月，我国的"灯塔工厂"在全球总数中占比超过1/3。

2023中国国际工业博览会上，美的集团发布的《数字美的·智慧工业》白皮书显示，工业正以前所未有的速度步入全面智慧化新阶段。从需求看，智慧工业中短期内将向"新四化"方向加速发展；从长期看，全方位、全流程智能化将成为现实，数据资产盘活与运营将成为数智经济时代下工业企业的核心竞争力；从供给方看，智慧工业的市场拓展重点正由大型企业逐步向中小企业延伸，按需配置、阶段升级的强针对性产品供给方式将成为主流。

我国拥有"灯塔工厂"数量最多的企业是海尔，其次便是富士康和美的。以最新入选的美的厨热顺德工厂为例，这个亚洲最大的洗碗机生产基地在"端到端"价值链中应用了人工智能、数字孪生和其他第四次工业革命技术，使单位生产成本降低24%、交付时间缩短41%、研发时间缩短30%、缺陷率降低51%。

连点成线，串珠成链，以"灯塔工厂"为代表的先进制造企业走出创新驱动的跨越发展之路，将有助于推动我国制造业实现"从大到强"的华丽升级。

单元三　物料需求计划与主生产计划

一、物料需求计划

（一）物料需求计划的制订依据

物料需求计划（MRP）是依据产品结构各层次物品的从属和数量关系，以每个物品为计划对象，以完工时期为时间基准倒排计划，按提前期长短区别各个物品下达计划时间的先后顺序。MRP 可依据市场需求预测和客户订单制订产品的生产计划，然后基于产品生成进度计划，组成产品的材料结构表和库存状况，进而计算所需物资的需求量和需求时间，最终确定原材料的加工进度和订货日程。

一般生产企业制订 MRP 必须具备以下四项基本数据：

第一项数据是主生产计划（MPS），它指明了在某一计划时间段内应生产出的各种产品和备件，是制订 MRP 的最重要的数据来源。

第二项数据是物料清单（BOM），它指明了物料之间的结构关系，以及每种物料需求的数量，是 MRP 系统中最基础的数据。

第三项数据是库存记录，它反映了每个物料品目的现有库存量和计划接受量的实际状态。

第四项数据是提前期，它决定着每种物料何时开工、何时完工。

应该说，这四项数据都是至关重要、缺一不可的。缺少其中任何一项或任何一项中的数据不完整，物料需求计划的制订都将是不准确的。因此，在制订物料需求计划之前，必须先完整地建立好这四项数据，而且应保证是可靠的、可执行的数据。

（二）制订物料需求计划的相关术语

1. 独立需求与相关需求

当一个项目的需求不能直接从另一个项目的需求计划得到时，这种需求称为独立需求，否则为相关需求。独立需求来源是对客户需求的预测和客户订单，需求物料类型是产成品，独立需求计划的输出结果是主生产计划。相关需求依赖于独立需求，它的需求来源是 MPS，需求物料类型是半成品与原材料，一旦主生产计划确定，相关需求可依据 BOM 与库存记录计算得出。

如图 7-6 所示，某企业收到 P 产品的客户订单，生产 P 产品需要用到 A、B、C、D、E 5 种零部件，其中生产 A、C 部件的物料涉及零件物料 B、D、E 的采购。假设 P 产品收到 1000 个需求数量的订单，则 P 产品的需求被称为独立需求，根据 P 产品的 BOM 结构产生的 A 部件、B 零件、C 部件、D 零件、E 零件的物料需求都是相关需求。

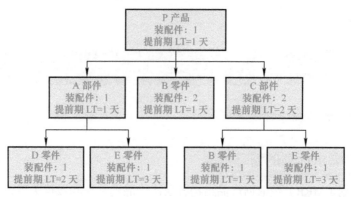

图 7-6　P 产品的 BOM

> 💡 **想一想**
>
> 不考虑库存等其他因素，请思考零部件 A、B、C、D、E 的需求量应是多少？

2．提前期（Lead Time，LT）

MRP 计算物料需求计划时，是采用倒排的方式进行计划的，即从需求日期（交货日期或完工日期）开始向前倒推出工作的开始日期，这个时间跨度称为提前期。比如，原材料的采购提前期即是采购订单下达到物料采购入库的全部时间，半成品/成品的生产提前期则是从开始投料生产到生产完工入库的全部时间。

以产品的计划完工日期或者交付日期为起点，按产品的 BOM 结构一层层递推进行倒排计划，可以相应推算出每个零部件最晚开始加工生产的时间或者采购订单发出的时间。

3．订货方法

订货方法是指物料需求产生计划订单的订货批量规则，用来确定物料生产量或者采购量的大小。常用的订货方法有以下四种：

（1）批对批（LFL）。它也称直接批量法，表示每一次的净需求都产生计划订单，是一种按需定量的订货方法，也是保持库存量最小的订货方法。对大多数没有特殊要求的物料，均可以采用这种方法进行设置。

（2）定期订货法。物料隔一段时间订一次货，如果供应商有良好的信誉，且需求相对稳定，采用周期订货对双方都便利，就可以采用该类设置，同时要设定订货间隔期。

（3）固定批量法。由于生产或者运输条件的限制，不管需求量多少都必须按照固定的数量进行订货。固定批量法与批对批相同，也是每一次净需求都产生计划订单，但是计划订单量的计算公式不同。

（4）再订货点法。对于不太重要的物料，因其金额小，可以设置成这种订货方式。其前提是需求固定，同时要设置再订货点。

（三）物料需求计划的制订流程

1．建立物料清单

物料清单（BOM），包括企业生产所有需要用到的原材料、零部件等。建立 BOM 是 MRP 计算的基础，必须准确无误。BOM 上应该包括物料编号、名称、数量等信息。

2. 收集需求信息

MRP 需要收集销售订单、生产计划等信息来进行计算。销售订单包括客户订购的产品数量和交货时间，生产计划包括要生产的产品数量和交货时间。

3. 毛需求量和净需求量计算

毛需求量是指为完成某成品所需要的总的物料数量。净需求量是指需要采购或生产的物料数量。计算物料的净需求量之前，首先需要计算物料的毛需求量，即根据主生产计划、物料清单得到第一层级物料品目的毛需求量，再通过第一层级物料品目计算出下一层级物料品目的毛需求量，依次一直往下展开计算，直到计算出最低层级物料品目的毛需求量为止。然后，依据毛需求量、可用库存量、已分配量等得出每种物料的净需求量。其关系表达式为：

$$净需求量 = 毛需求量 - 现有库存 - 需求日期内计划收到量 +$$
$$现有库存中已经分配量 + 安全库存$$

4. 安全库存量、废品率和损耗率等计算

由生产计划人员结合产品生产及销售状况决定是否需要对每个物料的净需求量进行调整。例如，某企业的装配环节的材料损耗率为 10%，若最终产成品的需求量为 100 件，则需要生产 112 件。

5. 批量大小计算

批量大小是指每次采购或生产所需的最小数量。它由供应商提供的最小订购量、生产设备的最小生产数量等因素决定。生产计划人员对物料生产需要做出批量策略决定，不管采用何种批量规则或不采用批量规则，计算净需求量后都应该标明有否批量要求。批量应该尽可能小，以减少库存和成本。

6. 确定采购或生产计划

依据净需求量和批量大小，得出采购或生产的计划。如果需要采购，则需要考虑供应商的交货时间、运输时间等因素；如果需要生产，则需要考虑工艺流程、设备利用率等因素。

7. 下达计划订单

下达计划订单是指通过以上计算后，根据提前期生成计划订单。计划订单需要通过能力资源平衡确认后，才能开始正式下达。其中：

$$计划产出量 = 计划投入量 × 损耗系数$$
$$计划产出时间 = 计划投入时间 + 提前期$$

8. 更新库存信息

采购或生产完成后，需要更新库存信息。如果有多个仓库，则需要分别记录每个仓库的库存情况。同时，还需要记录每个物料的最大和最小库存量，以便及时补充或清理过多的库存。

9. 监控和调整计划

MRP 是一个动态的过程，如图 7-7 所示。由于需求信息、供应商信息等都可能发生变化，因此需要不断监控和调整计划，以保证物料供应充足、成本最低。MRP 的调整生成大致有两种方式：第一种方式是对库存信息重新计算，同时覆盖原来计算的数据，生成全新的 MRP；

第二种方式则只是在制订、生成 MRP 的条件发生变化时，才会相应地更新 MRP 有关部分的记录。需要结合企业实际的条件和状况进行选择。

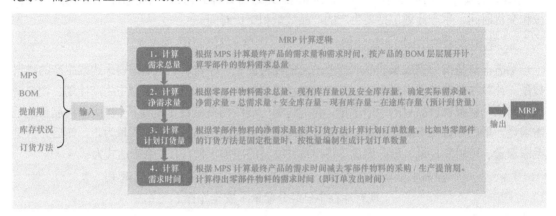

图 7-7　MRP 计算逻辑

（四）物料需求计划的制订案例

速达集团是一家集装箱制造企业，其开发的集装箱产品 A 的 BOM 如图 7-8 所示，MRP 的四个输入数据项目如表 7-2 ～表 7-5 所示。为了保证生产有序开展，需要为速达集团合理编制零件 B、C 的物料需求计划（LT 表示订货提前期）。

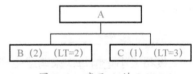

图 7-8　产品 A 的 BOM

表 7-2　产品 A 的主生产计划

周期	1	2	3	4	5	6	7	8
产品 A	10	10	10	10	10	10	10	10

表 7-3　零件 C 的独立需求计划

周期	1	2	3	4	5	6	7	8
零件 C	5	5	5	5	5	5	5	5

表 7-4　产品 A 的物料清单

BOM	层级	用量
产品 A	0	
零件 B	1	2
零件 C	1	1

表 7-5　库存信息表

组件	计划收到时间（周）								现有库存	已分配量	提前期	订货批量
	1	2	3	4	5	6	7	8				
B				40					65	0	2	40
C			30						30	0	3	30

依据物料需求计划的制订步骤，可得产品 A、零件 B 和零件 C 的物料需求分别如表 7-6 ～表 7-8 所示。

表7-6 产品A的物料需求

产品A	周期							
	1	2	3	4	5	6	7	8
计划订单下达数量	10	10	10	10	10	10	10	10

表7-7 零件B的物料需求

零件B	周期							
	1	2	3	4	5	6	7	8
毛需求量	20	20	20	20	20	20	20	20
计划收到量				40				
预计库存量（期初库存：65）	45	25	5	25	5	25	5	25
净需求量						15		15
计划订单入库量						40		40
计划订单下达量				40		40		

表7-8 零件C的物料需求

零件C	周期							
	1	2	3	4	5	6	7	8
毛需求量	15	15	15	15	15	15	15	15
计划收到量			30					
预计库存量（期初库存：30）	15		15		15		15	
净需求量					15		15	
计划订单入库量					30		30	
计划订单下达量		30		30				

MRP主要用于生产"组装"型产品的制造业。在实施MRP时，与市场需求相适应的销售计划是MRP成功的最基本的要素。但MRP也存在局限性，即资源仅仅局限于企业内部和决策结构化的倾向明显。

MRP所使用BOM是一个静态的物料结构，没有生产过程的细节信息，即无论生产工艺过程如何改变，只要是相同产品，它的物料结构不会改变。如一张书桌，它的基本结构就是一个桌面、四根支柱和部分螺钉等，尽管书桌的造型不同，所包含的工艺也存在差异，但在MRP制订过程中，BOM是固定项，并不考虑书桌的制造过程和工艺，它仅依据产品的物料BOM展开需求，按照提前期推算需要的部件、各部件所需数量和所需日期。

拓展阅读

MRP计算注意事项

MRP计算结果只是一种参考，不是绝对的规定。实际操作中还需考虑人力资源、设备利用率等因素。

MRP计算涉及大量数据，必须保证数据准确无误。

MRP计算应该根据企业实际情况进行调整，不能照搬别人的做法。

MRP计算应该与企业其他管理系统相互配合，避免信息孤岛。

MRP计算需要专业人员进行操作和维护，不能轻易交给外包公司或个人。

二、主生产计划

（一）主生产计划概述

1. 主生产计划的制定目标

主生产计划（MPS）是预先制订的一项计划，由主生产计划员负责维护，是确定每一具体的最终产品在每一具体时间段内生产数量的计划。

这里的最终产品是指对于企业来说最终完成、要出厂的完成品，它要具体到产品的品种、型号。这里的具体时间段，通常是以周为单位，在有些情况下，也可以是日、旬、月。主生产计划详细规定生产什么、什么时段应该产出，它是独立需求计划。主生产计划根据客户合同和市场预测，把经营计划或生产大纲中的产品系列具体化，使之成为开展物料需求计划的主要依据，起到了从综合计划向具体计划过渡的作用。主生产计划必须考虑客户订单和预测、未完成订单、可用物料的数量、现有能力、管理方针和目标等。因此，主生产计划是生产计划工作的一项重要内容。

2. 主生产计划的价值

主生产计划对企业顺利开展生产活动起着至关重要的作用。只有在每个阶段做好相关的计划，企业才能正常运营和发展。

主生产计划是按时间分段方法，计划企业需要生产的最终产品数量和交货期。主生产计划是一种先期生产计划，它给出了特定的项目或产品在每个计划周期的生产数量。这是个实际的详细制造计划，力图考虑各种可能的制造要求。

主生产计划是关于"将要生产什么"的一种描述。它根据客户合同和预测，把销售与运作规划中的产品系列具体化，确定出厂产品，使之成为展开 MRP 与 CRP（能力需求计划）运算的主要依据，它起着从宏观计划向微观生产过渡的作用。

主生产计划是计划系统中的关键环节。一个有效的主生产计划是对客户需求的一种承诺，它充分利用企业资源，协调生产与市场，实现生产计划中所表达的企业经营目标。主生产计划在计划管理中起"龙头"模块作用，它决定了后续的所有计划及制造行为的目标，在短期内作为物料需求计划、零件生产计划、订货优先级和短期能力需求计划的依据，在长期内作为估计本企业生产能力、仓储能力、技术人员、资金等资源需求的依据。

3. 粗能力计划

主生产计划的可行性主要通过粗能力计划进行校验。粗能力计划（RCCP）是对关键工作重心的能力进行运算而产生的一种能力需求计划，它的计划对象为"关键工作中心"的工作能力。下面描述粗能力计划的建立与运行。

（1）建立关键工作中心的资源清单。资源清单主要包括各种计划产品占用关键资源的负荷时间（工时、台时），同时列出关键工作中心的能力清单进行对比，对超负荷的工作中心可以用不同的颜色标识。其中，建立资源清单有两种方式：一是直接维护计划对象的物品的资源清单；二是在工艺路线中维护物品的占用资源和消耗资源，再根据工艺路线生成主生产计划对象物品的资源清单，同时根据相关的变动情况加以维护。

（2）寻找超负荷时段。进一步确定某工作中心的各具体时段的负荷能力，找出超负荷时段。计算偏置时间或者提前期偏置。

（3）确定各时段负荷的起因。找出超负荷时段之后，确定超负荷时段是由哪些物品引起的，以及各自占用时间的情况，然后平衡工作中心的能力，同时要总体平衡 MPS 最终产品的各部分的进度。

（二）主生产计划的编制步骤

在制订初步的 MPS 后，需要完成粗能力平衡，才能形成 MPS 方案，经过相应的审核、批准，以保证 MPS 符合企业的经营规划。MPS 的编制步骤如下：

1．提供对初步的 MPS 的分析

分析生产规划和 MPS 之间的所有差别，MPS 中产品大类的总数应约等于相应时期内销售计划的数量，若不一样，一般则需要改变 MPS，MPS 和销售计划尽量保持一致。

2．向负责部门提交初步的 MPS 及其分析

对 MPS 的审核工作应由企业高层领导负责，并组织市场销售部门、工程技术部门、生产制造部门、财务部门和物料采购部门参加审核。各部门要通过讨论和协商，解决初步的 MPS 中的问题。

3．批准初步的 MPS，将正式的 MPS 下达给有关部门

召开会议批准初步的 MPS，阐明解决初步的 MPS 问题的方法及选用该方法的原因，并用文字说明和图表示意。批准后，将正式的 MPS 发放给有关部门，如生产制造、物料、采购、工程技术、市场营销、财务等部门以及有关人员。

（三）主生产计划的制订方法

1．主生产计划的制订依据

主生产计划必须是可以执行、可实现的，它应该符合企业的实际情况，其制订与执行的周期视企业的实际情况而定。主生产计划项目还应确定其在计划期内各个时间段的需求量。需求量来源于以下几个方面：

（1）客户订单。客户对于产品在未来时间里的需求量。

（2）预测。根据产品以往的销售量和销售数据对市场需求量进行预测。

（3）备品备件。检查库存，计划好生产量之后再扣去库存量。

（4）厂际需求。

（5）客户选择件及附加件。

（6）计划维修件。

2．主生产计划的制订原则

主生产计划是根据企业的能力确定要做的事情，通过均衡地安排生产实现生产规划的目标，使企业在客户服务水平、库存周转率和生产率方面都能得到提高，并及时更新计划，保持计划的切实可行和有效性。主生产计划中不能有超越可用物料和生产能力的项目。在编制主生产计划时，应遵循下列原则：

（1）最少项目原则：用最少的项目数进行主生产计划的安排。如果 MPS 中的项目数过多，就会使预测和管理变得困难。因此，要根据不同的制造环境选取产品结构不同的级，进行

主生产计划的编制，使产品结构这一级的制造和装配过程中，产品（或）部件选型的数目最少，以改进管理评审与控制。

（2）独立具体原则：要列出实际的、具体的可构造项目，而不是一些项目组或计划清单项目，这些项目可以分解成可识别的零件或组件。

（3）关键项目原则：列出对生产能力、财务指标或关键材料有重大影响的项目。对生产能力有重大影响的项目是指那些对生产和装配过程起重大影响的项目，如一些大批量项目、造成生产能力的瓶颈环节的项目或通过关键工作中心的项目。对财务指标而言，指的是影响企业效益的关键项目，如制造费用高、含有贵重部件、昂贵原材料、高费用的生产工艺或有特殊要求的部件项目，也包括那些作为企业主要利润来源的、相对不贵的项目；而对于关键材料而言，指的是那些提前期很长或供应厂商有限的项目。

（4）全面代表原则：计划的项目应尽可能全面代表企业的产品。MPS 应覆盖被该 MPS 驱动的 MRP 程序中尽可能多数组件，反映关于制造设施，特别是瓶颈资源或关键工作中心尽可能多的信息。

（5）适当冗余原则：留有适当余地，并考虑预防性维修设备的时间。可把预防性维修作为一个项目安排在 MPS 中，也可以按预防性维修的时间，减少工作中心的能力。

（6）适当稳定原则：主生产计划制订后，在一定的期限内应保持适当稳定。只按照主观愿望随意改动的做法，将会破坏系统原有合理的、正常的优先级计划，削弱系统的计划能力。

3．主生产计划的制订流程

主生产计划来源于销售计划（合同、预测、综合计划），之后形成主生产计划方案，并进一步生成 RCCP 清单，然后需要不断平衡关键能力，即进行粗能力计划的运算，最后进行主生产计划确认，如图 7-9 所示。

4．主生产计划的计划对象

主生产计划的计划对象是把生产规划中的产品系列具体化以后的出厂产品，通称最终成品。最终成品通常是独立需求件，但是由于销售环境不同，作为计划对象的最终成品其含义也不相同，如表 7-9 所示。

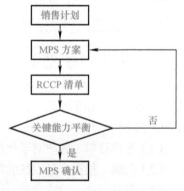

图 7-9　主生产计划的制订流程

表 7-9　不同销售环境下的主生产计划的计划对象

销售环境	主生产计划的计划对象	计划方法
按库存生产	独立需求类型的物料（产品、组件、备件）	单层 MPS、制造 BOM、计划 BOM
按订单生产、按订单设计	独立需求类型的物料（产品、组件、备件）	单层 MPS、制造 BOM
按订单装配	基本组件、通用件	多层 MPS、制造 BOM、计划 BOM

（1）按库存生产（MTS）。其最终成品通常是流通领域直接销售的产品，主生产计划的计划对象通常是 A 形产品结构中的顶层。这类产品的需求量往往根据分销网点的反馈信息

（分销资源计划）或预测。对产品系列下有多种具体产品的情况，有时要根据市场分析估计各类产品占系列产品总产量的比例。此时，生产规划的计划对象是系列产品，主生产计划的计划对象是按预测比例计算的具体产品。例如，"手表"是企业生产规划中的一个产品系列，具体的产品类型有大众型、功能型和艺术型。每种类型的需求量是用占产品系列总数的预计百分比来计算的。产品系列同具体产品的比例结构形式，类似一个产品结构图，通常称为计划物料单或计划 BOM。

（2）按订单生产（MTO）及按订单设计（ETO）。其最终成品一般就是标准定型产品或按订货要求设计的产品，通常也是产品结构中 0 层的最终成品。例如，对钢材生产这种类型的定货生产，同一种钢号的钢坯可轧制出规格繁多的钢材。此时，MPS 的计划对象可以放在按钢号区分的钢坯上，以减少物料的计划数量，然后根据订单确定最终成品。

（3）按订单生产及按订单装配（ATO）。对模块化产品结构，产品可有多种搭配选择时，用总装进度（FAS）安排出厂产品的计划，用多层 MPS 和计划 BOM 制订通用件、基本组件和可选件的计划。这时，MPS 的计划对象相当于产品结构中中部区间的物料，顶部物料是 FAS 的计划对象。

职业素养

雅万高铁见证四个"中国首次"

雅万高铁是连接印度尼西亚首都雅加达和重要城市万隆的高速铁路，是中国高铁首次全系统、全要素、全产业链在海外落地的项目。其 3.8 万吨铁路钢轨全部为 100 米长定尺钢轨，是我国长定尺钢轨第一次规模化出口。

国际上铁路钢轨长度大多规格为 25 米。对钢轨来说，越长越容易变形，越长对平直度和表面平整度要求越高。即便是钢轨表面存在肉眼难以所见的细小颗粒，也将直接影响飞速行驶的高铁的运行安全。100 米长定尺钢轨，偏差不超过 0.1 毫米，代表着国际最高水平。

在供雅万高铁专用的 100 米钢轨生产上，每批钢轨不仅在生产前制定"一对一"质量控制方案，以确保零误差，同时也体现在工艺改进上，不断突破技术难点。如在钢轨轧制工艺、优化轧制孔型方面，历经上百次试验后，生产出来的每条钢轨外形尺寸实现 100% 精准，可让高铁运行异常平稳。

工艺上有突破，运输上也有创新。目前全球能运载 100 米长定尺钢轨的海运货船屈指可数，且运输档期无法按雅万高铁建设所需钢轨生产进度来协调。鞍钢最终花了一年多时间制定物流方案，在港口搭建了一条生产线，解决了海运难题。"港口倒转转运工具""吊装装船专用工具"两个"中国首次"新技术诞生。

雅万高铁的建成展现了中国高铁技术创新的最新成果，生动诠释了"一带一路"倡议"共商、共建、共享"的原则，必将为我国同东南亚国家高质量共建"一带一路"产生重要的示范效应。

模块小结

生产管理是为了更好地在要求时间内依据预估成本费用和生产要求，对生产进行预测，对各项任务进行计划、统筹和调整，以使生产活动内容实现整体最优化。

生产计划是指制造部门为了更好地制造新产品而制订的计划，它是生产管理的一个环节。在制订计划之初，需要对未来的需求状况进行预测，随后依据预测的内容制订计划。

生产物流是指在生产过程中的物流活动。一般是指原材料、外购件等投入生产后，经过下料、发料，运送到各加工点和存储点，以在制品的形态，从一个生产单位（仓库）流入另一个生产单位，按照规定的工艺过程进行加工、储存，借助一定的运输装置，在某个点内流转，又从某个点内流出，始终体现着物料实物形态的流转过程。

生产物流的基本工作是按照物资需求计划的指令，准时、保量、无差错地将生产所需要的物资配送到现场和每一个工作中心。生产物流包括三项主要内容：场内仓储管理、物流设施设备的选用以及库存管理。

物料需求计划（MRP）是生产管理的核心，其基本思想是根据客户对最终产品的需求数量和需求时间，按产品的结构精确地算出所有零件和部件的数量，并按各种零件和部件的生产周期或采购周期（即提前期），将主生产计划排产的产品分解成各自制零部件的生产计划和采购件的采购计划。

主生产计划说明一个企业在一个时期内（即计划展望期内）计划生产的产品名称、数量和日期，为 MRP 提供基本的数据。开始编制物料需求计划时，必须首先制订一个有效的主生产计划。

增值性评价活动

知识测评

一、单项选择题

1. 典型生产管理系统包括计划管理、采购管理、制造管理、品质管理、效率管理、设备管理、（　　）、士气管理及精益生产管理等模块。

    A. 物流管理　　　　　B. 配送管理　　　　　C. 库存管理　　　　　D. 运输管理

2. 生产企业提升生产效率常用的管理方法不包括（　　）。

    A. 标准化　　　　　　B. 供应链管理　　　　C. 目视管理　　　　　D. 管理看板

3. （　　）是企业内部为保障生产而进行的物流管理，也被称为在制品物流。

    A. 供应物流　　　　　B. 生产物流　　　　　C. 销售物流　　　　　D. 回收物流

4. 合理化的生产物流管理目标包括：物流过程的连续性、物流过程的平行性、物流过程的节奏性、（　　）和物流过程的适应性。

    A. 物流过程的低成本　　　　　　　　　B. 物流过程的比例性

    C. 物流过程的高效率　　　　　　　　　D. 物流过程的时效性

5. 生产物流空间组织的目标是缩短物流在工艺流程中的移动距离，其组织形式不包括（　　）。

    A. 工艺专业化组织形式　　　　　　　　B. 对象专业化组织形式

    C. 成组工艺组织形式　　　　　　　　　D. 物流流程化组织形式

6. 对象专业化组织形式是按加工产品为对象划分生产单位，通过固定制造某种部件或某种产品的封闭车间，其设备、人员按加工或装配的工艺过程顺序布置，形成一定的生产线来完成物料流动。以下（　　）不属于这种组织形式。

A. 奇瑞汽车制造厂　　　　　　　　B. 空客飞机组装厂

C. 迪士尼玩具制造厂　　　　　　　D. 电梯装备厂

7. （　　）是企业依据用户在产品结构及性能等方面的要求以合同的方式确定产品的品种、性能、数量及交货期来组织生产。

A. 订货型生产　　　　　　　　　　B. 备货型生产

C. 连续型生产　　　　　　　　　　D. 离散型生产

8. （　　）是一种定期修订未来计划的方法，按照计划的执行情况和环境变化，调整和修订未来的计划，并逐期向前移动的计划方法。

A. 滚动计划法　　　　　　　　　　B. 网络计划法

C. 目标管理法　　　　　　　　　　D. 甘特图法

9. MRP 的基本思想是生产所需物料的订货量是依据（　　）来确定。

A. 供应　　　　　B. 需求　　　　　C. 生产　　　　　D. 物流

10. （　　）是在 MRP 设定主生产计划后，通过对关键工作中心生产能力和计划生产量的对比，判断主生产计划是否可行。

A. 粗能力计划　　　　　　　　　　B. 细能力计划

C. 人员能力计划　　　　　　　　　D. 设备能力计划

二、思考题

1. 试简析生产运作系统的运行管理内容。
2. 试简析生产物流的不同空间组织形式中生产管理的差异。
3. 试简析连续型生产和离散型生产的物流管理内容。
4. 试简析 MRP 的生产管理的优势及不足。

三、案例分析

蔚来汽车生产线的"成长记"

1913 年，福特公司在"汽车城"底特律建成了世界上第一条汽车装配流水线，这让 T 型车成为大批量生产的开端。汽车流水线的出现，不仅让零部件通过生产设备连续流动起来，还更方便地对制造技能进行分工，把复杂技术简化、程序化，使一辆汽车的装配时间缩减为原先的 1/12，成本也相应降低。

随着时代和科技的发展，汽车品牌在发展中将生产线的分工分阶段集成，并持续提升生产线的机械化与自动化水平。如今，现代整车厂主要分为四大工艺，分别是冲压、焊接、涂装和总装。车身原材料经过冲压成为特定形制的零件，它们通过焊接等连接方式组成白车身，车身在涂装车间进行浸渍、喷漆等操作，最后进入总装车间完成内饰、底盘等配件的组装，并在出厂前完成最终品质、性能检验。

蔚来先进制造基地内设有冲压、车身、涂装以及总装四大工艺车间，运用了整体自动化率高达 97.5% 的技术。具体而言，车身车间此次新增了 101 台机器人，并对 408 台机器人进行软件程序和节拍调整，同时加装高强度钢铝混合工艺车身产线。由于车身铝合金占比极高，蔚来汽车车身采用的主要是铆接技术，其中使用最多的自冲铆接（SPR）技术是一项航天工艺，拥有更高的连接强度和抗疲劳强度，而且能很好地与胶接配合，从而提高车身安全性、扭转刚度、抗腐蚀性等。新添置的这批设备包括 KUKA 机器人、苏科的涂胶设备、TUCKER 的 SPR 连接设备等，可实现车身主要连接 100% 自动化。

总装车间新建了 2 条生产线，分别是内饰线与底盘线。其中，内饰线主要负责车辆内部线束、风挡、仪表台以及地毯等装配工作，采用自动化升降滑板配合人工装配，可以根据不同人员的身高和作业内容进行编程并调整车辆的高度，提升生产效率的同时又降低了员工的作业强度。全景玻璃天窗采用自动涂胶技术。底盘配线主要承担着汽车动力部件、前后桥及轮胎等的装配，利用 AGV 的运输与托举，使得装配更精准、轻松。

总装车间还进行了在线工装设备升级。总装车间的线体上布置了大量的电动拧紧工具，作为以太网智能先进制造基地的核心之一，所有的电动工具已经全部装配了传感器，每一把电枪可以精确自动采集扭矩大小、扭矩曲线、转速、打紧顺序及角度，以确保扭力 100% 合格。

此外，冲压、涂装车间也已经或即将进行升级。其中，冲压车间当前拥有一条高精度、高柔性的无尘化冲压生产线，总吨位数为 7000 吨，其拉伸系统采用全球顶尖液压数控垫，更利于零件成型，搭配 ABB 直线七轴机器人，实现无人化生产。

而刚封顶的新涂装车间后续同样会配置先进的电泳技术与喷漆机器人，搭配恒温恒湿的油漆输出管路，够保证油漆在任何情况下保持稳定的参数。

综合升级规划与生产管理需要产线停产改造，尽量减少对当月生产的影响。但从长远来看，产线升级将为提升生产效率、提高总体产能、丰富生产车型打下稳固的基础。

思考：

1. 蔚来公司创新使用了哪些生产技术工艺？
2. 蔚来公司生产管理模式转型可为我国先进制造企业提供哪些参考路径？
3. 蔚来公司需要制订未来五年生产计划，请你谈谈生产计划制订思路。

技能测评

实训任务：腾飞制造有限公司的主生产计划制订。

实训背景：2023 年 9 月 1 日，腾飞制造有限公司收到中物集团发来的订单，具体情况如表 7-10 所示。

表 7-10　A 产品订单

序号	商品名称	订购数量（件）	交货日期
1	A 产品	2000	2023 年 10 月 18 日 8 时

如图 7-10 所示，生产 1 个产品 A 需要 1 个零件 B 和 1 个零件 C；生产 1 个零件 B 需要 1 个原材料 D 和 1 个原材料 E；生产 1 个零件 C 需要 2 个原材料 D 和 1 个原材料 F。产品 A、零件 B 和零件 C 由该生产企业自主生产；原材料 D、原材料 E 和原材料 F 需要外部采购，不考虑批量采购折扣因素。

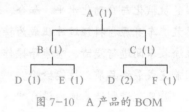

图 7-10　A 产品的 BOM

截至 2023 年 9 月 1 日 24 时，腾飞制造有限公司仓库中原材料 D、原材料 E 和原材料 F 的库存量分别为 1700 件、1200 件以及 1100 件，无 A 产品及其零件 B、C 的库存。在保证原材料供应充足的前提下，产品 A 的产能为 100 件 / 天，零件 B 的产能为 110 件 / 天，零件 C 的产能为 95 件 / 天。另外，各原材料日均消耗和库存情况如表 7-11 所示。

表 7-11 各原材料日均消耗和库存情况

名称	原材料 D	原材料 E	原材料 F
日均消耗量（件）	320	120	100
安全库存（件）	250	360	500
订货提前期（天）	2	3	5

（1）为简化计算，暂不考虑生产过程中各零件的存货成本。

（2）假设不同生产阶段内的生产速度是均匀的。

（3）公司为轮班作息制，每天的生产时间为 8:00—12:00、13:00—17:00、18:00—22:00（包括周六、周日）。

（4）运输时间界定：当日 8:00—22:00 为一个运输日。

（5）产品 A 运输在途时间为 2 天。

（6）设原材料订单发出时间为订货日 8:00，到货时间为送达日 22:00。

实训要求：根据以上项目背景资料，运用直接批量法和再订货点法完成本次订单的 MPS 运算并填写表 7-12。

注：若当天生产结束时，库存高于订货点的部分不能满足第二天的最大生产，则必须在第二天发出采购订单。如遇节假日，则顺延一天发出。

表 7-12 原材料 D 的生产与采购计划

计划	材料			
	产品 A	零件 B	零件 C	原材料 D
需求量				—
生产开始时间				—
第一次发出订单时间	—	—	—	
第一次到货时间				
第一次到货后库存量				
第二次发出订单时间				
第二次到货时间				
第二次到货后库存量				
第三次发出订单时间				
第三次到货时间				
第三次到货后库存量				
生产结束时间				—
结束剩余件数	—	—	—	

原材料 E、原材料 F 的计算表格形式与表 7-12 一致。

实训步骤：

1. 每 3 ~ 4 名学生为一组，进行分工，明确成员任务。
2. 背景资料整理分析，完成产品 A 的主生产计划制订。

实训评价：实训评价的内容如表 7-13 所示。

表 7-13　腾飞制造有限公司的主生产计划制订实训评价表

评价项目	考评点	分值	得分
成员表现（10%）	分工合理，态度端正	10	
主生产计划（90%）	文体格式规范美观，层次、段落清晰，语言通顺，无错别字	10	
	直接批量法和订货点法确定的需求量均无误	20	
	原材料生产开始时间和结束时间无误	20	
	原材料 D、E、F 的三次订单发出时间和到货时间无误	20	
	原材料 D、E、F 的库存量无误	20	
合　计		100	

模块八
供应链中的库存管理

学习目标

知识目标：

- 了解库存、库存的作用、库存的分类、库存管理等基础知识。
- 熟悉库存管理的目标及库存控制模型。
- 掌握经济订货批量及其延伸模型。
- 掌握供应商管理库存、联合管理库存。

能力目标：

- 能够熟练使用经济订货批量及其延伸模型。
- 能够根据实际情况进行库存分析，并进行库存控制。

素质目标：

- 培养物流人的职业责任感，树立细心耐心的工作态度。
- 培养发现问题、分析问题、解决问题的能力。

案例导入

海尔集团库存管理之零库存

海尔集团创立于1984年，总部在青岛，在全球设立了10个研发中心、71个研究院、35个工业园、138个制造中心和23万个销售网络，是全球领先的美好生活和数字化转型解决方案服务商。海尔作为实体经济的代表，持续聚焦实业，布局智慧住居和产业互联网两大主赛道，建设高端品牌、场景品牌与生态品牌，以科技创新为全球用户定制智慧生活，助推企业实现数字化转型，助力经济社会高质量发展、可持续发展。海尔取得今天的业绩，与它对库存管理的重视是分不开的。

零库存是一种特殊的库存概念，它并不等于不要储备或没有储备。所谓的零库存，是指物料（包括原材料、半成品和产成品等）在采购、生产、销售、配送等一个或几个经营环节中，不以库存的形式存在，而是处于周转的状态。它并不是指某种或某些物品的储存数量真正为零，而是通过实施特定的库存控制策略，实现库存量的最小化。借助先进的信息技术，海尔发动了一场管理革命：以市场链为纽带，以信息流为中心，带动物流和资金流的运动，通过整合全球供应链资源和用户资源，逐步向"零库存、零营运资本和（与用户）零距离"的终极目标迈进。

海尔将各道生产工序标准化，每道工序的产能精确计算。工程部门、维修部门、质检部门等全力配合，做好安全预防，排除故障隐患。每一道工序的产品，全部流入下一道工序，而这一套链式运作体系，需要很成熟的管理体系。海尔 CRM 联网系统就是要实现端对端的零距离销售。海尔通过 ERP 系统和 CRM 系统，拆除影响信息同步沟通和准确传递的阻隔。ERP 是拆除企业内部各部门的"墙"，CRM 是拆除企业与用户之间的"墙"，从而达到快速获取用户订单、快速满足用户需求的目标。

供应链是一张连接数字世界和物理世界的巨大网络，因此科技化和智能化是供应链企业发展的趋势，而面向各行各业的数字化供应链运营模式也是供应链企业的关键实力所在。传统管理环境下的企业根据生产计划进行采购，由于不知道市场在哪里，所以只能进行库存采购，企业里有许许多多"水库"。海尔借助供应链管理，实施信息化管理，通过三个 JIT 打通这些"水库"，把它变成一条流动的"河"。JIT 采购就是按照计算机系统的采购计划，需要多少，采购多少。JIT 送料指各种零部件暂时存放在海尔立体库，然后由计算机进行配套，把配置好的零部件直接送到生产线。海尔在全国建有物流中心系统，无论在全国什么地方，海尔都可以快速送货，实现 JIT 配送。

案例思考：什么是零库存？海尔如何实现零库存？

单元一 库存与库存管理认知

一、库存及其分类

（一）库存的概念

《物流术语》（GB/T 18354—2021）对库存的定义为"储存作为今后按预定的目的使用而处于备用或非生产状态的物品"。库存是暂时处于闲置状态的用于满足将来需要的资源，包括原材料、半成品、成品、机器等。

库存的含义和类型

资源的闲置就是库存，与资源是否存放在仓库中没有关系，与资源是否处于运动状态也没有关系，库存可以在仓库里、生产线或者车间里，也可以是在运输途中。库存主要是由于供需双方在时间、空间和数量上的不确定性或者矛盾引起的。

启智增慧 库存在供应链中的角色

客户和供应商的关系管理是供应链管理的一个重要方面，协同关系这一概念经常被看作供应链管理的核心问题。然而，如果对供应链关系，尤其是包含产品流的供应链关系进行更为细致的审查，则会发现该关系的核心是库存的流动和储存，关系管理的大多数活动都基于库存的采购、转移和管理。库存在供应链中扮演重要角色，是供应链的焦点。

库存的关键作用之一是推动供需平衡。为了高效管理供应链中的正向和逆向流动，企业要妥善处理与上游供应链间的交流和下游客户的需求，这就促使它们必须在满足难以精准预测的需求和维持足够的材料及产品供应之间取得平衡。这种平衡经常是通过库存来取得的。比如，越来越多的企业开始制订销售与运营计划。该计划的最主要目的是将企业的需求管理职能（如销售预测、营销）与运营职能（如制造、供应链、物流）结合起来，并作为战略计划的补充。这个计划经常涉及对公司现有库存、在途库存和在制品库存的讨论，这类讨论让销售和营销部门能够在未来一段时间内，通过获取足以支撑销售活动的库存水平信息来制订合理的销售和营销计划。此外，运营部门也能够因此直接获取有助于规划未来库存需求的实时销售预测信息。由于一些近期着眼于特定库存单位的战略决策，这类信息很可能导致制造计划的变动或采购需求的调整。

（二）库存的分类

1. 按生产过程分类

可将库存划分为原材料库存、在制品库存、成品库存。

原材料库存包括原材料和外购零部件。在制品库存包括处在产品生产不同阶段的半成品。成品库存是由准备销售给用户的产成品形成的库存。

2. 按库存所处状态分类

库存可划分为在库库存和在途库存。

在库库存是指存储在企业仓库中的库存，是存货的主要形式。在途库存是指在生产地和储存地之间的库存，这些物资或正在运载工具上，处于运输状态，或在中途临时储存地，暂时处于待运状态。如果运输距离长、运输速度慢，在途库存甚至可能超过在库库存。

3. 按存货目的分类

库存可划分为经常库存、安全库存、促销库存、投机性库存和季节性库存。

经常库存也称周转库存，是指为了满足两次进货期间市场的平均需求或生产经营的需要而储存的货物。存货量受市场平均需求、生产批量、运输中的经济批量、资金和仓储空间、订货周期、货物特征等多种因素的影响。

安全库存是指为防止需求波动或订货周期的不确定性而储存的货物。安全库存与市场需求特性、订货周期的稳定性密切相关。市场需求波动越小、需求预测越准确、订货周期越确定，所需的安全库存越少。如果企业能对市场做出完全准确的预测或者订货周期固定，就可以不必保有这部分库存。

促销库存是指在企业促销活动期间，销售量一般会出现一定幅度的增长，为满足这类预期需求而建立的库存。

投机性库存是指以投机为目的而储存的物资。对一些原材料而言，如铜、黄金等，企业购买并储存的目的常常不是经营，而是做价格投机。

季节性库存是指为满足具有季节性特征的需要而建立的库存，如水果等农产品、空调、冬季取暖用煤、夏季防汛产品等。

4. 按物品需求的重复程度分类

库存可划分为单周期库存和多周期库存。

单周期库存用于满足单周期需求。单周期需求的特征是偶发性或物品的时效性很强，因而很少重复订货。这有两种情况：一种是偶尔发生的对某种物品的需求，如某些大型活动的纪念品或节日贺卡等；另一种是时效性很强的物品的需求，如杂志、报纸等。对于单周期需求物品的库存控制称为单周期库存问题，多周期库存用于满足多周期需求，多周期库存更为普遍。

想一想

你还知道哪些库存分类方法？

（三）库存的积极作用

库存的积极作用

库存是维持正常生产、应付意外需求所必需的。库存的积极作用可以表现在以下六个方面：

1. 满足不确定的客户需求

客户对产品的需求在时间与空间上均有不确定性，库存可以满足客户随时产生的需求。这种情况在超市最为常见，一般会上架足够数量的货物，以满足随时产生的客户需求。

2. 平滑对生产能力的要求

当需求与生产能力不平衡时，企业可以利用库存来调节需求的变化。特别是对于季节性需求（如中秋月饼、圣诞树、新年贺卡、开学时的学生用品等），可以在淡季建立库存，以供旺季时销售。这样通过预设库存使生产能力保持均衡，能够更好地利用生产能力。

3. 应对运营过程中不可预料的问题

供应商缺货、运输中断、机器故障、质量问题等都可能造成生产中断。为此，需要设置一定的库存（安全库存）来应对运营过程中这些不可预料的问题。

4. 降低单位订购费用或生产准备费用

增大物资订购批量会降低订购费用，增加产品生产批量会降低单位产品的生产准备费用；同时，大批量生产还会减少单位产品的生产准备时间，从而使生产能力得到充分利用。

5. 获取数量折扣

通常供应商为了刺激需求，会对达到一定采购量的采购方提供一定的价格优惠。一次订货量越大，折扣幅度就越大，这种情况在大宗原料的供销中最为常见。作为采购方，当数量折扣带来的好处大于增加的保管费用时，就会利用这种数量折扣。

6. 避免价格上涨

这通常体现在投机性库存，即为避免价格上涨而保有的库存。这种情况一般出现于稀缺资源，如石油、铁矿石等。

想一想

举例说明库存在企业生产销售中的作用。

（四）库存的消极作用

以上是库存有益的一面，但是这些库存的作用都是相对的。客观来说，企业都不希望存在任何形式的库存。无论原材料、在制品还是成品，企业都想方设法降低库存。库存的弊端主要表现在以下两个方面：

库存的消极作用

1. 库存提高了经营成本

一是库存是积压的资金，并以物的形式存在，故而无产出，这就会影响资金周转，占用企业的大量资金；二是增加了企业的产品成本与管理成本，库存材料的成本增加直接增加了产品成本，而相关库存设备、管理人员的增加也加大了企业的管理成本。

2. 库存掩盖了企业存在的问题

库存容易掩盖企业存在的计划不周、采购不当、生产不均衡、产品质量不稳定及市场销售不力等问题。

启智增慧　国家启动猪肉收储

2021年上半年猪肉价格持续下行，但稳产保供压力仍然较大。2021年6月2日，为了有效缓解生猪和猪肉市场价格周期性波动，国家发展和改革委员会等部门联合印发《完善政府猪肉储备调节机制　做好猪肉市场保供稳价工作预案》。

生猪产业在我国有着举足轻重的地位。当猪肉价格过高时，政府将投放储备以保障居民消费需要，推动价格向合理区间回落，避免生猪产能过度扩张；当猪肉价格过低时，政府将启动收储以托住市场，让养殖户吃下"定心丸"，避免生猪产能过度淘汰。政府将猪肉储备调节作为关键抓手，对生猪及猪肉价格坚持"调高"与"调低"并重，以供应稳保障价格稳，以价格稳促进供应稳。

二、库存管理

（一）库存管理的概念

库存管理也称库存控制，是指对制造业或服务业生产、经营全过程的各种物品、产成品以及其他资源进行管理和控制，使其储备保持在经济合理的水平上，是企业根据外界对库存的要求与订购的特点，预测、计划和执行一种补充库存的行为，并对这种行为进行控制。

（二）库存管理的目标

库存管理的目标是在给定的服务水平下，使与库存有关的成本降到最低。服务水平是在适当时间、适当地点、以适当的数量供应所需的物资。与库存有关的成本主要包括订货成本、持有成本、缺货成本。库存管理者需要在库存成本和服务水平之间寻找平衡点，寻找维持系统完整运行所需的最小库存或达到"满意"的服务水平基础上的最低库存。

1. 服务水平

服务水平是一种衡量企业运作绩效的标准，它通常由企业的管理层制定，并确定库存的绩效目标。服务水平的衡量指标通常包括订购周期、单笔订单完成率、订单线完成率、订单完成率等，也可以使用以上指标的组合来进行衡量。

库存管理是物流策略的主要组成部分之一。企业必须对其物流策略加以整合，才能够实现所有服务目标。有两种方法可以帮助企业获得较高的服务水平：一种是增加库存量；另一种则是加快运输速度。企业加强客户与服务提供商之间的合作，可以减少不确定性因素的影响，从而提高服务水平。

💡 **想一想**

"电子乐园"是一家中型电子产品零售商，专门销售智能手机、平板电脑和相关配件。过去几个季度，公司面临着日益增加的客户投诉，主要是由于热门商品的缺货问题。同时，由于库存积压，一些不太受欢迎的产品造成了高昂的仓储成本。

如何通过调整服务水平，使企业能够更好地满足客户需求，优化库存成本，最终实现业务目标？

2. 库存成本

库存成本的构成主要包括四个方面，即库存持有成本、订货或生产准备成本、缺货成本和在途库存储存成本。

（1）库存持有成本。库存持有成本是指为保持库存而发生的成本。它可以分为固定成本和变动成本。固定成本与库存数量的多少无关，如仓库折旧、仓库职工的固定月工资等；变动成本与库存数量的多少有关，如库存占用资金的应计利息、破损和变质损失、安全费用等。变动成本主要包括以下四项成本：资金占用成本、存储空间成本、库存服务成本和库存风险成本。

💡 **想一想**

考虑企业当前的运营状况和市场动态，哪些关键因素在当前影响企业的库存持有成本？如何通过创新的策略和方法有效地平衡这些成本，同时保持或提高服务水平和客户满意度？

（2）订货成本或生产准备成本。订货成本或生产准备成本是指企业向外部的供应商发出采购订单的成本或企业内部的生产准备成本。

订货成本是指企业为了实现一次订货而进行的各种活动的费用，包括处理订货的差旅费、邮资、电话费、文书等支出。订货成本中有一部分与订货次数无关，如常设采购机构的基本开支等，称为订货的固定成本；另一部分与订货的次数有关，如差旅费、邮资等，称为订货的变动成本。

生产准备成本是指当库存中的某些产品不由外部供应而是企业自己生产时，企业为生产一批货物而进行改线准备的成本。其中更换模、夹具需要的工时或添置某些专用设备等属于固定成本，与生产产品的数量有关的费用（如材料费、加工费等）属于变动成本。

库存持有成本与订货成本的关系：订货成本和库存持有成本随着订货规模的变化而呈反方向变化。起初随着订货规模的增加，订货成本的下降速度比库存持有成本的增加速度要快，即订货成本的边际节约额比库存持有成本的边际增加额要多，使得总成本下降；当订货批量增加到某一点时，订货成本的边际节约额与库存持有成本的边际增加额相等，这时总成本最小；此后，随着订货规模的不断增大，订货成本的边际节约额比库存持有成本的边际增加额要小，导致总成本不断增加。

总之，随着订货规模的增大，库存持有成本增加，而订货（或生产准备）成本降低，总成本线呈 U 形，其关系如图 8-1 所示。

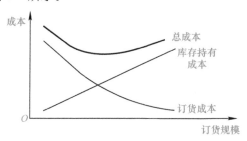

图 8-1　存货成本与订货规模的关系

（3）缺货成本。库存决策中另一项主要成本是缺货成本，是指由于库存供应中断而造成的损失，包括原材料供应中断造成的停工损失、产成品库存缺货造成的延迟发货损失和丧失销售机会的损失。如果生产企业以紧急采购代用材料来解决库存材料的中断之急，那么缺货成本表现为紧急额外购入成本。当一种产品缺货时，客户就会购买竞争对手的产品，那么就对企业产生直接利润损失，如果失去客户，还可能为企业造成间接或长期成本。在供应物流方面，原材料或半成品或零配件的缺货，意味着机器空闲甚至关闭全部生产设备。

（4）在途库存储存成本。在途库存是指尚未到达目的地，正处于运输状态或等待运输状态而储备在运输工具中的库存。在途库存的资金占用成本一般等于仓库中库存的资金占用成本，同时应将保险费用考虑在内。

💡 **想一想**

如果你是一家零售商，面临节日期间热门商品的缺货的情况，你会怎么办？

（三）库存控制

为了控制库存量，可控制订货进货过程，也可控制销售出库过程。但是，控制销售出库过程，意味着限制客户的需求，影响社会需求。所以最好采用控制订货进货过程的办法来控制库存量，这样不但可主动控制库存量，而且不影响社会效益。通过制定库存计划，研究怎样通过控制订货进货过程的办法来控制库存量。

库存计划包括确定订货时间以及订货数量。库存控制决定了对库存状态进行监控的步骤和方法。

1. 订货时间

企业在制订库存计划的初期，必须明确在什么时候需要订购多少货物。订货点决定了补货的开始时间，可以用单位产品的供应天数来表示。在能够确定产品需求和运作周期的前提下，订货点的基本公式为

$$R = D \times T$$

式中，R 表示订货点的数量；D 表示平均的日需求量；T 表示平均运行周期的天数。

假定需求量为 20 单位／天，运作周期为 10 天，可以知道订货点的数量为 200 个单位。

使用订货点的公式计算订货点时，补货运作是按照计划进行的，如果产品的需求和运作周期中有一个或者多个因素无法确定，企业就需要用安全库存来消除不确定因素的影响。此时的

订货点公式为

$$R=D \times T+SS$$

式中，SS 表示安全库存的数量。

2. 订货数量

订货数量是指在特定的时间点或条件下，为了满足预期的需求和维持适当的库存水平，从供应商处订购的物品或产品的数量。订货数量的正确确定对保持良好的库存控制、降低库存成本、满足客户需求以及优化供应链运作都至关重要。

库存控制中的订货数量与成本之间存在紧密的关系，订货数量的大小直接影响着多个与库存相关的成本，如订货成本、持有成本和缺货成本。较大的订货数量通常会导致较低的订货成本，因为订货的频率较低，从而降低了每次订货的固定成本。较大的订货数量可能会导致较高的持有成本，因为更多的库存需要更大的储存空间，同时也需要投入更多的资金。较小的订货数量可能会加大缺货的风险，从而增加缺货成本。经济订货批量是指在订货成本和持有成本之间取得平衡的最佳订货数量。它是库存控制中的一个重要概念，通过计算可以找到在成本最优的情况下应该订购的数量，以使总成本最小化。

订货数量与成本之间的关系是一个平衡问题，需要综合考虑不同成本的影响，以寻求一个最佳的订货策略，从而在保持适当库存水平的同时，有效地控制库存相关的各项成本，实现总成本的最小化。

启智增慧

"健康一家"是一家享有盛誉的中型企业，旨在提供各种高品质的健康和有机食品，满足日益增长的健康消费需求。尽管在过去几年中公司效益稳步增长，积累了相当大的市场份额，但最近他们遭遇了一个预料之外的挑战。由于库存管理方面的问题，公司发现不得不应对频繁的库存短缺，尤其是公司的畅销产品，这直接影响了产品的销售量和客户满意度。与此同时，一些需求不高的产品却长期积压在仓库中，导致资金占用和仓储空间浪费。

公司通过进行深入的问题诊断，揭示了几个关键问题。首先，公司缺乏有效的需求预测机制。没有准确的市场需求数据，使供应链团队难以准确判断哪些产品会受到市场欢迎，结果是热门产品经常性缺货，而某些产品库存过剩。其次，由于大量资金被用于存储需求不旺的产品，公司的库存成本急剧上升，尤其是仓储费用和产品可能的变质风险，这进一步侵蚀了公司的利润空间。更糟糕的是，由于缺货现象频发，许多长期客户开始对"健康一家"失去信心，转而寻求其他供应商，导致公司的销售额出现了前所未有的下滑。

面对这些紧迫的挑战，"健康一家"迅速采取行动，对其库存管理策略进行全面改革。首先，公司引进了一种基于先进数据分析的需求预测工具，利用历史销售数据、市场趋势和季节性变化来进行更准确的销售预测。这不仅使公司能够及时补充热销产品，还减少了对不畅销产品的过度投资。其次，为了更有效地管理库存，公司开始执行定期库存审查，以便更快地识别存货积压问题，并通过促销或打折快速清理滞销产品。此外，"健康一家"还加强与供应商的合作关系，建立了更加透明和高效的沟通机制，确保在产品需求高峰期能够快速补货。

请思考： 企业如何通过改进其库存控制系统来解决特定的业务挑战？

单元二　库存控制模型

一、库存控制模型的分类

库存控制模型的分类可以从多个维度进行，常见的分类方法包括按需求确定性分类、按订货量决策分类、按库存策略分类等。以下是不同分类方式下的一些经典库存控制模型。

1．按需求确定性分类

确定型库存模型：需求量和供货时间都是确定的，例如经济订货批量模型（EOQ 模型）。

随机型库存模型：需求量或供货时间不确定，通常基于概率统计进行库存控制，例如新闻出版商问题、安全库存策略。

2．按订货量决策分类

固定订货量模型：每次订货的数量固定。常见的固定订货量模型包括经济订货批量模型（EOQ 模型）。

固定时间周期模型：按照固定的时间周期进行订货，订货量根据当前库存和目标库存水平来确定。

3．按库存策略分类

补货点策略模型：当库存降至预定的最低水平时立即补货，例如固定订货量模型。

周期性策略模型：每隔固定的时间周期进行补货，无论当前库存水平如何。例如固定时间周期模型。

除了上述模型，还有许多其他库存控制模型，如 ABC 分析模型、JIT 库存管理模型、基于销售预测的库存模型、多阶段库存模型等。选择适合的库存控制模型需要对实际需求、供应链情况、成本控制和服务水平等多个因素进行综合考虑。

二、经济订货批量模型

经济订货批量（Economic Order Quantity，EOQ）模型是一种常用的库存管理模型，用于确定最佳的订货批量，使库存相关的总成本最小，适用于需求稳定、订单周期和交货时间可预测的情况。该模型有以下基本假设：总需求量已知；对库存的需求率为常数；订货提前期不变；订货成本与订货批量无关；持有成本是库存量的线性函数；全部订货一次交付；采购、运输均无价格折扣。

> 💡 **想一想**
> 如果需求不是恒定的而是波动的，EOQ 模型还能否生效？为什么？

如图 8-2 所示，系统的最大库存量为订货批量 Q，即 320，最小库存量为 0；对库存的需求率为常数；系统库存不存在缺货；当库存量降到订货点 100 时，按订货批量 Q 发出订货；经过一个固定的订货提前期（Lead Time，LT），刚好在库存变为 0 时，新的一批数量为 Q 的订货到达。

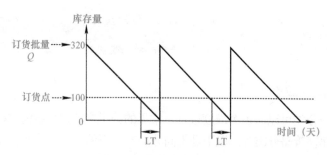

图 8-2　库存量变化示意图

与库存有关的成本包括持有费用和订货费用。持有费用随订货批量 Q 增加而增加，是 Q 的线性函数；订货费用与 Q 呈反比，Q 越大，订货次数越少，订货费用越低。

设总成本为 C_T，持有成本为 C_H，订货成本为 C_0，单位库存物资的持有费用为 H，每次订货费用为 S，年总需求量为 D，基于对库存的需求率为常数和全部订货一次交付的假设，库存管理周期内平均库存水平为 $Q/2$，则总成本为

$$C_T = C_H + C_0 = \frac{Q}{2} \times H + \frac{D}{Q} \times S \qquad (8\text{-}1)$$

如图 8-3 所示，总成本曲线是持有成本和订货成本的叠加，图中存在一个订货批量 Q^*，使得总成本最低，称 Q^* 为经济订货批量。

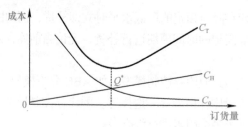

图 8-3　库存成本曲线图

对式（8-1）求一阶导数，令导数为 0，得出 Q^* 为

$$Q^* = \sqrt{\frac{2DS}{H}} \qquad (8\text{-}2)$$

经济订货批量下的总成本 $C_T(Q^*)$ 为

$$C_T(Q^*) = \sqrt{2DSH} \qquad (8\text{-}3)$$

订货次数 n 为

$$n = \frac{D}{Q^*} = \sqrt{\frac{DH}{2S}} \qquad (8\text{-}4)$$

在经济订货批量模型中，订货点只与年需求量 D、全年制度工作日 m、订货提前期 LT 有关，订货点 ROP 为

$$\text{ROP} = \frac{D}{m} \times \text{LT} \tag{8-5}$$

在实际应用中，EOQ 模型可以帮助企业更有效地管理库存、降低库存成本、提高资金利用效率和服务水平。然而，由于现实生活中的需求和供应通常会受到各种因素的影响，导致波动和不确定性，因此在更复杂的场景中，可能需要使用更加灵活和精确的库存模型。

例 8-1 某公司每年购入某种产品 8000 件。每次订货费用为 30 元，单位维持库存费为 3 元。若每次订货的提前期为 2 周，全年工作日为 52 周，试求经济订货批量、最低全年总成本、订购次数和订货点。

解：

根据式（8-2），求出经济订货批量 Q^*：

$$Q^* = \sqrt{\frac{2DS}{H}} = \sqrt{\frac{2 \times 8000 \times 30}{3}} = 400（件）$$

根据式（8-3），全年总成本 $C_T(Q^*)$：

$$C_T(Q^*) = \sqrt{2DSH} = \sqrt{2 \times 8000 \times 30 \times 3} = 1200（元）$$

根据式（8-4），订货次数 n：

$$n = \frac{D}{Q^*} = \frac{8000}{400} = 20（次）$$

根据式（8-5），订货点 ROP：

$$\text{ROP} = \frac{D}{m} \times \text{LT} = \frac{8000}{52} \times 2 = 307.7（件）$$

三、EOQ 模型延伸

从 EOQ 模型所提出的假设可知，它是一个抽象的模型，对实际的库存系统做了很大的简化。但在现实中，很少有这么理想的情况。因为现实中需要考虑很多比较复杂的情况，比如不同的订货批量可取得相应的批量折扣、运量费率、不均衡的需求率以及不同物料之间的相互作用等。但是，EOQ 模型在现代库存管理理论中仍然具有非常重要的作用，因为从这个简单的数学模型中，我们可以得出对现实的复杂库存系统进行管理的一些十分重要的管理思想和原则。

（一）批量折扣模型

批量折扣模型适用于产品售价随批量大小变化的情况。售价的变化是不连续的，例如，螺钉销量在 1～99 只时可能每只 2 分，而每 100 只则售 1.6 元，每 1000 只仅售 13.5 元。为了确定一种物资的最优订货批量，我们可以根据不同的价格水平求出相应的经济订货批量。但是，这样求得的解并不都是可行的，例如，将每个可行的经济订货批量的总成本和相应的批量折扣订货量列成表格，总成本最低的订货批量 Q^* 就是最优订货批量。如果存储成本是根据单价的百分比来确定的，那么就不必计算每个价格水平下的经济订货批量。此时求解的步骤可以简化如下：

首先求出最大的经济订货批量 Q^*（相应于最低价格）。如果 Q^* 可行，那么它就是答案；如果 Q^* 不可行，那么计算次大的经济订货批量 Q^*（相应于第二个最低价格）。如果 Q^* 可行，那么就把相应于 Q^* 的成本同相应于价格稍高的较小数量的成本进行比较，然后根据成本最低原则确定最优订货批量。

例 8-2 某公司每年要购买 1200 件某产品。供应商的条件是：订货批量 ≥ 75 件时，单价 32.5 元；订货批量 < 75 件时，单价 35 元。每次订货的费用为 8 元，单位产品的年库存维持费用为单价的 12%，试求最优订货批量。

解：

步骤一：根据式（8-2）计算 Q^*：

$$Q^* = \sqrt{\frac{2DS}{H}} = \sqrt{\frac{2 \times 1200 \times 8}{32.5 \times 12\%}} = 70.16（件）< 75（件）$$

显然，此时的 Q^* 不可行。

步骤二：根据式（8-2）计算 Q^*：

$$Q^* = \sqrt{\frac{2DS}{H}} = \sqrt{\frac{2 \times 1200 \times 8}{35 \times 12\%}} = 67.61（件）\approx 68（件）$$

此时的 Q^* 可行，只需要判断订货批量为 68 件和 75 件时的总成本即可。因为批量折扣模型下，产品的单价不同，总成本应该包含产品价格：

$$C(Q^*) = C_H + C_0 + p \times Q^* = \frac{Q}{2} \times H + \frac{D}{Q} \times S + p \times Q^*$$

$$C(68) = \frac{68}{2} \times 35 \times 12\% + \frac{1200}{68} \times 8 + 1200 \times 35 \approx 42283.98（元）$$

$$C(75) = \frac{75}{2} \times 32.5 \times 12\% + \frac{1200}{75} \times 8 + 1200 \times 32.5 = 39274.25（元）$$

通过对比可知，经济订货批量为 75 件时，总成本最低，75 件即为最优订货批量。

（二）运量费率

在 EOQ 模型中，没有考虑运输成本对订货批量的影响。在根据交付数量购买产品并且卖方支付了从产地到存货目的地的运输费用时，这种忽略有时可能是正确的，因为这是由卖方负责装运，直至它抵达客户的业务地点。然而，若产品的所有权在产地已转移，那么，在确定订货批量时，就必须考虑运输费率对总成本的影响。

一般说来，一次订货的重量越大，从任何产地到目的地的单位运输成本就越低，因此，大批量装运的运费费率折扣在货车运输和铁路运输中很普遍，可以在绝大多数的运输费率结构中找到。于是，在其他各点都相同的条件下，一个企业自然希望以最经济的运输批量来进行购买，该数量也许大于用 EOQ 模型确定的购买数量。例如，与已计算出来的订货批量 300 单位相比较，假设当订货批量为 480 单位时可以获得最期望得到的运输费率，则较大的订货批量的第一个影响就是将平均存货从 150 单位增加到 240 单位。于是，以较大数量进行订货就会增加存货储囤成本。第二个影响是减少了所需订货的次数。订货次数的减少会增加装运规模，于是就会产生运输经济。

要完成这种分析，就必须明确地表示总成本中有无运输节约。虽然这种计算可以直接通过修正 EOQ 模型完成，但是，通过比较可以提供更有意义的答案。唯一需要增加的数据就是按 300 单位和 480 单位进行订货时的运输费率。这时，进行决策的依据就需要考虑运输费用，选择使总成本最低的方案。运输费率对购买总成本的影响是不能被忽视的。如果运输费用由买方负责支付，则 EOQ 模型必须在批量的分类范围内测试运输成本的灵敏度。

一个值得注意的地方是：订货规模和每年的订货次数中所发生的重大变化仅在维持和订货的总成本中产生。对订货周期或订货次数中出现的重大变化，EOQ 模型的灵敏度要高得多。同样的，成本因素中的重大变化也必然会大大影响经济订货批量。

最后，在原产地（所谓原产地购买，是指当产品在运输途中时，由买方负责运输费用和产品的风险）购买的条件下，有关存货成本的两个因素值得注意：第一，在装运时，买方对存货承担全部风险。根据支付货款所需的时间，意味着中转存货有可能是企业平均存货的一个组成部分，并因此承担适当的费用。随之而来的是，重量分类中的任何变化都将导致各种装运方法在途时间的不同，所增加的成本或节约的费用都应该在总成本分析中进行适当的评估。第二，购买价格中必须添加运输成本，以期精确地评估与存货相关的货物价值。一旦收到存货，投资在产品中的金额必然会因运输费用而增加。于是，存货储存成本应根据产品项目加运输费用的联合成本进行评估。

例 8-3 某产品年需求量为 2400 单位，每单位成本为 5 元，存货成本所占百分比为 20%，订货成本为 19 元，小批量装运的运费率为 1 元 / 单位，大批量装运（一次运输量在 480 单位以上）运费率为 0.75 元 / 单位，求最佳订货批量（订货单位为 10 的倍数）。

解：

两种方案的成本对比如表 8-1 所示。

表 8-1 两种方案成本对比

成本	方案一：300 单位	方案二：480 单位
储存成本（元）	300÷2×5×20%=150	480÷2×5×20%=240
订货成本（元）	2400÷300×19=152	2400÷480×19=95
运输成本（元）	2400×1=2400	2400×0.75=1800
总成本（元）	2702	2135

根据两种方案的成本对比，最佳订货批量为 480 单位。

单元三 战略库存管理

传统的库存管理模式不能解决需求量较大导致的库存增加，以及信息传递不畅等新的库存问题，所以，为了适应供应链管理的要求，供应链下的库存管理必须做出相应的改变。从国内外实践经验及理论成果看，先进的供应链库存管理方法和策略，即战略库存管理，包括供应商管理库存、联合库存管理、多级库存优化与控制等。

一、供应商管理库存

供应商管理库存（VMI）是一种供应链集成化运作的决策代理模型，它把客户的库存决策权代理给供应商，由供应商或批发商行使库存决策的权利。这种库存管理策略打破了传统的各自为政的库存管理模式，体现了供应链的集成化管理思想。

供应商管理库存

（一）VMI 的基本思想

VMI 一般被认为是供需双方之间的一种合作性策略，以对双方来说都是最低成本的方式优化产品的可获得性。VMI 的目标是通过供需双方的合作，真正降低供应链上的总库存成本。

VMI 的关键措施主要体现在以下几个原则中：

1. 合作精神（合作性原则）

在实施该策略时，相互信任与信息透明是很重要的，供应商和客户（零售商）都要有良好的合作精神，才能够保持长期、稳定的合作。

2. 使双方成本最小（互惠原则）

VMI 解决的不是关于成本如何分配或谁来支付的问题，而是如何减少成本的问题。该策略可使双方的成本都减少。

3. 框架协议（目标一致性原则）

供需双方都明白各自的责任，并达成一致的目标。例如，对库存放在哪里、什么时候支付、是否要管理费、要花费多少等问题都要能够回答，并且体现在框架协议中。

4. 总体优化原则

供需双方能共同努力消除浪费并共享收益。

VMI 的主要思想是供应商在客户的允许下设立库存，确定库存水平和补给策略，并拥有对库存的控制权和决策权。精心设计的 VMI，不仅可以降低供应链的库存水平、降低成本，还可以使客户获得高水平的服务，改进资金流，与供应商共享需求变化的透明性并获得更多客户的信任。

💡 **想一想**

某超市、服装店或在线商店，决定实施 VMI，可能会遇到哪些具体挑战？预期会带来哪些好处？请尝试从供应商和零售商的视角分别分析。

（二）实施 VMI 的意义

供应链管理的成功通常来源于理解并管理好库存成本和消费者服务水平之间的关系。VMI就是一种能使供应链合作伙伴共同减少成本、改进服务的先进理念。实施 VMI 的意义如下：

1．减少供应链的总库存成本

需求的易变性是大部分供应链面临的主要问题，它既损害了供应链对客户的服务，也减少了产品收入。在过去的零售供应链中，管理政策常常使销售的波动状况更严重。需求的不确定性、有冲突的执行标准、客户行为互相孤立、产品短缺造成的订货膨胀等，使供应商无法把握需求的波动性。

许多供应商被 VMI 吸引是因为它降低了需求的不确定性。而客户被 VMI 吸引是因为它解决了有冲突的执行标准带来的两难状况。

在 VMI 中，补货频率通常由每月一次提高到每周甚至每天一次，这会使供应商和客户都受益。在 VMI 中，整个供应链的协调将支持供应商对平稳生产的需求，而不必牺牲客户服务水平和存储目标。同时，VMI 还会使运输成本减少。

2．提高服务水平

从零售商的角度来看，服务水平常常由产品的可获得性来衡量。所以在计划时，零售商希望供应商是值得信任的、可靠的。在商品销售计划中，零售商更希望供应商拥有极具吸引力的货架空间。因此，以可靠而著称的供应商可以获得更高的收入。在其他条件相同的情况下，双方都可以从改善了的服务中受益。

在 VMI 中，多客户补货订单、配送之间的协调大大改善了服务水平。对供应商而言，一项不重要的配送可以推迟一两天，而先完成主要的配送业务。类似地，相对于量小的业务，可以先完成量大的补货业务。由于有能力平衡所有合作伙伴的需求，所以供应商可以改善系统的工作状况而不用让任何个体客户冒险，客户最主要的需要将会受到最密切的关注。如果没有VMI，供应商很难有效地安排客户需求的先后顺序。

如果扩大有效解决现有问题的范围，服务水平就可以得到进一步提高。比如，当缺货时，在多个客户配送中心之间平衡存货是十分必要的。有时，在客户间实行存货的重新平衡可能是最经济的方法。如果没有 VMI，就无法这样做，因为供应商和客户都看不到整体存货的配置分布。在 VMI 中，当客户将货物返还给供应商时，供应商可以将其供给另一位客户，这时就实现了存货平衡。

另外的一个好处就是，VMI 可以使产品更新更快速，将会有更少的旧货在系统中流通，所以可以避免客户抢购。此外，新产品的上架速度也将更快。

VMI 中运用的运输过程更进一步改善了客户服务。如果没有 VMI，集中的客户和分散的配送中心之间的沟通障碍有时会使货物的运送被拒绝。VMI 中的供应商会预先规划如何补货和配送，以保证实现递送计划。

（三）实施 VMI 的方法

要实施 VMI，就要改变订单的处理方式，建立基于标准的托付订单处理模式。首先，供应商和批发商（分销商）要一起确定供应商订单业务处理过程所需要的信息和库存控制参数；其次，建立一种订单的标准处理模式，如 EDI 报文标准；最后，把订货、交货和票据处理各个业务功能集成在供应商一边。

库存状态透明性（对供应商而言）是实施 VMI 的关键，它使供应商能够随时跟踪和检查批发商（分销商）的库存状态，从而快速响应市场需求的变化，对企业的生产（供应）状态进行相应的调整。为此需要建立一种能够使供应商和批发商（分销商）的库存信息系统透明连接的方法。

VMI 的实施可以分为如下几个步骤：

1. 建立客户信息系统

要有效地管理销售库存，供应商必须能够获得客户的有关信息。通过建立客户信息库，供应商能够掌握需求变化的有关情况，把由批发商（分销商）进行的需求预测与分析功能集成到供应商系统中来。

2. 建立销售网络管理系统

供应商要很好地管理库存，必须建立起完善的销售网络管理系统，保证自己产品的需求信息和物流畅通。为此，供应商必须做到以下几点：①保证自己产品条码的可读性和唯一性；②解决产品分类、编码的标准化问题；③解决商品存储运输过程中的识别问题。

3. 建立供应商与批发商（分销商）的合作框架协议

供应商和批发商（分销商）一起协商，确定订单处理的业务流程、库存控制有关参数（如再订货点、最低库存水平）和库存信息的传递方式（如通过 EDI 或互联网技术等）。

4. 组织机构的变革

组织机构的变革也很重要，因为 VMI 改变了供应商的组织模式。传统模式中，由财务经理处理与客户有关的事情；引入 VMI 后，在订货部门产生了一种新的职务来负责控制客户的库存，负责库存补给和提供服务。

一般来说，以下情况适合实施 VMI：①零售商或批发商没有 IT 系统或基础设施来有效管理其库存；②制造商实力雄厚，并且比零售商拥有的市场信息量大；③制造商有较高的直接存储交货水平，因而能够有效规划运输。

> **想一想**
>
> 某超市、服装店或在线商店想要实施 VMI，它可能会遇到哪些具体挑战？预期会带来哪些好处？请尝试从供应商和零售商的视角分别分析。

启智增慧

"健康食品"公司在过去几年中快速成长，成为有机食品行业的知名品牌。然而，随着公司规模的扩大，库存管理变得越发复杂。特别是其主打产品的原材料是季节性的有机果蔬，需要在收获期大量采购并储存，这产生了高昂的持有成本和产品过期的风险。

决定实施 VMI 后，"健康食品"公司与"Organic Supplies"公司签订了协议，后者现在能够通过集成的 IT 系统实时接入库存数据，并负责重新补货决策。这不仅包括何时补货，还涉及补货多少，以确保库存水平既能满足生产需求，又不会导致过度库存和浪费。

在开始的几个月里，"健康食品"公司注意到，由于供应商能够更好地预测并响应库存需求，缺货情况大大减少，库存周转率也有所提高；此外，其能够将之前用于仓储管理和订单处理的资源重新分配到核心业务（如产品开发和市场营销）上。

　　然而，这种变化并非没有挑战。"健康食品"公司发现，与"Organic Supplies"公司的沟通必须更加频繁和透明以协调库存管理；同时，对IT系统的依赖增加了数据安全和隐私的担忧。

　　请思考：

　　1. "健康食品"公司如何确保员工适应库存管理职责的变化？

　　2. 在VMI实施过程中，公司的内部抵抗可能来自哪里？如何克服？

二、联合库存管理

联合库存管理

　　联合库存管理（JMI）是一种风险分担的库存控制模式。在传统的分销模式中，分销商根据市场需求直接向工厂订货，每一个分销商都有自己的库存，但是在一些高价值商品，如汽车的销售中，由于客户对车型、颜色、款式、价格的不同要求，分销商不得不进行大量的库存备货，这样产生大量的库存成本使分销商难以承受。如果采用地区分销中心的库存方式，就可以减少不必要的库存量，各分销商只需要保持少量的库存量，大量的库存由地区分销中心储备，从而减轻了各分销商的压力。在这里，分销中心就起到了联合库存管理的功能。它既是一个商品联合库存中心，同时也是需求信息的传递枢纽。

（一）JMI 的基本思想

　　JMI的基本思想是通过建立供应链上各节点企业之间的合作与协调机制，共同制订库存计划，实现信息的透明化和流通，以实现库存管理最优化。JMI通过合作共享市场需求、库存情况等关键信息，以及利用先进的信息技术支持，旨在降低库存风险、减少成本、提高供应链效率，从而实现持续的协调性和优势。这一思想在促进供应链各方的合作与信任的同时，强调灵活性、敏捷性和持续改进，为供应链管理带来了新的视角和方法。

　　分销中心在供应链中扮演着关键的角色，它作为连接供应商和最终消费者的枢纽，需要在满足市场需求的同时尽量避免库存浪费和不必要的成本。JMI强调分销中心与供应链上其他节点企业之间的合作与协调，以共同制定库存管理策略。分销中心需要与供应商紧密合作，共享市场需求、库存情况等关键信息，从而实现库存管理的协调和优化。通过建立合作伙伴关系，减少信息滞后，实现信息的透明化以及技术支持的应用，分销中心能够更准确地预测市场需求，调整库存水平，避免过量库存或库存不足的情况，降低库存风险，并提高整体的库存效率和供应链的竞争力，提升客户满意度。

💡 想一想

　　JMI 在供应链管理中扮演了什么角色？它与 VMI 有什么不同？

（二）实施 JMI 的前提

　　实施JMI需要一些必要的前提条件，以确保其成功和有效性。以下是一些关键的前提条件：

1. 供应链合作意愿

供应链合作意愿是指供应链中各个参与方（如供应商、制造商、分销商等）之间愿意共同合作、分享信息、协调决策、共同承担风险和收益的程度或意愿。在实施 JMI 时，供应链合作意愿是一个关键因素，因为它直接影响到合作伙伴之间能否有效地协同工作，共同达成库存管理的目标。高度的供应链合作意愿意味着合作伙伴愿意共享实时的信息，协调生产和供应计划，共同制定库存策略，以及共同承担风险和收益。这可以帮助合作伙伴降低库存成本、提高供应链效率，更好地满足市场需求。

然而，供应链合作意愿可能会受到多种因素的影响，包括合作伙伴之间的信任程度、利益共享机制、信息技术支持以及整体市场环境等。在实施 JMI 过程中，各个供应链合作伙伴需要积极促进合作意愿的培养，以确保合作的顺利进行，从而获得更好的联合库存管理效果。

2. 互信关系

在供应链中建立互信关系具有重要意义，因为它有助于在合作伙伴间建立更紧密的协同工作关系，共同实现库存管理目标。这种信任关系是有效供应链管理的核心要素，其基础在于供应链参与者之间的信任、透明度和合作精神。各个节点的企业需要相信彼此会遵守合作承诺，以共同实现联合库存管理的目标。这种信任基础鼓励合作伙伴更愿意共享敏感信息，从而提高合作效率。为了构建互信关系，供应链参与者需要建立有效的沟通机制，确立共同的价值观，保障信息共享和透明度，并积极合作以实现共同成功。

3. 技术支持

JMI 依赖于相关的技术工具、资源或基础设施。技术支持涉及软件系统、数据分析工具、自动化设备以及其他与库存管理有关的技术。这些技术可以帮助供应链中的企业收集、分析和处理库存数据，优化库存流程，并提供更准确的预测和决策。供应链中的企业需要具备适当的技术基础，以确保信息集成、透明化和流通的顺利进行。技术支持可以涵盖数据集成、分析工具以及信息安全等方面。

4. 第三方物流能力

如果涉及第三方物流，在实施 JMI 之前，这些合作伙伴需要具备足够的物流能力，以满足供应链的需求。库存控制管理中使用 JMI 的有效性取决于第三方物流合作伙伴的参与和支持。第三方物流能力涉及仓储、运输、分销、供应链协调等方面，能增强供应链的灵活性和响应能力，这些能力可以帮助优化库存管理流程，提高库存的可见性和可控性，加强物流协调，并确保进行及时的库存补充和分发。

5. 共同目标

在库存管理引入 JMI 之前，确保供应链中的企业具有共同的目标是必要的前提条件，能够实现合作的顺利进行和成功实施。JMI 的合作性质，强调了不同参与者之间必须就库存管理的目标和愿景达成一致。这些参与者可能包括供应链中的不同环节、部门、合作伙伴等。共同的目标可以涉及库存降低、成本控制、服务水平提升等方面。实现共同的目标有助于协调各个参与者的努力，减少冲突和误解，增强合作意愿，并确保 JMI 的顺利实施。共同目标为库存管理指出了明确的方向，使各方更有动力为实现这些目标而共同努力。

启智增慧

在蓬勃发展的电子产业中，A公司是一家知名的电子产品制造商，而B公司则是其可靠的组件供应商。为了应对日益激烈的市场竞争，A公司决定与B公司合作，共同实施JMI。JMI的目标是通过密切合作和信息共享，实现更精准的库存控制，减少缺货和过剩库存的情况，从而降低总成本。

然而，合作伊始问题就出现了。尽管B公司对这次合作充满期待，但其很快发现A公司并没有如期提供准确的销售预测和库存数据。由于缺乏透明的沟通，B公司发现自己常常处于被动位置，不得不应对突如其来的订单波动，这直接导致了供货延误和库存积压。

这种情况不仅影响了B公司的运营效率和成本控制，更在双方之间埋下了不信任的种子。随着时间推移，由于缺乏真实的销售数据和市场反馈，B公司对A公司的长期战略和市场定位产生了怀疑，担心A公司可能正将业务转向其他竞争对手或低成本解决方案。

这一切最终促使双方坐下来进行了一次坦诚的对话。在讨论中，A公司承认了自己未能提供准确数据的错误，并解释这是由于内部流程和系统的局限性。双方共同认识到，要想让JMI发挥真正的作用，必须建立在双方坚实的信任基础之上。这意味着不仅要共享数据，还要对合作伙伴的业务目标和挑战有深入的理解。

为了重建信任并优化JMI，A公司和B公司决定引入第三方物流服务提供商，以确保数据传输的透明性和及时性。此外，它们还定期举行战略会议，共同审视市场趋势，预测可能的销售波动，并制定相应的应对策略。

请思考：为什么在实施JMI时，供应链各方之间的信任和透明度至关重要？

（三）实施JMI的步骤

1. 建立供应链协调管理机制

建立供应链协调管理机制是确保JMI顺利实施的关键步骤。这个过程旨在促使供应链上各个节点企业紧密合作，共同实现联合库存管理的目标。首先，需要明确定义合作伙伴，包括供应商、制造商和分销商等。其次，建立适当的沟通渠道，如定期会议、在线平台等，以便于各个合作伙伴能够实时交流信息、共享见解，并解决问题。通过明确协调流程，确定信息传递、订货和交付的顺序，确保各方在库存管理中的行动协调一致。此外，制定框架协议也至关重要。这份协议明确规定了合作伙伴的权利、义务和激励机制，为协作提供了法律依据。通过建立供应链协调管理机制，供应链上各个节点企业能够紧密合作，共同努力实现库存管理的最佳结果。

2. 培育持续改进的文化

培育持续改进的文化旨在鼓励团队成员不断提出创新和改进的建议，以优化库存管理策略和流程。首先，建立一个全面的培训计划，确保团队成员了解JMI的原则和操作方式。随后，鼓励团队成员积极参与，提出他们对库存管理流程的改进建议。为此，可以设立改进建议渠道，让团队成员可以随时分享他们的想法。此外，也要为创新提供支持，鼓励尝试新方法和技术，以寻求更有效的解决方案。最后，建立绩效评估机制，定期检视改进措施的效果，并据此调整库存管理策略。通过这一持续改进的文化，团队成员将不断寻求提高效率和效果的机会，从而推动库存管理的不断优化。

3．建立集成的信息系统

供应链各节点企业可以选择适合的信息集成方案，如 EDI（电子数据交换）、XML（可扩展标记语言）等，以确保不同系统之间的数据传递无缝衔接，实现信息的一致性和可靠性。这意味着不同合作伙伴的系统可以互相交换数据，实现实时的信息传递。

供应链各节点企业可将各个合作伙伴的信息系统进行整合，即将条码技术、扫描技术、POS 系统等融合在一个集成的平台上。整合这些技术不仅可以实现库存数据的精准记录和跟踪，还可以提高库存管理的透明度和准确性。此外，信息系统的整合也有助于优化订单流程、配送计划和库存预测，从而更好地满足市场需求。

在建立集成的信息系统时，要特别关注信息的安全性和隐私保护，确保共享的数据受到适当的加密和访问控制，以防止未经授权的人获取敏感信息。

通过建立这样的集成信息系统，供应链中的各个节点企业可以实现实时的信息共享和交流。这不仅有助于提高库存管理的效率和准确性，还能够促进合作伙伴之间的紧密协作，进而实现更优化的库存管理和供应链运作。这一步骤对于 JMI 的成功实施具有重要意义，为整个供应链带来了更大的协同效益和价值。

4．发挥第三方物流的作用

发挥第三方物流的作用在 JMI 实施中具有重要意义。主要目标是通过借助专业的第三方物流为供应链管理提供强有力的支持和保障，从而提高库存管理的敏捷性和效率。

供应链中的各节点企业在选择合适的第三方物流时，要确保其拥有丰富的物流经验和专业知识，能够满足库存管理的需求，并与第三方物流建立协调和配合机制，确保物流流程的无缝衔接。第三方物流包括库存管理、配送、运输、仓储等方面，它能够在供应链上的各个节点快速响应客户需求，确保产品及时送达，提高供应链的敏捷性和协调性。同时，借助第三方物流，供应链上各个节点企业可以更专注于自身的核心业务，进一步提升竞争力。

这个步骤不仅有助于提高供应链的效率，还能够减少库存成本、优化物流流程、降低运营风险。此外，第三方物流通常拥有广泛的物流网络和资源，能够支持更复杂的库存管理策略和市场需求。借助专业的物流服务，供应链管理可以更加灵活、高效地响应市场变化，从而提升库存管理的整体效能，实现更加优化的联合库存管理和供应链运营。

5．确定关键绩效指标

为了衡量 JMI 实施后的效果和成功程度，需要精心选择适用的绩效指标，以确保全面、准确地评估实施成果。通过选择准确、具体且与实际情况相符的指标，可以更好地评估 JMI 实施后的效果，并为后续的优化和改进措施提供指导。

明确 JMI 的核心目标，如降低库存成本、提高交付准时率、优化库存周转率等。根据这些目标，选择能够客观反映库存管理效果的关键绩效指标。这些指标应该是具体、可量化且易于收集和分析的，涉及供应链的不同方面，如库存水平、订单处理时间、供货准时率、客户满意度等。此外，还需要确保绩效指标与 JMI 的实际情况相符，并与供应链合作伙伴达成共识。在确定绩效指标时，应充分考虑各种因素，如市场需求变化、供应链的复杂性等。

6．风险管理和应急计划

风险管理和应急计划是 JMI 实施中不可或缺的环节，旨在识别和应对可能存在的潜在风险，以确保库存管理的连续性和稳定性。这一步骤着眼于供应链中可能出现的各种风险因素，如供应中断、市场需求波动、物流延误等，通过仔细的识别和分析，有助于提前预测可能出现的风险，从而采取适当的措施来降低这些风险带来的不良影响。

制订相应的风险管理计划，明确各个企业的责任和权限，设定有效的预警机制，以及建立有效的应对措施，确保在面对不确定性时能够做出迅速和明智的决策。举例来说，为了对抗供应中断风险，可以建立备选供应商的关系，以确保在出现供应问题时能够迅速切换供应来源，从而保障库存供应的连续性。此外，为了应对突发事件，制订应急计划也是至关重要的。这个计划应该清晰地定义各个企业的责任和行动方案，以便在紧急情况下能够迅速、高效地采取行动，以减少不利影响。

7. 持续监测和改进

持续监测和改进旨在确保 JMI 的持续优化和适应性，通过不断监测效果、寻找改进机会和积极实施调整，可以保证 JMI 始终保持在最佳状态，为供应链管理带来更大的价值和竞争优势。

持续监测涉及定期收集、分析和评估与库存管理相关的数据和指标。通过跟踪关键绩效指标，如库存周转率、供货准时率、客户满意度等，可以客观地了解实施效果，并及时发现不足之处，能够对 JMI 的表现有全面的了解，并在需要时及时进行调整。与此同时，持续改进旨在不断寻求优化的机会，使 JMI 能够适应不断变化的市场环境和需求，可通过鼓励团队成员提出改进建议，开展实验和创新，以探索更有效的方法和策略。

三、多级库存优化与控制

多级库存优化与控制是一种在供应链管理中广泛应用的策略，能实现在不同层级中库存的有效管理和协调，以优化整个供应链的效率和性能。在这种策略中，库存不再被孤立地管理，而是考虑到上下游环节的相互关系，以确保库存水平能够适应市场需求，同时又不至于过多增加库存成本。多级库存优化与控制强调供应链中各个环节之间的信息共享和协调，以便及时调整库存水平和订货策略。

这个策略的核心思想是通过精确的需求预测、合理的安全库存设置和协调的订货点决策，来实现供应链的供需平衡。各个层级之间的库存需求信息和库存供给信息通过有效的沟通和信息共享得以同步，从而避免了库存过剩或不足的情况。多级库存优化与控制在实践中要考虑到不同产品的特性、市场波动、供应延迟等因素，以制定适合每个环节的库存策略。此外，多级库存优化与控制也需要进行持续的监测和优化，可通过定期审查库存数据和绩效指标，使供应链管理者识别问题并及时采取纠正措施。这种方法可以在不同层级之间建立更紧密的合作关系，提高库存周转率，减少库存成本，也可以确保供应链的弹性和敏捷性，以适应市场变化和需求波动。

启智增慧

阳光健康饮品公司是一家具有国际影响力的健康饮品制造商，其产品线丰富，遍布全球多个市场。然而，随着公司规模的扩大和市场需求的多样化，传统的库存管理方式已无法满足其业务需求，尤其是在保持适当的库存水平、满足客户需求以及控制运营成本方面。为此，阳光公司决定实施一套多级库存控制系统，以优化供应链操作，确保更高效的库存管理和更快的市场响应速度。

不过，系统实施之初就暴露出了几个关键问题。首先，各个库存层级间缺乏有效的信息共享机制，导致不同层级的库存管理者只能依赖各自独立的销售预测来决定库存策略，没有一个统一的、基于全局的决策过程。例如，当公司的一次新产品发布引起市场对健康饮品需求猛增时，零售商积极响应，大量订购新产品。但这一信息并没有及时、准确地传达给上游的区域仓库和中央配送中心，结果供应链的下游出现了产品短缺，而上游则囤积了与市场需求不匹配的库存。其次，由于缺乏有效的需求预测共享，各个库存层级在遇到需求波动时，往往采取保守或过于激进的补货策略。这不仅增加了缺货和过剩库存的风险，还可能导致所谓的"牛鞭效应"，即小的需求变化在供应链中被放大，引发大的波动。

为了解决这些问题，阳光公司采取了一系列关键措施。首先，更新了企业资源计划系统，确保从原材料供应商到终端零售商的每个节点都能接入同一信息平台，实现实时的信息共享；其次，建立了一个集中的需求预测系统，通过收集和分析销售数据、市场趋势以及促销活动信息，为所有库存层级提供更准确的需求预测。最后，阳光公司还与其主要供应商和零售商建立了供应链协同计划、预测和补货（CPFR）关系，定期召开协调会议，共同审查和调整库存补货策略。通过这些举措，阳光公司不仅大大减少了需求预测误差，提高了库存周转率，还增强了供应链的整体弹性和市场响应能力，为客户提供了更加稳定和及时的服务。

这个案例充分展示了多级库存控制在供应链管理中的关键作用，以及通过技术和协作来应对复杂市场环境的重要性。

请思考：

1. 实施供应链协同计划、预测和补货关系的主要动机是什么？
2. 这种协同工作如何帮助供应链企业减少库存成本并提高服务水平？

模块小结

单元一首先介绍了库存及其管理的主要内容，包括库存的基本概念、分类、作用以及可能带来的弊端，此外，还介绍了库存管理的基本概念、目标和库存控制的关键点。单元二主要研究库存控制模型，了解不同类型的库存控制模型，重点介绍经济订货批量模型及其延伸应用，如批量折扣模型和运量费率。单元三关注战略库存管理，包括供应商管理库存（VMI）和联合库存管理（JMI）。了解VMI的基本思想、实施意义和方法，以及JMI的基本思想、实施前提和步骤。

本模块主要培养学习者在供应链中进行高效库存管理的能力，包括理解库存的重要性、掌握库存控制模型，以及了解战略库存管理的战术。通过这些知识和技能，学习者将能够在现实中优化库存管理，提高供应链效率，降低成本。本模块还着重培养学习者的工作态度，包括职业责任感、细心耐心和问题解决能力，以便能够在实际工作中有效地管理库存，提高供应链效率。

增值性评价活动

知识测评

一、单项选择题

1. 按库存在企业中所处状态不同划分，那些已经有一段时间没有需求的商品属于（　　）。

    A. 周期库存   B. 缓冲库存   C. 战略库存   D. 呆滞库存

2. 按库存在生产过程中所处的不同阶段，制造商为了满足生产消耗的需要，保证生产的连续性和节奏性而建立的库存属于（　　）。

    A. 生产库存   B. 周期库存   C. 原材料库存   D. 在制品库存

3. 在简单经济订货批量模型中，只考虑的两类成本是（　　）。

    A. 仓储运输成本和缺货成本   B. 库存持有成本和订购成本

    C. 订单处理成本和缺货成本   D. 库存空间成本和缺货成本

4. 经济订货批量是（　　）的订货量。

    A. 订货成本最低   B. 订货成本最大

    C. 库存成本最大   D. 库存总成本最小

5. 某仓库某种商品年需求量为 16 000 箱，单位商品年保管费 2 元，每次订货成本为 40 元，则其经济订货批量 Q 为（　　）。

    A. 200   B. 400   C. 600   D. 800

6. （　　）是指供应链成员企业共同制订库存计划，并实施库存控制的供应链库存管理方式，是一种风险共担的库存管理模式。

    A. VMI   B. JIT   C. JMI   D. CPFR

7. （　　）的实施要求供应链上下游供需双方建立信任的战略伙伴关系。

    A. VMI   B. JIT   C. JMI   D. CPFR

二、思考题

1. 什么是库存？库存控制的目的是什么？
2. 供应链管理环境下，传统库存控制有哪些局限性？
3. 简述库存成本的构成。
4. 简述服务水平与库存水平的关系。
5. 简述 VMI 的原则。

三、案例分析

GF 是一家生产灯管的大型企业，有两个工厂。其客户主要是家庭及个人消费者、工商企业和原始设备制造商。GF 是一个成熟的企业，长期以来 GF 的管理层关心的是保证有足够的库存来满足高峰期需求，以及满足工厂长达 3 周的夏季停产期内的需求，对库存成本没有认真监控。

现在，GF 的管理层在全公司范围内推进降低库存的活动。GF 将产成品存放在全国各地的 8 个分拨中心，各工厂则以经济批量进行生产，以整车方式向分拨中心大批量运送货物。GF 的预测系统会考虑过去三年的历史销售资料，当预知某种异常情况（如特别的促销活动）即将来临时，管理层就会调整预测。GF 用第一时间交货比率来衡量其运营业绩。在照明行业，客户对供应商的要求之一就是第一时间交货比率要很高。其中，家庭及个人消费者期望这一比率能达到 98% 或更高；而工商企业和原始设备制造商则希望 95% 的货物在第一时间交付，但这需要额外的库存和投入来实现。

GF 准备针对全国的家庭及个人消费者建立一座大型订购中心（LOC）。其思路是将消费产品集中在一个中心仓库，进行分拨，能使 GF 在该市场的客户服务水平达到 98% 以上，同时降低总库存。对于工商企业和原始设备制造商客户则使用联合管理库存战略，减少分拨中心的数量，使得每个保留下来的分拨中心库存量比现在要高，而总的系统库存量比现在要低，并进一步使运输成本得到控制。

思考：

1. GF 的管理层为什么要在全公司范围内降低库存？

2. 你认为影响 GF 库存控制决策的因素是什么？

3. GF 对于工商企业和原始设备制造商客户的改进措施是使用联合库存管理，请回答联合库存管理的概念，并简要回答联合库存管理的实施效果。

技能测评

实训任务：×× 企业库存管理调研。

实训要求：通过对企业库存管理情况进行调研，了解企业库存管理面临的问题，通过分析企业库存管理存在的问题，用已经学习的知识、技能对目标企业进行库存管理。

实训步骤：

1. 4～6 人组建调研小组，寻找目标企业，调查目标企业的库存管理现状。

2. 整理分析调研数据，找出目标企业目前库存管理的关键点，并撰写调研分析报告。

实训评价：实训评价内容如表 8-2 所示。

表 8-2　×× 企业库存管理调研实训评价表

评价项目	考评点	分值	得分
成员表现（20%）	分工合理，态度端正	20	
调研报告（80%）	文体格式规范美观，层次、段落清晰，语句通顺，无错别字	10	
	调研目的明确，围绕主题展开调研，清晰陈述调研时间、地点与企业概况	10	
	调研内容充实，详细介绍企业运营情况、企业库存管理方法及企业库存管理现状等调查内容	20	
	问题分析透彻，找出目标企业当前库存管理的关键点，能见微知著	20	
	合理运用库存管理相关知识，针对目标企业的库存现状，提出针对性强、切实可行的建议	20	
合　计		100	

学习目标

知识目标:

● 了解供应链绩效评价的内容及作用。

● 熟悉供应链绩效评价指标。

● 掌握供应链绩效管理流程。

● 掌握供应链激励及标杆管理原理。

能力目标:

● 能够结合企业实际制定供应链绩效评价方案。

● 能够根据企业需要优化供应链评价指标。

● 能够针对企业现状进行供应链绩效改进。

● 能够指导个人或者企业进行标杆管理。

素质目标:

● 培养自主学习能力与团队协作能力。

● 培养标杆思维,增强对标和进取意识,提升创新创效能力。

案例导入

顺丰的供应链绩效管理

顺丰经过多年发展,已成为全球领先的快递物流综合服务商。顺丰围绕物流生态圈,持续完善服务能力,业务拓展至时效快递、经济快递、快运、冷运及医药、同城急送、供应链及国际业务(含国际快递、国际货运及代理、供应链)等物流板块,能够为客户提供国内及国际端到端一站式供应链服务;同时,顺丰依托领先的科技研发能力,致力于构建数字化供应链生态,成为全球智慧供应链的领导者。

2022年,顺丰供应链及国际业务实现不含税营业收入878.7亿元,同比增长124.1%。顺丰自2021年四季度起合并嘉里物流,扩大了供应链及国际业务规模。2022年国内供应链循环阶段性受阻,给顺丰的供应链业务带来较多挑战,影响业务增速。顺丰在环境不确定的背景下增强供应链服务的柔性和韧性，通过跨仓资源整合、关键城市及周边多点布局和相互联动等，保障客户供应链持续平稳运营。

业务发展方面：①顺丰丰豪梳理优化所服务的行业体系，形成包括汽车、快消零售、高科技、工业制造的四大基石行业，包括医药健康、时尚精品、能源的三大高潜力行业，以及推出运输、关务、4PL 的三大产品服务，能够为各行业客户提供个性化定制化的服务；②新夏晖采用灵活的市场策略，新客户拓展主要聚焦西餐连锁、咖啡茶饮等优势赛道；深挖现有业务潜力，以高品质服务和一体化解决方案，赢得更多的服务内容和市场区域覆盖；产品线向供应链上下游延伸，如生产加工、贸易能力拓展等；③国内与国际供应链服务能力协同。顺丰已经能够为各行业客户提供从国内到国际、从前端采购生产供应链到后端销售供应链，以及科技解决方案的全场景的综合供应链服务，2022 年成功中标及落地数个大客户的国内及海外仓储建设运营及运输配送服务。

科技赋能方面：对内通过构建供应链全局的数字化中台，实现内部业务线上化、数字化管理；对外深化落实科技产品化，输出科技服务，强化现有客户数据链路的集成等，并开展自动化应用的合作，逐步推进运营场景自动化转型，提升数智化供应链水平。

案例思考：如何评价顺丰的供应链绩效？

单元一　供应链绩效评价与指标设计

一、供应链绩效评价及作用

供应链绩效评价是供应链绩效管理的重要内容，对于衡量供应链目标的实现程度及提供经营决策支持都具有十分重要的意义。供应链绩效评价是指对供应链的整体运行绩效、供应链节点企业及节点企业之间的合作关系所做出的事前、事中和事后分析评价。

供应链绩效评价
的概念和内涵

（一）供应链绩效评价的内容

与现行基于部门职能的企业绩效评价不同，供应链绩效评价不仅要评价该节点企业（或供应商）的运营绩效，而且要考虑该节点企业（或供应商）的运营绩效对其上游节点企业或整个供应链的影响，是基于供应链业务流程的绩效评价（见图 9-1）。

图 9-1　基于供应链业务流程的绩效评价

（二）供应链绩效评价作用

为评价供应链的实施给企业群体带来的效益，方法之一就是对供应链的运行状况进行必要的度量，并根据度量结果对供应链的运行绩效进行评价。供应链绩效评价主要具有如下作用：

（1）对供应链的整体运行绩效做出评价，主要考虑供应链之间的竞争，为供应链在市场中做出生存、组建、运行和撤销的决策提供必要的客观依据。其目的是通过绩效评价了解整个供应链的运行状况，找出供应链运行方面的不足，及时采取措施予以纠正。

（2）对供应链上各个节点企业做出评价，主要考虑供应链对其节点企业的激励，吸引优秀企业加盟，剔除不良企业。

（3）对供应链内部企业之间的合作关系做出评价，主要考察供应链的上游企业给下游企业提供的产品或服务的质量，从客户满意度的角度评价上下游企业之间的合作伙伴关系。

（4）供应链绩效评价还起到激励企业的作用，包括核心企业对非核心企业的激励，以及供应商、制造商和销售商之间的相互激励。

（三）供应链绩效评价原则

为了科学、客观地反映供应链的运营情况，应该考虑建立与供应链业务流程相适应的供应链绩效评价方法，并确定相应的绩效评价指标体系。供应链绩效评价指标的建立需要遵循如下原则：

（1）应突出重点，对关键绩效评价指标进行重点分析。

（2）应采用能反映供应链业务流程的绩效指标体系。

（3）评价指标要能反映整个供应链的运营情况，而不是仅仅反映单一节点企业的运营情况。

（4）应尽可能采用实时分析与评价的方法，要把绩效评价范围扩大到能反映供应链实时运营的信息上，因为这要比仅做事后分析更有价值。

（5）在评价供应链绩效时，要采用能反映供应商、制造商及客户之间关系的绩效评价指标，把评价的对象扩大到供应链上的相关企业。

二、供应链绩效评价指标设计

（一）供应链整体绩效评价指标

供应链绩效评价指标

1．产销率指标

产销率指标是指在一定时间内已出售的产品数量（S）与已生产的产品数量（P）的比值。其公式为：

$$产销率 = \frac{一定时间内已出售的产品数量（S）}{一定时间内已生产的产品数量（P）} \times 100\%$$

因为 $S \leqslant P$，所以产销率小于或等于1。

产销率指标又可分为如下三个具体的指标：

（1）供应链节点企业产销率。其公式为

$$供应链节点企业产销率 = \frac{一定时间内节点企业已出售的产品数量（S）}{一定时间内节点企业已生产的产品数量（P）} \times 100\%$$

该指标反映了供应链节点企业在一定时间内的产销经营情况。

（2）供应链核心企业产销率。其公式为

$$供应链核心企业产销率 = \frac{一定时间内核心企业已出售的产品数量（S）}{一定时间内核心企业已生产的产品数量（P）} \times 100\%$$

该指标反映了供应链核心企业在一定时间内的产销经营情况。

（3）供应链产销率。其公式为

$$供应链产销率 = \frac{一定时间内供应链各节点企业已出售的产品数量之和（S）}{一定时间内供应链各节点企业已生产的产品数量之和（P）} \times 100\%$$

该指标反映了供应链在一定时间内的产销经营状况，其时间单位可以是年、月、日。随着供应链管理水平的提高，时间单位可以越来越小，甚至可以设定以小时为单位。该指标也反映了供应链资源（包括人、财、物、信息等）的有效利用程度。产销率越接近1，说明资源利用程度越高。同时，该指标也反映了供应链库存水平和产品质量。其值越接近1，说明供应链成品库存量越小。

2．平均产销绝对偏差指标

$$平均产销绝对偏差指标 = \sum_{i=1}^{n} |P_i - S_i| / n$$

式中，n是供应链节点企业的个数；P_i是第i个节点企业在一定时间内生产产品的数量；S_i是第i个节点企业在一定时间内已生产的产品中已出售的数量。

该指标反映了在一定时间内供应链整体的库存水平。其值越大，说明供应链成品库存量越大，库存费用越高；反之，说明供应链成品库存量越小，库存费用越低。

3．产需率指标

产需率是指在一定时间内，供应链节点企业已生产的产品数量（S'）与其上层节点企业（或用户）对该产品的需求量（P'）的比值。具体分为如下两个指标：

（1）供应链节点企业产需率。其公式为

$$供应链节点企业产需率 = \frac{一定时间内节点企业已生产的产品数量（S'）}{一定时间内上层节点企业对该产品的需求量（P'）} \times 100\%$$

该指标反映了上下层节点企业之间的供需关系。若产需率接近1，说明上下层节点企业之间的供需关系协调，准时交货率高；反之，则说明下层节点企业准时交货率低或者企业的综合管理水平较低。

（2）供应链核心企业产需率。其公式为

$$供应链核心企业产需率 = \frac{一定时间内核心企业已生产的产品数量（S'）}{一定时间内用户对该产品的需求量（P'）} \times 100\%$$

该指标反映了供应链的整体生产能力和快速响应市场能力。若该指标数值大于或等于1，说明供应链整体生产能力较强，能快速响应市场需求，具有较强的市场竞争力；若该指标数值小于1，说明供应链生产能力不足，不能快速响应市场需求。

4．供应链产品出产（投产）循环期或节拍指标

当供应链节点企业生产的产品为单一品种时，供应链产品出产循环期（Cycle Time）是指产品的出产节拍；当供应链节点企业生产的产品品种较多时，供应链产品出产循环期是指

混流生产线上同一种产品的出产间隔期。由于供应链管理是在市场需求多样化经营环境中产生的一种新型管理模式，其节点企业（包括核心企业）生产的产品品种较多，因此，供应链产品出产循环期一般是指节点企业混流生产线上同一种产品的出产间隔期。它包括如下两个具体的指标：

（1）供应链节点企业（或供应商）零部件出产循环期。该指标反映了供应链节点企业库存水平和对其上层节点企业需求的响应程度。供应链节点企业零部件出产循环期越短，说明该节点企业对其上层节点企业需求的快速响应性越好。

（2）供应链核心企业产品出产循环期。该指标反映了整个供应链的在制品库存水平和成品库存水平，同时反映了整个供应链对市场或用户需求的快速响应能力。核心企业产品出产循环期决定了各节点企业产品出产循环期，即各节点企业产品出产循环期必须与核心企业产品出产循环期吻合。供应链核心企业产品出产循环期越短：一方面说明整个供应链的在制品库存量和成品库存量都比较少，总体库存费用都比较低；另一方面也说明供应链管理水平比较高，能快速响应市场需求，并具有较强的市场竞争力。

5. 供应链总运营成本指标

供应链总运营成本指标包括供应链通信成本、供应链总库存费用及供应链节点企业外部运输总费用。它反映了供应链运营的效率。具体分析如下：

（1）供应链通信成本。供应链通信成本包括各节点企业之间的通信费用，如 EDI、互联网的建设和使用费用，供应链信息系统开发和维护费用等。

（2）供应链总库存费用。供应链总库存费用包括各节点企业在制品库存费用和成品库存费用、各节点之间在途库存费用。

（3）供应链节点企业外部运输总费用。供应链节点企业外部运输总费用等于供应链所有节点企业之间运输费用的总和。

6. 供应链核心企业产品成本指标

供应链核心企业的产品成本指标是供应链管理水平的综合体现。根据供应链核心企业的产品在市场上的价格确定该产品的目标成本，再向上游追溯各供应商，确定相应的原材料、配套零件的目标成本。只有当目标成本低于市场价格时，各个企业才能获得利润，供应链才能得到发展。

7. 供应链产品质量指标

供应链产品质量指标是指供应链各节点企业（包括供应链核心企业）生产的产品或零部件的质量指标，主要包括合格率、废品率、退货率、破损率、破损物价值等指标。

（二）供应链上下游节点企业的绩效评价指标

1. 供应链层次结构模型

根据供应链层次结构模型（见图 9-2），对每一层供应商逐一进行评价，从而发现问题、解决问题，以优化整个供应链的管理。在供应链层次结构模型中，供应链可看作由不同层次供应商组成的递阶层次结构，上层供应商可看作其下层供应商的客户。

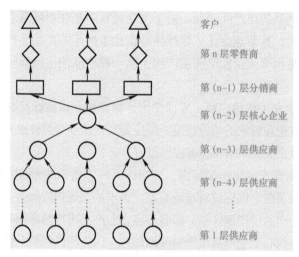

图 9-2　供应链层次结构模型

2．上下游企业绩效评价指标

供应链是由若干个节点企业所组成的一种网络结构，如何选择供应商、如何评价供应商的绩效以及由谁来评价供应商等是必须明确的问题。根据供应链层次结构模型，本书提出了相邻层供应商评价法，可以较好地解决这些问题。相邻层供应商评价法的基本原则是通过上层供应商来评价下层供应商。由于上层供应商可以看作下层供应商的客户，因此通过上层供应商来评价和选择与其业务相关的下层供应商更直接、更客观，如此递推，即可对整个供应链的绩效进行有效的评价。为了能综合反映供应链上下层节点企业之间的关系，以下主要介绍满意度指标。

满意度指标是反映供应链上下层节点企业之间关系的绩效评价指标，即在一定时间内上层供应商 i 对其相邻下层供应商 j 的综合满意程度 C_{ij}。其公式为

$C_{ij}=\alpha_j\times$ 供应商 j 准时交货率 $+\beta_j\times$ 供应商 j 成本利润率 $+\lambda_j\times$ 供应商 j 产品质量合格率

式中，α_j、β_j、λ_j 为权数，$\alpha_j+\beta_j+\lambda_j=1$。

单元二　供应链绩效管理

供应链绩效管理（Supply Chain Performance Management，SCPM）是指按照一定的标准，采用科学的方法，对供应链的合作伙伴、整个供应链及其业务流程的动态评价。具体的供应链绩效管理流程如图 9-3 所示。

图 9-3　供应链绩效管理流程

一、供应链绩效计划

供应链绩效计划作为供应链绩效管理流程的第一个环节，是供应链绩效管理合理实施的关键。供应链绩效计划合理与否，将直接影响供应链绩效管理整体的实施效果。在这个阶段，管理者和员工的共同投入与参与是进行供应链绩效管理的基础。如果仅仅是管理者单方面布置任

务、员工被动接受，就失去了协作性的意义。

（一）供应链绩效目标的制定与分解

供应链绩效管理以目标为导向，需要将企业的战略目标层层分解，将部门工作与组织的整体目标相结合，确保部门工作符合组织的整体目标要求，同时需要与客户期望的目标保持一致。通过对供应链节点企业及其员工的工作表现和工作业绩进行考核和设定目标，改进企业及员工在供应链工作中的行为，充分发挥其潜能和积极性，它是供应链领导者更好地实现战略目标的程序和方法。

供应链绩效目标的制定与分解流程必须是自上而下逐级进行的：首先是公司战略目标的制定，然后将公司战略目标分解到部门，最后将部门绩效目标分解到个人。不同类型供应链的战略目标不同，因此供应链绩效目标也就不同。例如，推式供应链通常采用库存式生产（Make to Stock，MTS）模式，其绩效目标如图9-4所示。拉式供应链采用订单生产（Make to Order，MTO）模式，其绩效目标如图9-5所示。

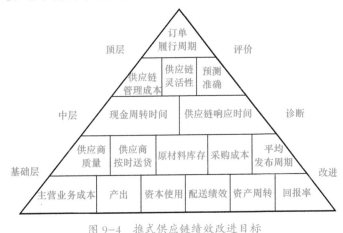

图 9-4 推式供应链绩效改进目标

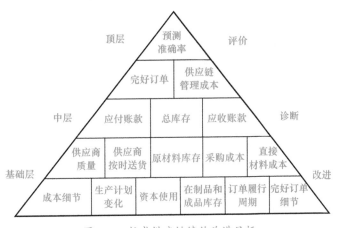

图 9-5 拉式供应链绩效改进目标

想一想

推式供应链和拉式供应链的适用领域分别为什么？

（二）关键指标体系构建

制订明确的绩效计划之后，要根据绩效目标来构建供应链绩效评价指标体系。供应链指标是供应链运营过程中的仪表盘，用来衡量和监测供应链的运营状况，并根据需要进行改善和调整，通过收集、整理和分析关键的供应链指标，发现生态系统中的低效问题，同时利用当前的优势制定目标，为企业的商业成功和业务扩展提供运营支持。供应链绩效评价指标体系的构建一般从三个方面考虑：一是内部绩效度量，二是外部绩效度量，三是综合绩效度量。

1. 内部绩效度量

内部绩效度量主要是对供应链企业的内部绩效进行评价。常见的内部绩效度量指标有成本、客户服务、生产率、管理、质量等。质量指标是全过程评价的最主要指标，它用来评价一系列活动的效率。然而，由于质量范围宽泛，很难加以衡量。目前，企业最感兴趣的是完美订货指标，它是物流运作质量的最终评价标准。

2. 外部绩效度量

外部绩效度量主要是对供应链上的企业之间运行状况的评价。外部绩效度量的主要指标有用户满意度、最佳实施基准等。

（1）用户满意度。用户满意度是供应链整体绩效的外部体现。这种评价可由企业组织调查或者通过系统进行订货跟踪，主要是关于供应链企业参与市场竞争的绩效，如产品可靠性、订发货周期、信息的价值、问题的解决和产品的支撑等。

（2）最佳实施基准。基准是绩效评价的一个重要方面，最佳的实施基准集中在对比组织指标的实施和程序上。将最佳实施基准与竞争对手和最佳企业比较，通常被视为一种管理技术，特别是一些供应链核心企业常在重要的战略领域将基准作为检验供应链绩效的工具。

3. 综合绩效度量

企业对供应链综合绩效和效率的日益重视，要求提供能从总体上观察透视供应链绩效的度量方法。供应链综合绩效的度量主要从客户服务、时间、成本、资产评估等方面展开。

（1）客户服务的衡量指标包括完美订货、客户满意度和产品质量。它用于衡量供应链节点企业所能提供的总体客户满意度。

（2）时间主要衡量对客户要求的反应能力。这里的时间是指从客户订货开始到客户收到产品为止的时间，包括装运时间、送达运输时间和客户接收时间。

（3）成本包括订货成本、原材料取得成本、总的库存运输成本、与物流相关的财务和管理信息系统成本、制造劳动力和库存的间接成本等。

（4）资产评估主要评价资金周转时间、库存周转天数、销售额与总资产的比例等资产绩效。

供应链绩效评价以上述四个方面的供应链绩效度量为主线，同时给予适当的扩展，辅以一些综合性的指标来度量，如供应链生产效率等，也可以由定性指标组成的评估体系来反映，如客户满意度、企业核心竞争力等。

（三）供应链绩效管理模式选择

1. 关键绩效指标考核

关键绩效指标（Key Performance Indicator，KPI）考核是通过对工作绩效特征的分析，提炼出的最能代表绩效的若干关键指标体系，并以此为基础进行绩效考核的模式。KPI 是衡量企业战略实施效果的关键指标，其目的是建立一种机制，将企业战略转化为企业的内部过程和活动，以不断增强企业的核心竞争力并持续地取得高收益。

KPI 的核心思想是供应链或企业 80% 的绩效可通过 20% 的关键指标衡量。供应链节点企业应当抓住主要矛盾，重点关注和评价与其战略目标实现关系最密切的 20% 的关键绩效指标。KPI 设计步骤如图 9-6 所示。

第一步	第二步	第三步	第四步
确定供应链各节点企业在供应链上的主要工作内容，并分析它们各自对供应链运作的影响程度	确定供应链节点企业中个人/部门业务重点。确定哪些个体因素或组织因素与供应链节点企业的业务相互影响	确定岗位业务标准。定义成功的关键要素、满足业务重点所需的策略手段	确定关键业务指标，判断一项业绩标准是否达到的实际因素

图 9-6 KPI 的设计步骤

在关键绩效指标考核中，功能型的组织和工作组建立起来，跟踪那些被认为是与绩效衡量相关性最高的关键指标。但关键绩效指标考核存在以下缺点：

（1）通过聚焦功能性关键指标，企业仅仅满足于局部最优的行为，而忽略了一部分组织整体的利益。

（2）仅能提供一段有限时间的信息，并没有透彻分析未来的情况。

（3）对关键绩效指标的跟踪是手工操作的，因此数据的计算经常出错。

（4）许多时候，企业不知道怎样处理数据。同时，绩效的核定标准不够明晰，何时行动和如何行动也是一个重要的考虑因素。

（5）尽管 KPI 是遴选过的，但仍然存在缺乏反馈和确认的情况，因此不能保证大多数相关因素被精确地衡量。

💡想一想

KPI 有一些明显的缺点，为什么仍有很多企业喜欢用它来考核？

2. 平衡计分卡

平衡计分卡（Balance Score Card，BSC）是从财务价值、学习与成长、客户服务、内部运作流程四个方面来衡量绩效的。平衡计分卡首先从财物价值角度考核企业的产出（上期的结果）；其次从学习与成长角度考核企业未来成长的潜力（下期的预测）；最后从客户服务角度和内部运作流程角度两方面考核企业的运营状况，充分把企业的长期战略与短期行为联系起来，把远景目标转化为一套系统的绩效考核指标。供应链绩效平衡计分卡诊断分析指标如表 9-1 所示。

平衡计分卡

表 9-1 供应链绩效平衡计分卡诊断分析指标

财务价值角度		内部运作流程角度	
目标	测评指标	目标	测评指标
收益	供应链资本收益率	创新	新产品销售率
成本	供应链总库存成本	运作	单位成本水平
效率	现金周转率	售后服务	客户投诉响应时间

（续）

学习与成长角度		客户服务角度	
目标	测评指标	目标	测评指标
员工素质	培训覆盖率	订单时间	订单总循环期
员工满意度	员工满意度	客户保有	客户保有率
信息集成	信息共享率	服务及时	客户响应时间认同
组织协调	团队参与程度	客户价值	客户价值率

平衡计分卡具有四个主要特征：

（1）平衡计分卡以单一的形式将组织竞争力各个角度的指标表现出来，防止次优行为的出现，提供了对企业绩效更为全面的理解。

（2）平衡计分卡关注的是企业长期发展目标，而不仅仅是短期财务目标。

（3）将绩效评价指标分为四个类型，每种类型都提供了衡量企业绩效的特定角度。

（4）绩效评价指标的选择必须与企业战略紧密联系。

3．360 度反馈

360 度反馈（360° Feedback）也称全视角反馈，是指被考核者的上级、同级、下级和服务的客户等对其进行全方位评估，通过评价获取各方面的意见，使被考核者清楚自己的长处和短处，以达到提高自己能力的目的。

不同规模的企业对绩效考核模式的选择是不同的。每一种绩效考核模式与方法都反映了一种具体的管理思想和原理，都具有一定的科学性和合理性。同时，不同的绩效考核模式又都有自己的局限性与适用条件。

启智增慧 物流作业绩效分析与评价方法

常用的绩效分析与评价方法很多，主要用于对人员的评价，也可用于对企业的评价，大致可分为相对评价法、绝对评价法、描述法和其他分析与评价方法。

（1）相对评价法，包括序列比较法、相对比较法、强制／硬性分布法等。

（2）绝对评价法，包括目标管理法、关键绩效指标考核、等级评估法、平衡计分卡等。

（3）描述法，包括全视角考核法、重要事件法、叙述法等。

（4）其他分析与评价方法，包括功效系数法、强制选择业绩报告、工作计划考核法、综合分析判断法、全方位绩效看板、情景模拟法、主观考核法及客观考核法等。

企业在绩效考核分析过程中还需要一些工具，这些工具可协助进行数据分析，如检查表、趋势图、直方图、因果图、帕累托分析、流程图、控制图、标杆管理等。

二、供应链绩效实施

供应链绩效实施过程中，要加强绩效沟通和绩效辅导，对发现的问题及时予以解决，并随时根据实际情况对绩效计划进行调整。

（一）绩效沟通

绩效沟通是绩效管理的核心，是根据绩效考评反映的问题以及考核机制本身存在的问题展开的实质性沟通，并着力寻求应对之策，是服务于后一阶段企业与员工绩效提高的一种管理方法。绩效沟通是一个双方追踪进展情况、找到影响绩效的障碍以及得到双方所需信息的过程。

1．绩效沟通环节

绩效沟通环节包括绩效计划沟通、绩效实施沟通、绩效考核沟通、绩效改进沟通，对于实现绩效目标、过程指导、客观评价以及绩效改进都具有非同寻常的意义，也是绩效管理能够有效落地和执行的有力手段。

（1）绩效计划沟通。在绩效管理初期，上下游企业或上下级员工根据本管理期的绩效目标和内容，以及实现目标的措施、步骤和方法所进行的沟通交流，以达到在双方共识的基础上顺利高效开展工作的目的。

（2）绩效实施沟通。在绩效管理活动的实施过程中，根据下属在工作中的实际表现，主管与下属围绕下属工作态度、工作流程与标准、工作方法等方面进行沟通，以达到及时肯定或及时纠正引导的目的。

（3）绩效考核沟通。对员工在某绩效管理期间的综合工作表现和工作业绩等方面所进行的全面回顾、总结和评估，以及沟通、交流与反馈，将考评结果及相关信息反馈给员工本人，通常以绩效面谈的形式来进行。

（4）绩效改进沟通。通常是主管针对下属在某个绩效管理期间存在的不足提出改进指导建议后，随时对改进情况进行交流评估、辅导提升。此沟通可以在绩效管理过程中随时进行，也可以在月末绩效考评时进行。

2．绩效沟通方式

（1）正式沟通，是事先计划和安排好的沟通，如定期的书面报告、面谈、正式定期的小组会议或团队会议等。

（2）非正式沟通，是未经计划的沟通，其沟通途径是组织内的各种社会关系，其形式包括非正式的会议、闲聊、走动式交谈、吃饭时进行的交谈等。

（二）绩效辅导

绩效辅导在绩效管理中的作用是能够前瞻性地发现问题，并在问题出现之前将其解决，而且能把管理者与员工紧密联系在一起，对存在和可能存在的问题进行讨论，共同解决问题、排除障碍，共同进步和提高，以实现高绩效。

绩效辅导是为供应链节点企业及员工的工作提供支持的过程，从支持内容的不同，可以把绩效辅导分为两类：一类为供应链节点企业及其员工提供技能和知识支持，在出现目标偏差时，帮助其矫正行为；另一类为供应链企业及其员工提供职权、人力、财力等资源支持，帮助其获取工作开展所必备的资源，协助其完成工作任务。

三、供应链绩效考核

（一）周期确定

一般来说，绩效考核周期可以分为月度考核、季度考核、半年度考核和年度考核。在确定绩效考核周期时，需要根据企业的实际情况、不同岗位的特殊性、考核指标的性质及不同考核标准等进行综合考虑，进而做出最合理的选择。

确定绩效考核周期主要有三种方法，即累积法、等同法、拆分法。累积法是指把若干个业绩周期累积在一个月或者一个季度进行考核，适合业绩周期较短的工作岗位；等同法是指考核周期与业绩周期保持一致，适合业绩周期长短适中的岗位；拆分法是指把一个业绩周期拆分为若干个有明确节点的阶段，分段进行绩效考核，适合业绩周期较长，有相对独立、可识别、可衡量、可评估的阶段性成果的岗位。绩效考核周期可以根据每个业绩周期的完成情况来分段设计。

（二）数据处理

绩效考核必须有足够的、准确的信息，这些信息必须能够全面、准确地反映实际状况与预定标准之间的差异程度。信息不完整，就不能形成有效的绩效考核机制。

1. 多渠道统计收集绩效考核数据

（1）从组织层面进行收集。明确各供应链企业及部门的职责，确定各部门的工作衔接机制。对于企业或部门之间职责划分有模糊地带的情况，必须有相应的职权去打破，以实现各部门之间的密切配合。例如：仓库的抽盘需要计划部或财务部进行盘点，在与计划部或财务部进行沟通的过程中，这些部门会从自身的工作需要和工作强度去考虑是否接受此项工作，这时候就需要人力资源部参与，要求计划部或财务部定期进行盘点，以获取考核仓库的绩效数据。

（2）从工作流程层面进行收集。要明确企业上下层级提供数据的权责，设立数据的子流程（层层细化到人），对各个子流程进行管控，设置专人对全流程负责。

2. 采取措施确保考核数据的准确有效

在设置绩效考核指标时，要使绩效考核数据易于收集，各部门统计的口径、标准、方法及数据来源保持一致。面对数据无法收集的情况，必须建立相关制度来保证绩效考核数据的精准收集；注意平时收集考核数据，以确保绩效考核数据收集的及时性和有效性，必要时可以建立关于虚假数据的惩罚制度，加强对收集人员的培训，实施绩效考核信息化管理。

（三）结果评估

如果在绩效考核实施阶段的各类指标的日常记录较为完善，那么考核的依据较为充足，考核便易于开展。对于 KPI，则直接根据指标数据统计来获得分数。当然，在统计 KPI 指标的结果时，最关键的是需要明确统计的流程和部门，即明确各流程和各部门 KPI 指标的具体数据来源，并可编制各流程和各部门指标统计清单，以便在考核过程中能够直接获得各项指标数据。

对于工作目标，可根据工作任务的实际完成情况进行相对客观的评估，一般是由直接上级进行评估，由于其考核结果受其任务完成情况的影响，因此相对客观。对于能力指标，由于其受主观因素的影响较大，因此一般采取直接上级和间接上级相结合的评估方式，以保证评估的客观性。

四、供应链绩效改进

供应链绩效管理的目的不仅仅是发现问题，更重要的是解决问题。制订科学合理的绩效改进计划，是成功实施供应链绩效管理的重要环节。供应链绩效改进计划是采取一系列的措施改进供应链的工作绩效。制订绩效改进计划有利于提高客户满意度，激发供应链成员改善绩效的动力。

（一）绩效反馈

在绩效考核结束后，为了改进供应链企业及员工的工作绩效，必须把考核结果反馈给考核对象，以便供应链管理人员获得有关信息，制订供应链绩效改进计划，以提高供应链绩效管理的有效性。绩效反馈的方式还应该多元化，即不仅与企业或部门绩效挂钩，还可以采用其他激励的形式，例如，可采取精神激励、评优等形式，以便企业及员工在物质和精神上都得到激励，更有利于加强绩效对员工的影响，从而提升供应链绩效管理的整体效果。

（二）结果应用

实践证明，供应链绩效考核能否成功实施，很关键的一点就在于对供应链绩效考核结果的运用。如果供应链绩效考核结果运用不合理，那么供应链绩效考核对员工绩效改进和能力提升的激励作用就得不到充分体现。当员工与管理者结合供应链绩效考核结果要想达到以上目的，就必须开展供应链绩效改进工作。对考核结果达成共识后，发现问题、找出差距并持续改进是接下来要做的重要工作。要及时制订供应链绩效改进计划，确保符合供应链发展战略。

1．改进项目

改进项目通常是指工作绩效有待提高的项目。这些项目可能是现在水平不足的项目，也可能是现在水平尚可，但有更高要求的项目。一条供应链上需要改善和提高的项目可能有很多，在短时间内全面改善和提高不太实际，所以在供应链绩效改进计划中应选择那些最为迫切需要改进且容易改进的项目。

2．改进标准

供应链绩效改进计划应该有明确、清晰的目标，因此，在制订该计划时，要指出需要提高项目的目前水平、期望通过改进达到的水平。只有确定了明确的衡量标准，才能有效地激励员工不断提高自身绩效。

3．改进方式

将某个有待发展的项目从目前水平提高到期望水平可能有多种方式，如标杆学习、组织培训和研讨、请求他人帮助改进等。对一个项目的发展可以采用一种方式，也可同时实施多种方式。在供应链绩效改进计划中，要对改进方式做出明确的安排。

4．目标期限

供应链绩效改进计划与供应链绩效计划一样，都必须有时间限制。时间太短，无法衡量绩效改进的效果；时间太长，又增加了供应链节点企业的管理成本。因此，供应链绩效改进计划必须设置一定的时间限制。

启智增慧　美云智数供应商绩效考核系统，打造敏捷数字化供应链

敏捷的数字化供应链需要通过完善的系统建立有效、科学、合理的供应商绩效管理体系，促进供应商持续改进和提高。美云智数供应商绩效考核系统（简称美云智数）通过构建数字化网状供应链，以服务美的集团5000多家生产性材料供应商的落地经验，帮助企业优化供应商绩效管理流程，降低成本，缩短产品开发和生产周期，提高市场竞争优势。

美云智数是以改善为导向的应用，具有配置模型多样、自动计算、操作简化的特点，能帮助企业快速筛选供应商、科学评估供应商绩效、沉淀优质资源，提升供应商管理效率和风险管控能力。以奇瑞汽车为例，美云智数为其打造的供应商绩效考核系统，完善了供应商准入流程和绩效评估体系，建立了供应商协同机制，提升了核心业务效率，并实施了战略采购。通过采购业务赋能、风险管控、大数据分析等，改善奇瑞汽车相关业务能力，打破了信息孤岛，提高了协同效率。

请思考：美云智数供应商绩效考核系统的核心是什么？

单元三　供应链激励管理

一、供应链激励机制概述

根据组织行为学的基本观点，一个人的工作成绩可以用如下公式表示：

$$工作成绩 = 能力 \times 动机$$

一个人工作成绩的好坏，既取决于人的能力，也取决于人的动机。如果一个人的积极性被调动起来，即动机被激发，那么他取得的成绩就大。企业管理的重要工作之一是调动员工的工作积极性，而员工的积极性与个人需要和动机相联系，是由动机推动的。可以说，影响积极性的基本因素是人的需要和动机。应该明确这样一个观点：人人有待激励，人人可以激励。只有了解人的需要和动机的规律性，才能预测、引导人的行为，才能达到激励员工、调动员工积极性的目的，这就是"需要—动机—行为—目标"激励模式。

供应链的激励机制包含激励对象（又称激励客体、代理方）、激励目标、供应链绩效测评（包括评价指标、指标测评和评价考核）和激励方式（正激励和负激励，物质性激励、精神性激励和感情性激励）等内容。事实上，根据供应链激励的特点，供应链的激励机制还隐含了两个内容：供应链协议和激励者（又称激励主体、委托方）。考察激励主体的实质是站在什么角度去实现激励行为、达到什么目的。供应链企业的激励过程如图 9-7 所示。

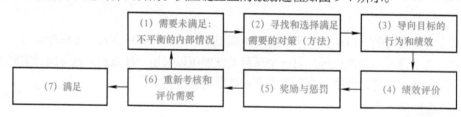

图 9-7　供应链企业的激励过程

二、供应链激励的内容

供应链激励是供应链管理的一项重要工作。供应链包含组织层（供应链层）、企业层和部门层三个层面，可激励对象包括供应链自身、供应链节点企业、企业管理人员和员工。其中，管理人员和一般员工的激励属于企业激励机制的范畴，因此，供应链激励主要专注于供应链环境下的供应链节点企业。

供应链激励的内容包括激励主体与客体、激励目标和激励手段。

（一）激励主体与客体

激励主体是指激励者；激励客体是指被激励者，即激励对象。供应链环境下的激励主体与客体主要涉及以下内容：

（1）供应链核心企业对节点企业的激励。

（2）制造商（下游企业）对供应商（上游企业）的激励。

（3）制造商（上游企业）对销售商（下游企业）的激励。

（4）供应链对其节点企业的激励。

（5）供应链节点企业对供应链的激励。

（6）供应链节点企业对员工的激励。

（二）激励目标

激励目标主要是通过某些激励手段，调动激励者和激励对象的积极性，兼顾合作双方的共同利益，消除信息不对称和不良行为带来的风险，使供应链的运营更加顺畅，实现供应链企业共赢的目标。

（三）激励手段

供应链管理模式下的激励手段多种多样。按照激励理论分类，激励手段主要分为正激励和负激励两大类。正激励是指一般意义上的正向强化、正向激励，是鼓励人们采取某种行为，也指在激励客体和激励目标之间形成一股激励力，使激励客体向激励目标迈进。负激励则是指一般意义上的负强化，是一种约束、一种惩罚，阻止人们采取某种行为。负激励是对激励客体实施诸多约束，而仅仅预留激励目标一个方向给激励客体发展，从而达到向激励目标迈进的激励目的。

一般情况下，激励方式都是正激励，负激励被视为约束机制。正激励主要有四种：物质激励、精神激励、情感激励和信息激励。物质激励可以理解为利润的刺激；精神激励有公开表扬或批评、工作的认可、权利和责任、在同行中获得高信誉和在公众中获得高声誉等；情感激励既不是以物质为刺激手段，也不是以精神、理想为刺激手段，而是以企业与企业之间的情感联系为刺激手段的激励模式，主要有沟通思想式、排忧解难式等。但是，对供应链节点企业的激励不仅仅如此，例如，一条供应链因为获得比其他供应链更多的信息而被激励，即信息激励。

三、供应链激励的模式

在供应链管理模式下，供应链节点企业之间的激励方法多种多样。随着管理模式、管理方法和技术手段的不断创新，激励模式和方法也会不断地创新。

供应链的激励方法

1. 通过价格杠杆在企业间进行激励

对于传统的企业管理环境而言，价格激励主要存在于有直接供求关系的企业之间，操作简易。在供应链管理环境下，价格激励除了用于有直接供求关系的供应链节点企业之间外，同时还要在整条供应链上实现，因此，供应链管理环境下的价格激励在实践中具有较高的难度。

（1）局部的供需企业之间的价格激励。单纯的点对点的价格激励通常是需求方要求供应方给予价格优惠，以取得比竞争对手更有优势（或持平）的价格成本，在这种思维定式下，需求方有可能因追求最低的价格成本而牺牲产品质量和其他方面的服务质量，使综合服务质量高的企业因价格偏高而被排除在供应链之外。事实上，供应链中需求方企业的这种价格追求，虽然短期内可获得更高的效益，但是从长远看，因供应链的运行质量下降而最终导致供应链整体的利益损失更大。因此，在供应链管理环境下，追求低价的策略必须在满足综合质量要求的条件下才能实施。

（2）供应链整体的价格激励。在供应链管理环境下，点对点的价格激励机制一般能够解决大部分情况下的价格激励问题。但在某些情况下，供应链运作的优化可能会获得额外收益，供应链自身不可控的外部因素也可能会造成损失。如果这种额外收益或损失仅由供应链上的个别企业承担，显然有失公允，它必然违背供应链战略联盟的利益共享和风险共担原则。为了解决这一问题，供应链节点企业就必须建立一个利益协调机制，通过利益协调机制来驱动供应链全程的价格重整。

2. 通过商业信用进行激励

在供应链管理环境下，采用商业信用进行激励将会是行之有效的办法。商业信用的激励可以采用以下两种方式：

（1）供应链内部的商业信用激励。在供应链系统内，必须建立供应链内部的商业信用激励机制，通过供应链管理信息系统，对注重商业信用、信守合同、赢得交易伙伴赞誉的企业进行公开宣传，从而为表现优秀的企业赢得社会的尊敬和更多的市场机遇。在实际的操作层面，供应链管理信息系统需要有一个能够评估各节点企业在一定时期各种商业信用指标的子系统，由子系统在一定的间隔期客观地指明各节点企业的商业信用状况，并依据事先确定的等级标准给予商业信用等级评定，由此确定进行商业信用激励的对象。

（2）社会化的商业信用激励。供应链内部的商业信用激励虽然能够较好地解决对表现优秀的企业的部分激励问题，但激励所涉及的范围不够广泛，不能最大限度地发挥商业信用激励的作用。通过政府部门或相应的社会组织，能够完成对优秀企业的商业信用激励。政府部门或社会组织在对各企业的商业信用进行评估时，供应链管理信息系统将提供很大的帮助。

3. 通过调整订单量进行激励

在供应链管理环境下，制造商可能面临多个同质产品的供应商，由此形成供应链内部的竞争机制。供应方如果在产品质量、交期和提供的各种服务上表现优异，需求方除可以通过其他不同的方式对其进行激励外，还可以利用增加订单的方式进行激励。作为供应方，若能获得需求方的更多订单，就意味着有更多的利润，也体现了自己在需求方中的地位。因此，获得更多的订单对供应方而言能够取得立竿见影的激励作用，即使是单一供应商而不存在内部竞争，这种调整订单量进行激励的方式同样是有效的。

4. 通过处罚进行激励

通过处罚进行激励的方式可以是在供应链系统内部亮黄牌（警告）、处罚及移除供应链。成员企业产生的偶然的、一般性的失误，可通过警告或处罚的方式处理，并限期整改，如果限期整改后还不能达到供应链协议所规定的要求，则应考虑予以淘汰；对于产生严重的或重复性失误的企业，则应立即启动淘汰机制。

5. 通过提供有效信息进行激励

有效信息对称是供应链管理优于传统管理的一个很重要的方面。在传统管理模式中，各关联企业之间由于信息壁垒而造成信息的流动阻塞，形成信息不对称。获取信息少的企业，往往因为不能及时把握机遇而降低了自身的竞争能力。另外，信息的不对称也必然造成企业之间配合不协调和库存居高等现象，这是造成传统管理企业经营成本高的重要原因。所以，供应链节点企业之间如果能够向对方提供及时、有效的信息，那么就意味着供应链节点企业捕捉市场机会的能力提升和经营成本的下降，同时强化了供应链的竞争力。因此，供应链节点企业对有效信息的追求，客观上就形成了信息激励的基础。

6．通过建立有竞争力的团队进行激励

供应链是以核心企业为中心，由多个节点企业构成的一个横向一体化的团队。在这个团队中，如果节点企业仅仅听命于核心企业，则节点企业仅仅是服从核心企业的各种业务安排，只能在供应方面尽量满足核心企业的需要，不可能实质性地发挥自身的主观能动性。在供应链管理环境下，如何发挥节点企业的团队作用，核心企业具有义不容辞的责任。在供应链管理中，核心企业可通过持续不断地尊重与承认节点企业的作用，让节点企业参与供应链战略制定过程及新产品和新技术的开发过程，满足节点企业自身成长的需要，从而最大限度地激发节点企业的积极性。

四、供应链协议

供应链在运作时存在着安全性、主动性、供应链优化、供应链淘汰机制等现实问题。这些问题制约了供应链功能的发挥。针对这些问题，企业相应地提出供应链协议，以规范对供应链运作的管理。

（一）供应链协议的含义及作用

供应链协议是指将供应链管理工作进行程序化、标准化和规范化的协定。供应链协议为激励目标的确立、供应链绩效评价和激励方式的确定提供基本依据。激励目标的确立需要结合激励对象的特点，也要反映激励主体的意图和符合供应链协议，激励方式由供应链绩效评价结果和激励对象的需要而定。

供应链协议就是在一系列供应链协议标准支持下的拥有许多条目的文本，并且这些文本固化于一个网络系统中。供应链协议根据供应链产品生产模式的特点，结合 ISO 9000、EDI、TCP/IP 等多方面知识，将供应链管理工作程序化、标准化和规范化，使供应链系统能有效控制、良好运作、充分发挥功能。供应链协议强调供应链的实用性和供应链管理的可操作性，重视完全信息化和快速响应的实现。

（二）供应链协议的内容

供应链协议的内容分为三个部分：供应链协议文本（SCP 文本）、供应链协议标准（SCP标准）和供应链协议网络系统（SCPnet）。SCP 文本是供应链管理规范化、文本化、程序化的主体部分，包括 10 个部分，如表 9-2 所示。SCP 标准包括产品标准、零配件标准、质量标准、标准合同、标准表（格）单（据）、标准指令、标准数据、标准文本以及 SCPnet 标准等。SCPnet 分为硬件网络系统和软件网络系统两部分，硬件网络系统为 Internet/Intranet/Extranet、客户机、工作站和网管中心，软件网络系统为数据库、网络系统和 SCPnet 支撑软件。

表 9-2 供应链协议文本构成

序号	内容	序号	内容
1	定义	6	供应关系的确立与解除
2	语法规范	7	信息的传递、收集、共享与发布
3	文本规范	8	供应、分销与生产的操作
4	供应链的组建和撤销	9	资金结算
5	企业加入供应链的条件、享受的权利、应承担的风险以及应尽的义务	10	纠纷处理与责任追究

五、标杆管理

在供应链管理环境下，一个供应链节点企业运行绩效的高低，不仅影响该企业自身的生存与发展，而且影响供应链其他企业的利益。供应链绩效管理只是发现问题、解决问题的手段，最终目的是激励供应链企业和人员不断突破自我，而标杆管理为供应链企业和人员提供了一个不断突破自我的工具。

（一）标杆管理的概念

标杆管理就是一个确立具体的榜样企业，然后剖析其各项指标，不断向其学习，发现并解决企业自身的问题，最终赶上并超越榜样企业的持续渐进的学习、变革和创新的方法。标杆管理是一个系统的、持续性的评估过程，通过不断地将企业的业务流程与居领先地位的企业相比较，以帮助企业改善经营绩效。它将本企业各项活动与从事该项活动最佳者进行比较，从而提出行动方法，以弥补自身的不足，是一种评估本企业和其他企业的手段，是将其他企业的持久业绩作为本企业的发展目标，并将外界的最佳做法移植到本企业经营中的一种方法。实施标杆管理的企业必须不断对标竞争对手或一流企业的产品、服务、经营业绩等进行评估，来发现自身的优势和不足。

（二）标杆管理的构成及分类

标杆管理又称基准管理，其本质是不断寻找最佳实践，以此为基准不断地测量分析与持续改进。

1．标杆管理的构成

标杆管理的构成可以用标杆环来说明，标杆环由立标、对标、达标、创标四个环节构成，前后衔接，形成持续改进、围绕"创建规则"和"标准本身"的不断超越、螺旋上升的良性循环。

（1）立标。有两种模式：一是选择本行业最佳的企业或者实践方法，以此作为基准和学习对象；二是在企业内部培养或塑造最佳学习榜样，可以是某个具体方法、某个流程、某个管理模式，甚至是某个先进个人。

（2）对标。对照标杆测量分析，发现自身的短板、寻找差距，并分析找出改进方法，探索达到或超越标杆水平的方法与途径。

（3）达标。改进落实，在实践中达到标杆水平或取得改进成效。

（4）创标。创新并实施知识沉淀，超越最初选定的标杆对象，形成新的、更先进的实践方法，直至成为行业标杆。

2．标杆管理分类

标杆管理主要分为战略性标杆管理、操作性标杆管理和支持活动性标杆管理三种。企业可以根据自身需要选择不同类型的标杆管理。

（1）战略性标杆管理。战略性标杆管理是在与同行业最好企业进行比较的基础上，从总体上关注企业如何竞争发展，明确和改进企业战略，提高企业战略运作水平。战略性标杆管理是跨越行业界限寻求企业成功的战略和优胜竞争模式。战略性标杆管理需要对各竞争者的财务和市场状况进行相关分析，提出自己的最佳战略。许多企业通过战略性标杆管理成功地完成了战略转变。

（2）操作性标杆管理。操作性标杆管理是一种注重企业整体或某个环节的具体运作，是使企业达到同行业最好水平的运作方法。

操作性标杆管理从内容上可分为流程标杆管理和业务标杆管理。流程标杆管理是从具有相似流程的企业中发掘最有效的操作程序，使企业通过改进核心流程提高绩效；业务标杆管理是通过比较产品和服务来评估自身的竞争地位。

（3）支持活动性标杆管理。企业内部的支持性部门可以通过与外部供应商提供的同样的支持性活动或者服务进行比较，分析自身的成本效益。企业内部的支持性活动应该比竞争对手具有更好的成本效益，通过支持活动性标杆管理可以控制内部间接费用和防止费用上涨。

（三）标杆管理的实施

一般而言，标杆管理除要求测量标杆企业的绩效外，还要求明确这些企业是如何取得成功的，并利用这些信息作为制定本企业绩效目标、战略和行动计划的基准。标杆管理的具体实施步骤如下：

1．计划阶段

计划阶段是首要阶段，也是最关键的一个阶段。在此阶段，企业要确定哪些产品或者职能部门需要实施标杆管理，选择哪一个企业作为标杆目标，需要什么样的数据和信息来源等。标杆管理的计划阶段应该集中精力解决标杆管理实施的过程和方法问题，而不是单纯地追求某些数据指标。

2．分析阶段

分析阶段的主要工作是数据和信息的收集与分析。企业必须分析被定为标杆的企业在哪些方面是优秀的，本企业与标杆企业的差距到底在哪里，怎样把标杆企业的成功经验用于本企业的改进等问题。这一阶段很关键，若对标杆企业定位不准，将导致本企业的后续工作偏离预定目标。

3．整合阶段

整合阶段是将标杆管理实施过程中的新发现在企业内部进行沟通，便于有关人员了解和接受这些新的发现，然后基于新发现建立企业的运作目标和操作目标。

4．行动阶段

行动阶段通过确定项目、子项目负责人，具体落实绩效标杆计划和目标，建立一套报告系统，能够对计划和目标进行修改和更新。

5．正常运作阶段

当企业的标杆管理能成为制订绩效计划、设定绩效目标的方法时，就进入了正常运作阶段。

（四）标杆管理的收益

企业开展标杆管理的收益是多方面的。

1．帮助企业改进工作绩效，更好地激励员工

标杆管理的实施可以帮助企业辨别优秀企业及其管理方法，并将其吸收到企业的经营计划中，然后通过标杆活动改进工作绩效。这个过程可以激励管理人员更好地完成绩效计划，使其

发挥更高的创造性，获得标杆管理实施的实际效益。

2. 获取更多的市场信息，克服阻碍企业进步的顽疾

标杆管理本身也是一个资料收集的过程，不论是领先企业的资料还是竞争者的资料，都是标杆管理数据库的重要组成部分。通过数据收集，企业可以获取更多的市场信息，明确自己所处的位置，更有利于实施策略；同时，通过与标杆企业的比较，找出本企业中深层次的问题和矛盾，便于企业采取措施来克服阻碍企业进步的顽疾，保持企业的持续发展。

3. 能使各部门的结合更加紧密，有利于创建学习型组织

标杆管理的实施需要跨部门的紧密合作，能够带动各部门从被动的、比较封闭的适应性学习向主动的、相对开放的创造性学习转变。通过实施标杆管理，企业及各部门能从与标杆企业的差距中找到不足，在寻找差异的过程中培养企业扩展型的思维模式，引导企业的管理水平和技术水平呈螺旋式上升发展，激发企业的创新变革，向学习型企业迈进。

（五）标杆管理成功实施的关键因素

标杆管理的成功实施受到多种因素的影响，其中有些是关键性的因素。

标杆管理的实施必须能为企业全体人员所接受，而不能搞形式主义。企业全体人员必须把实施标杆管理看成建立企业竞争战略的长久措施。企业高层领导者的支持也是十分关键的因素。

企业必须注意收集有关数据。首先要了解哪些企业是一流的；其次要分析为什么这些企业能够成为一流的企业；最后还要确定标杆管理实施效果的定量分析方法。标杆管理实施的成功依赖于细致的、准确的数据和信息处理，这是整个标杆管理实施过程的一个重要因素。

管理人员必须把标杆管理的实施过程视为向其他企业学习和改进本企业工作的一个有效途径。在一些经营状况较好的企业里，有些企业领导者不愿承认竞争对手的优势而认为没有必要实施标杆管理，这种思想是不可取的。市场千变万化，稍有放松就会落后。因此，从思想深处认识到标杆管理的作用也是关键因素之一。

启智增慧 三大通信运营商入选国资委"三个标杆"

2021年7月，国务院国有资产监督管理委员会（简称国资委）公布《国有重点企业管理标杆创建行动标杆企业、标杆项目和标杆模式名单》。"三个标杆"创建行动是国资委按照对标世界一流管理提升行动总体部署，是分层分类总结提炼管理提升成功经验，打造管理提升样板和标兵的重要举措。其中：中国电信集团有限公司的标杆企业包括中国电信安徽分公司、中国电信成都分公司，标杆项目为"基于'六力模型'的智能客服管理"和"大数据财务风险防控体系"；中国联合网络通信集团有限公司的标杆企业为中国联通北京市分公司、中讯邮电咨询设计院有限公司，标杆项目为"智慧供应链管理"；中国移动通信集团有限公司的标杆企业为中国移动广东有限公司、中国移动设计院有限公司，标杆项目为"数智化供应链管理"和"智慧财务管控体系"。

对标先进企业提升管理水平，是建设世界一流企业的重要手段和前提。"三个标杆"创建行动将加速推进国有企业对标世界一流企业管理，进一步加强管理体系和管理能力建设，强化信息化、智能化管理，不断增强企业盈利能力和市场竞争力，打造以内涵型发展引领质量效益提升的领军企业。

模块小结

　　评价供应链的运行绩效，不仅要评价节点企业（或供应商）的运营绩效，而且要考虑节点企业（或供应商）的运营绩效对其他节点企业或整个供应链的影响。供应链的绩效评价一般从内部绩效度量、外部绩效度量和供应链综合绩效度量三个方面考虑。供应链绩效的评价方法根据供应链具体的运营情况，主要包括关键绩效指标法、平衡计分卡、360度反馈法。

　　供应链激励是供应链管理的一项重要工作。激励模式主要包括通过价格杠杆在企业间进行激励、通过商业信用进行激励、调整订单量进行激励、通过处罚进行激励、提供有效信息进行激励、建立有竞争力的团队进行激励。供应链协议的存在为供应链绩效评估和激励的实现提供了一个平台。同时，在供应链管理环境下，一个供应链节点企业运行绩效的高低，不仅影响该企业自身的生存与发展，而且影响供应链其他企业的利益。标杆管理作为一种简单、直接、实用、有效的科学管理方法，它的出现与应用帮助供应链企业和人员对标先进企业管理，提升自我并不断超越自我。

增值性评价活动

知识测评

一、单项选择题

1. 现行企业绩效评价指标主要针对单一企业，评价对象是企业内部的（　　　）。
   A. 企业内部所有人员　　　　　　　　B. 企业内部的职能部门或者职员
   C. 企业内部的职能部门和干部　　　　D. 一线工人

2. 标杆的含义是（　　　）。
   A. 一种最佳标准　　B. 一个优秀对象　　C. 一个最佳过程　　D. 一种最佳方法

3. 供应链绩效评价内容不包括（　　　）。
   A. 内部绩效衡量　　B. 外部绩效衡量　　C. 综合绩效衡量　　D. 环境绩效衡量

4. 常见的内部绩效度量指标包括成本、客户服务、生产率、管理和（　　　）。
   A. 交货期　　　　　B. 客户服务　　　　C. 质量　　　　　　D. 资产

5. 供应链产销率反映了供应链资源的有效利用程度，越接近1，说明资源利用程度（　　　）。
   A. 越低　　　　　　B. 越高　　　　　　C. 合适　　　　　　D. 需要提高

二、多项选择题

1. 内部绩效度量主要是对供应链上的企业的内部绩效进行评价，常见的指标有（　　　）。
   A. 成本　　　　　　B. 客户服务　　　　C. 生产率　　　　　D. 管理
   E. 质量

2. 平衡计分卡是从（　　　　）角度来衡量绩效。

　A. 财务价值　　　　B. 生产　　　　　　C. 客户服务　　　　D. 内部运作流程
　E. 学习与成长

3. 绩效沟通环节包括（　　　　）。

　A. 绩效计划沟通　　B. 绩效实施沟通　　C. 绩效考核沟通　　D. 绩效改进沟通
　E. 绩效核算沟通

4. 正激励包括（　　　　）。

　A. 物质激励　　　　B. 精神激励　　　　C. 感情激励　　　　D. 信息激励

5. 标杆管理的实施阶段包括（　　　　）。

　A. 计划阶段　　　　B. 分析阶段　　　　C. 整合阶段　　　　D. 行动阶段
　E. 正常运作阶段

三、判断题

1. 供应链绩效评估应突出重点，要对关键绩效指标进行重点分析。　　　　　　　（　　　）

2. 评估供应链运行绩效的指标，要考虑该节点企业的运营绩效对整个供应链的影响。

（　　　）

3. 选择标杆，不能在跨行业企业中相近的部门选择。　　　　　　　　　　　　（　　　）

4. 激励的目标是调动主体与客体的积极性，兼顾双方的共同利益。　　　　　　（　　　）

5. 供应链绩效评价包含对供应链整体运作、供应链节点企业以及相互之间合作关系的

评价。　　　　　　　　　　　　　　　　　　　　　　　　　　　　　　　（　　　）

四、思考题

1. 供应链绩效评价的内容有哪些?

2. 简述供应链绩效评价对供应链企业的影响。

3. 讨论供应链激励机制的重要性。

4. 举例说明供应链激励机制的特点与手段。

5. 简述标杆管理的实施过程。

五、案例分析

沃尔玛的供应链制胜：比对手更好地控制成本

在沃尔玛的超市里，"天天低价"是其最醒目的标签，但这只是表象，虽然薄利多销一直是沃尔玛坚持的原则。沃尔玛从来都以合理的利润率决定价格，而非刻意定低价。沃尔玛"天天低价"的背后有一整套完善的物流管理系统，因为它的成本永远控制在最低，才得以保持"天天低价"。高效的物流配送体系是沃尔玛保持最大销售量和低成本的存货周转的核心竞争力。

沃尔玛创建了集中管理的配送中心其供应商根据各分店的订单将货品送至沃尔玛的配送中心，配送中心则负责完成对商品的筛选、包装和分拣工作。配送中心高度现代化，85%的商品都采用机械处理，大大减少了人工处理商品的费用。而从任何一个配送中心出发，汽车只需要1天就能抵达它所服务的商店。当沃尔玛的商店用计算机发出订单，到它的商品补充完毕，这个过程平均只需要2天，大大缩短了配送时间。

在配送中心里，每件商品都贴有条码。当一件商品储存进来或者运出去时，有一台计算机专门追踪它所处的方位和变动情况。配送中心还可提供24小时不间断的服务。这些商品通过

激光控制的传送带在库房里进进出出，激光识别出商品上的条码，然后把它引向正待当晚完成某家商店定购任务的货车。任务繁重的时候，这些传送带一天处理约 200 000 件商品。

沃尔玛一直没有请第三方的运输公司帮助自己运送货物，而是组建了自己的高效的运输车队。至今沃尔玛的机动运输车队是其供货系统的另一无可比拟的优势。沃尔玛已拥有 40 多个配送中心、4000 多辆货车，保证货物从仓库到任何一家商店的时间不超过 48 小时。相对于其他同业商店平均两周才能补货一次，沃尔玛则可保证分店货架平均 1 周补货 2 次。沃尔玛可以在全国范围内快速送货，使沃尔玛各分店即使只维持极少存货也能保持正常销售，从而大大节省了存储空间和费用。由于这套快捷运输系统的有效运作，有效降低了沃尔玛的销售成本，成为沃尔玛全年低价策略的坚实基石。

沃尔玛的卫星通信系统也是完善的物流管理系统的重要一环。沃尔玛投资 4 亿美元由休斯公司发射了一颗商用卫星，实现了全球联网，其全球 4000 多家店面通过全球网络可在 1 小时之内将每种商品的库存、上架、销售量全部盘点一遍，并把销售情况传送给上千家供应商，同时，能够通知货车司机最新的路况信息，调整车辆送货的最佳线路。

思考：

1. 沃尔玛供应链制胜背后的支撑点是什么？
2. 沃尔玛成功的经验对我国连锁超市有什么启示？

技能测评

实训任务：标杆企业供应链分析。

实训目标：通过对绩效考核方法的调研，加强学生对绩效考核的认识和理解，掌握基本的绩效考核方法，做出科学的管理决策。

实训要求：选取学校所在地区一家知名标杆企业，了解该企业供应商考核和员工考核的方法、流程与特点，分析优缺点，并提出对策建议。

实训步骤：

1. 分组，4～6 人为一组，选取某一知名企业为调查对象。
2. 调研，调查结果以小组为单位整理成 PPT，班级分享。

实训评价：实训评价内容如表 9-3 所示。

表 9-3 标杆企业供应链分析实训评价表

评价项目	考评点	分值	得分
成员表现（20%）	分工合作，态度端正	20	
调研报告（80%）	所选考核方法有一定的先进性	20	
	方法的介绍比较系统	30	
	启示和借鉴意义总结具体	20	
	PPT 制作精美	10	
合　计		100	

参 考 文 献

[1] 施先亮. 智慧物流与现代供应链 [M]. 北京：机械工业出版社，2020.

[2] 魏学将，王猛，张庆英，等. 智慧物流概论 [M]. 北京：机械工业出版社，2020.

[3] 克里斯托弗. 物流与供应链管理：第4版 [M]. 何明珂，卢丽雪，张屹然，等译. 北京：电子工业出版社，2012.

[4] 孙明贺. 智慧物流与供应链基础 [M]. 北京：机械工业出版社，2022.

[5] 何建佳，李军祥，何胜学，等. 智慧物流与供应链管理：微课版 [M]. 北京：清华大学出版社，2022.

[6] 马士华，林勇，等. 供应链管理 [M]. 6版. 北京：机械工业出版社，2021.

[7] 韩媛媛，孙颖荪. 供应链管理 [M]. 2版. 西安：西安电子科技大学出版社，2016.

[8] 供应链管理专业协会，沃勒，埃斯珀. 供应链与库存管理：库存控制、流转与绩效评估 [M]. 罗小七，译. 北京：人民邮电出版社，2020.

[9] 马风才. 运营管理 [M]. 6版. 北京：机械工业出版社，2021.

[10] 雅各布斯，蔡斯. 运营管理：第15版 [M]. 苏强，霍佳震，邱灿华，译. 北京：机械工业出版社，2020.

[11] 鲍尔索克斯，克劳斯，库珀，等. 供应链物流管理：第5版 [M]. 梁峰，译. 北京：机械工业出版社，2021.

[12] 王桂花. 供应链管理实务 [M]. 北京：高等教育出版社，2022.

[13] 马翔. 供应链管理基础 [M]. 北京：高等教育出版社，2020.

[14] 刘晓燕. 配送管理实务 [M]. 北京：机械工业出版社，2021.

[15] 马俊生. 配送管理 [M]. 2版. 北京：机械工业出版社，2019.

[16] 李永生，刘卫华. 仓储与配送管理 [M]. 4版. 北京：机械工业出版社，2019.

[17] 沈文天. 配送作业管理 [M]. 4版. 北京：高等教育出版社，2021.

[18] 陈荣秋，马士华. 生产运作管理 [M]. 6版. 北京：机械工业出版社，2022.

[19] 董宏达. 生产企业物流 [M]. 3版. 北京：清华大学出版社，2021.

[20] 唐永洪. 生产物流管理实务 [M]. 南京：南京大学出版社，2017.

[21] 王海兰. 运输管理实务 [M]. 2版. 上海：上海财经大学出版社，2017.

[22] 井颖，乔骏. 运输管理实务 [M]. 4版. 北京：高等教育出版社，2020.

[23] 万志坚，王爱晶，王涛. 供应链管理 [M]. 3版. 北京：高等教育出版社，2014.